KB275160

루이스의 서재

믿음이란 한 알의 밀알이 땅에 떨어져 죽음으로 많은 열매를 맺음과 같이 진리의 열매를 위하여 스스로 죽는 것을
뜻합니다. 눈으로 볼 수는 없으나 영원히 살아 있는 진리와 목숨을 맞바꾸는 자들을 우리는 믿는 이라고 부릅니다.
「믿음의 글들」은 평생, 혹은 가장 귀한 순간에 진리를 위하여 죽거나 죽기를 결단하는 참 믿는 이들의, 참 믿는 이들
을 위한, 참 믿음의 글입니다.

C. S. 루이스를 만든 작가와 글
From the Library of C. S. Lewis

루이스의 서재

제임스 스튜어트 벨 · 앤서니 파머 도슨 엮음 | 강주헌 옮김

홍성사.

마름이 없는 영혼의 생수 같은 책

제임스 벨과 앤서니 도슨은 건강한 영혼이 느끼는 영적이고 지적인 갈증을 다양한 방법으로 해소해 줄 읽을거리를 깔끔하게 편집해 냈다. 우선 이 글들은 그 자체로 목마른 영혼의 목을 시원하게 적셔 줄 생수다. 또한 선별된 책들은 C. S. 루이스의 내적인 삶에 대해 많은 것을 밝혀 준다. 여기서는 핵심적인 부분만 발췌해 소개하고 있지만, 이 글들이 20세기에 가장 큰 영향을 남긴 작가 중 하나인 C. S. 루이스를 탄생시켰기 때문이다. 끝으로, 루이스의 영혼을 살찌워 준 위대한 작가들을 소개하는 길잡이 역할을 한다. 많은 독자가 이 책을 통해, 루이스가 심원한 정신과 마음을 형성하는 데 영향을 미친 작가들 중 일부라도 새롭게 발견하기를 바란다. 한편 여기 소개된 작가들이 생소하게 여겨지는 독자들에게는 이 책이 즐거운 배움의 여정으로 가는 출발점이 되기를 바란다.

요컨대 이 책은 독특하면서도 넉넉한 관점에서 세계적인 작가를 선별하여 늘 옆에 두고 읽기에 적합하다. 오랫동안 많은 독자가 읽어야 할 책이다.

라일 W. 도싯
일리노이 주 휘튼 칼리지 교수 · 기독교 교육 및 목회학

위대한 사상가는 과거의 위대한 업적에서 태어난다

25년 전 더블린 칼리지에서 C. S. 루이스에 관해 석사 논문을 쓸 때, 나는 20세기 기독교 사상의 큰 틀을 제시한 위대한 거인에게 영적이고 문학적인 영향을 미친 뿌리에 대한 철저한 연구가 이미 있었음을 확인했다. 그 영향을 추적하는 책과 논문 및 학위 논문은 여전히 봇물처럼 쏟아지고 있다. 이런 현상은 루이스의 지적이고 영적인 기원에 대해 아직도 알아내야 할 것이 많다는 뜻이다. 루이스를 연구하는 학자를 제외하면 대부분의 사람들은 루이스에게 영향을 미친 뿌리에 대해 거의 모르는 실정이다.

그 "하늘의 사냥개Hound of Heaven"는 친구들의 평가에 다른 요인들을 더해 "영국에서 가장 반항적인 회심자"로 자처하며 그런 삶을 추구했다. 그러나 압력을 가하며 루이스를 영적으로 성장시킨 주된 요인은 오랜 세월 동안 축적된 기독교 가르침이었다. 위대한 사상가는 한결같이 과거의 위대한 업적에서 태어난다는 속설을 루이스도 기꺼이 인정했다. 실제로 루이스는 조지 맥도널드, 길버트 K. 체스터턴, 새뮤얼 존슨, 에드먼드 스펜서, 존 밀턴 등과 같이 그리스도인이면서 진정으로 위대한 인물이라 여겼던 작가들에게 경의를 표하면서 기독교로 회심했다.

게다가 그들을 비롯한 위대한 작가들에게 심원한 영적 영향을 받지 못했다면 루이스라는 그리스도인은 존재할 수 없었을 거라고 인정했다. 자신의 글이 세상에 아무런 충격도 주지 못했을 거라고도 말했다. 그렇다면 위대한 작가들의 글을 봄으로써 우리는 루이스의 영성 형성 과정을 더 깊이 이해할 수 있을 뿐 아니라 우리 자신의 삶까지 바꿔 갈 수 있을 것이다.

루이스와 그의 글을 올바로 이해하기 위해서는 철학과 문학, 이성적 논리와 낭만적 생각에 관심을 둔 기독교 변증론자로서의 역할을 파헤쳐 볼 필요가 있다. 루이스는 편협하게 책을 읽지 않았다. 그는 시대와 장르의 경계를 넘나들며 폭넓게 책을 읽었다. 공상과학과 판타지 소설을 즐겨 읽기도 했지만 아리스토텔레스와 셰익스피어와 아우구스티누스도 빼놓지 않았다. 루이스의 세계에서는 신화와 우화가 정교한 논리를 바탕으로 한 철학적 담론과 뒤섞인다. 학자들은 이런 이질적 요소들이 어떻게 짜 맞추어졌는지 연구하고 있지만, 모든 것을 한번에 요약해 줄 마법의 공식은 없다. 루이스는 자신이 속한 세대의 세태에는 별로 어울리지 않았지만 그 후의 어떤 세대와도 말이 통하는 복합적인 인물이었다.

이 책은 루이스를 '이해'하기 위한 모든 것을 보여 주지 않는다. 루이스의 삶에서 빛의 전령인 양 앞으로 나아갈 방향을 비춰 준 작가들의 글과 철학을 모아 놓은 책일 뿐이다. 여기 인용된 글들에 담긴 뜻을 묵상할 때 우리는 루이스가 중요하게 생각한 것이 무엇인지 조금이나마 엿볼 수 있을 것이다. 이 글들이 루이스의 생각과 글과 행동에 큰 영향을 미쳤기 때문이다. 요컨대 신학과 시, 공상과학과 판타지 소설, 문학 비평, 편지, 아동 문학에서 눈부신 업적을 낳은 원동력인 그의 내면세계를 엿볼 수 있을 것이다.

루이스는 서구의 옛 가치를 한 몸에 지닌 '공룡', 즉 고전적 서구 문명의 유산을 지탱하는 사람이라 자처했다. 지금처럼 포스트모더니즘이 지배하는 사회에서 이런 세계는 따분하다고 손가락질받으며 자취를 감춰가고 있다. 그러나 루이스가 지적했듯이, 최고의 기독교 문화는 계몽주의 이전에 활짝 꽃피었다. 물론 그 시대의 작가들은 그들보다 앞서 존재한 그리스·로마 문화에서 영향을 받았다.

여기 실린 글을 통해 우리는 루이스를 깊이 이해하는 동시에, 시대를 초월한 기준을 제시한 신학적 글과 문학적 글을 남긴 사람들에 대한 지식과 상상까지 키워 갈 수 있다. 한편 이 책을 통해서, 지금까지 존재하는지도 몰랐던 세계, 또 진실로 믿을 만한 우리의 친구 루이스에게 강력히 추천받기 전에는 들어갈 엄두조차 내지 못하던 세계를 새롭게 만나는 사람도 적

지 않을 것이다. 그러니 우리의 위대한 영적 지도자인 루이스가 밟았던 순
례의 길을 함께 걸으면서, 우리를 앞서 떠난 사람들을 축복하며 그들에게
삶의 여정을 계속하는 힘과 기운을 준 샘물을 마셔 보자.

제임스 스튜어트 벨

작가 선별과 구성 기준

어떤 작가가 루이스에게 어느 정도나 영향을 미쳤는지에 대해 학자들은 주관적으로 판단하는 경향이 있다. 이 책의 목적은 그 작가들이 루이스에게 미친 영향을 계량화해서 순위를 매기는 것이 아니다.

때때로 루이스는 자신의 글에서 어떤 작가에게 좋은 인상을 받았다고 분명히 밝히기도 했고, 때로는 긍정적인 관점에서 자신의 논점을 뒷받침하기 위해 어떤 작가를 인용하기도 했다. 그런 작가들은 당연히 이 책에 포함되었다.

루이스는 문학평론가로 활동한 까닭에, 그 분야에서 큰 업적을 남긴 작가들을 다루었다. 하지만 순전히 글 읽는 즐거움을 누리기 위해 선택한 작가도 많았다. 이런 사실을 고려해 우리는 루이스의 관점과 일치하는 작가들과, 일리노이 주 휘튼 칼리지에 속한 매리언 W. 웨이드 센터의 한 곳을 차지하는 루이스 개인 서재에 소장된 작품을 남긴 작가들도 포함시켰다. 대다수의 책 여백에 루이스는 자신의 생각을 써 두었고, 그것들은 그의 긍정적인 평가를 드러내고 있다.

그의 생각이 바뀌어 가는 과정에서 일정한 역할을 한 책도 포함했다. 그러나 루이스가 자주 언급하기는 했지만 애매한 입장을 취하거나 명백히 반박한 작가는 배제했다. 우리는 루이스의 베스트셀러만을 알고 있는 독자뿐 아니라, ‘루이스의 세계’를 폭넓게 알고 있는 독자도 만족할 수 있는 책을 만들고자 했다.

끝으로, 루이스가 독서와 연구에서 관심을 가졌던 주제를 쉽게 확인할 수 있도록 선별된 책들을 주제별로 분류했다. 그 분류가 약간 자의적이고 주관적일 수는 있지만, 루이스에게 영향을 준 책들에 원칙 없이 접근하지 않고 여러분이 관심 있는 분야부터 집중적으로 살펴보는 데 길잡이 역할을 할 것이다.

왜 현대인은 고전을 읽어야 하나[1]

모든 학문 분야에서, '옛날 책들은 전문가만 읽어야 한다', '아마추어는 현대의 책들에 만족해야 한다'는 이상한 생각이 퍼져 있습니다. 저는 영문학 개인 지도교수로 학생들을 가르치면서 평범한 학생이 플라톤 철학을 알고 싶어도 도서관 책꽂이에서 플라톤 번역서 《심포지움 *Symposium*》을 찾아 직접 읽어 볼 생각을 전혀 못한다는 것을 알게 되었습니다. 오히려 그 학생은 《심포지움》보다 열 배나 길고 지루한 현대의 책을 읽습니다. 대부분 '주의들isms'과 영향에 대한 이야기로 가득하고, 플라톤이 실제로 한 말은 열두 쪽에 한 번 정도만 등장하는 책이지요. 이런 오류에는 다소 호감이 가는 구석이 있습니다. 그것이 겸손에서 나오는 행위인 까닭입니다. 학생은 위대한 철학자를 대면하여 만나기가 반쯤은 무서운 것입니다. 자신이 부족하다고 느끼고 그를 이해하지 못할 거라고 생각합니다. 그러나 위대한 사상가는 그 위대함 때문에 그에 대한 해설서를 쓴 현대인보다 훨씬 더 이해하기 쉽다는 사실을 학생이 안다면 얼마나 좋을까요. 아주 평범한 학생이라도 플라톤이 한 말을 전부는 아니어도 상당히 많은 부분 이해할 수 있을 것입니다. 그러나 플라톤 철학을 다룬 현대의 책들 중 일부는 거의 누구도 이해할 수 없습니다. 그러므로 교사로서 저는 언제나 젊은이들에게 일차적인 지식이 이

차적 지식보다 훨씬 습득할 가치가 높을 뿐 아니라 습득하기도 대체로 훨씬 더 쉽고 즐겁다는 사실을 납득시키는 일에 전력해 왔습니다.

현대 서적들에 대한 잘못된 선호와 고전에 대한 기피 현상이 가장 만연한 분야가 바로 신학입니다. 평신도 사이의 소규모 연구 모임을 보면 십중팔구 그들은 사도 누가나 바울, 어거스틴, 토마스 아퀴나스, 후커Richard Hooker, 버틀러Joseph Butler 대신, 베르디예프Nicolas Berdyaev[2]나 마리탱Jacques Maritain,[3] 니부어Reinhold Niebuhr,[4] 미스 세이어즈Dorothy L. Sayers, 그리고 제가 쓴 책을 가지고 공부하고 있습니다.

제가 볼 때 이것은 거꾸로 된 일입니다. 물론 저 자신이 작가이다 보니 일반 독자가 현대 서적들을 읽지 않기를 바라지는 않습니다. 그러나 그가 요즘 책이나 옛날 책 중 하나만 읽어야 한다면, 저는 옛날 책을 권하겠습니다. 제가 이런 조언을 하는 이유는 그가 아마추어이고, 전문가에 비해 현대의 책들만 읽을 때 맞닥뜨리게 되는 위험에 거의 무방비 상태이기 때문입니다. 신간은 여전히 시험대에 올라 있는 중인데 아마추어는 그것을 감정할 입장이 아닙니다. 그 책은 유구한 기독교 사상 전체에 비춰 시험을 받아야 하고, (종종 저자 자신도 생각하지 못한) 그 모든 숨겨진 의미들이 밝혀져야 합니다. 상당히 많은 다른 현대 서적들을 알지 못하고는 그 책의 내용을 온전히 이해할 수 없는 경우도 많습니다. 8시부터 시작된 대화에 11시에 끼어든다면 대화 내용의 진정한 의미를 알기 힘들 것입니다. 아주 평범한 말을 했을 뿐인데 사람들은 웃음을 터뜨리거나 흥분할 것이며 우리는 그 이유를 알 수 없을 것입니다. 그 이유는 분명합니다. 그 전까지 진행된 대화 속에서 그런 말들이 특별한 의미를 갖게 되었기 때문입니다. 마찬가지로, 현대 서적 속의 상당히 평범해 보이는 문장들이 어떤 다른 책을 '겨냥한' 것일 수 있고, 그 진짜 의미를 알았더라면 분개하며 거부했을 내용을 이런 식으로 자기도 모르게 받아들이게 될 수도 있습니다. 유일한 안전망은 당대의 논쟁들을 균형 잡힌 시각에서 보게 해 주는 명백하고 중심이 되는 기독교(백스터Richard Baxter의 표현을 빌자면 '순전한 기독교')의 기준을 갖는 일입니다. 그런 기준을 얻는 방법은 고전을 읽는 것뿐입니다. 신간을 한 권 읽은 후에는 반드시 고전을 한 권 읽고 그 후에 다시 신간을 읽는 것이 좋은 규칙입니다. 그것이 너무 부담스럽다면, 신간을 세 권 읽은 뒤 고전 한 권은 꼭 읽으십시오. ……

현대 서적들의 내용 가운데 옳은 부분들은 우리가 이미 알고 있는 진리들을 알려 줄 것입니다. 그리고 내용이 틀린 부분들은 우리가 이미 위험할 정도로 앓고 있는 오류를 더욱 악화시킬 것입니다. 이런 증상을 완화하는 유일한 비결은 지난 수세기의 깨끗한 바닷바람이 우리의 정신에 계속 불어오게 하는 것이고, 이 일은 고전을 읽는 것으로만 가능합니다. 물론 과거에 무슨 마법이 있기 때문은 아닙니다. 그때 사람들이 지금보다 더 영리한 건 아니었습니다. 그들은 우리만큼 많은 실수를 범했습니다. 그러나 같은 실수를 반복하지는 않았습니다. 그들은 우리가 저지르고 있는 오류에 대해 반성할 계기를 제공하고, 그들의 오류는 이제 명백하게 드러났기 때문에 우리에게 위험거리가 되지 않습니다. 두 머리가 하나보다 나은 이유는 어느 쪽에는 오류가 없어서가 아니라 둘 다 같은 방향으로 잘못될 가능성이 낮기 때문입니다.

---

1) 이 글은 원문에는 없으나 본서와 기독교 고전을 이해하는 데 도움을 주고자 C. S. 루이스의 《피고 석의 하나님*God in the Dock*》(홍종락 역, 홍성사 출간 예정) '고전 읽기에 대하여'에서 발췌한 내용이다—편집자 주.
2) 1874~1948년. 러시아의 철학자이자 저술가.
3) 1882~1973년. 프랑스의 토마스주의 철학자.
4) 1892~1971년. 미국의 신학자.

차례

일러두기

- 본문에 인용한 성경구절은 개역개정판을 기본으로 하되, 부분적으로 표준새번역을 따르고 성경 출처 옆에 '표준'이라고 별도 표시하였다.
- 내용 및 성경 출처를 나타낸 괄호 중 ( )은 원문에 있는 내용이며, [ ]은 원문에는 없으나 옮긴이가 넣은 것이다.
- 각주는 모두 옮긴이 주다.

1장 아가페를 추구하라
하나님의 사랑

하나님 사랑의 현현顯現

노리치의 줄리안

그분은 내 영혼에 고결한 영적 환희를 안겨 주었다. 환희에 젖어 나는 굳건한 확신을 가지고 꿋꿋이 견디었다. 괴로운 불안감은 없었다. 영적으로 가슴 벅차도록 기뻐, 평안하고 편안했다. 모든 불안을 떨쳐 낼 수 있었다. 이 땅에서 나를 방해할 것은 하나도 없는 것 같았다.

그러나 그 기분은 금세 사라졌다. 곧 울적해져 의기소침해졌다. 삶이 지겹게 느껴지며 짜증이 밀려왔다. 어렵더라도 살아가기 위해선 꾹 눌러 참아야 했다. 위안과 안락은 없었다. 믿음과 희망과 사랑 외에 남은 것은 없었다. 내게 이 셋이 있다는 것을 분명히 알았지만 그 흔적조차 느낄 수 없었다.

그 직후, 주님이 다시 영혼의 위안과 안식을 주셨고, 내 영혼은 기쁨과 확신을 되찾았다. 한없이 기쁘고 기운이 넘쳐, 나를 다시 고뇌의 수렁에 빠뜨릴 두려움과 슬픔, 육체적이고 정신적인 고통은 없을 것만 같았다.

그런데 다시 내 마음에 고통이 밀려왔고, 어느새 기쁨과 환희가 밀물처럼 따라 들어왔다. 이런 현상이 한 스무 번쯤 반복됐다. 환희에 젖을 때는 사도 바울에게라도 "나를 그리스도의 사랑과 떼어 놓을 것은 없을 것입니다"라고 말할 수 있을 것 같았다. 하지만 고통에 휩싸일 때는 "주님, 저를 구원해 주십시오! 제가 죽겠나이다"라고 말할 수밖에 없었다.

그런 환영은, 때로 위로받고 때로는 좌절해 외톨이로 내버려진 듯한 기분을 느끼는 감정의 변화를 직접 체험하는 것이 유익하다는 깨달음을 주기 위해 보였던 것이다. 우리가 기쁠 때나 슬플 때나 하나님은 한결같이 안전하게 지켜 주신다는 진리를 깨닫게 해 주려는 것이 그분의 뜻이다.

전하지 않은 설교

조지 맥도널드

사랑은 하나입니다. 사랑은 변하지 않습니다.

사랑은 순수함을 사랑하기 때문입니다. 사랑은 곁에 있는 것을 절대적으로 사랑합니다. 사랑이 충분하지 않는 곳에서, 또 사랑이 실컷 사랑할 수 없는 곳에서 사랑은 더 많이 사랑하려고 사랑을 불태웁니다. 사랑은 완전한 사랑을 목표로 삼습니다. 사랑은 그 자체로는 완전할 수 없어도 사랑의 대상을 향해서는 완전해질 수 있기 때문입니다. 사랑이 인간을 최초로 창조했듯이 인간의 사랑은 그 신성에 비례하여 사랑을 분출하기 위해서라도 아름다운 것을 꾸준히 창조해 가야 합니다. 영원한 것은 없다지만, 사랑하고 사랑받을 수 있는 것은 영원합니다. 사랑이 언제나 완전을 향해 정진할 때, 그 사랑은 영원하고 신성한 우주가 됩니다.

따라서 사랑받는 것에서 아름답지 않은 것, 이간질하는 것, 사랑에 속하지 않는 것이라면 소멸돼야 마땅합니다.

우리 하나님은 영원히 타오르는 불꽃입니다.

산 위의 연기

조이 데이비드먼

이 시대의 많은 사람들에게 하나님은 고상한 추상적 존재로 추락했다. 역사가 됐고, 변화의 목표가 됐다. 또 세계 평화를 구축하는 데 쓸 만한 개념으로 전락하고 말았다. 생각 자체로는 나무랄 데가 없기는 하다. 여하튼 이제 하나님은 인간의 육신을 만든 말씀이 아니다. 우리를 위해 죽고, 죽음에서 다시 일어나신 분이 아니다. 하나님은 인간이 사랑을 느낄 수 있는 인격체도 아니고, 먼저 손을 내밀고 우리와 사랑에 빠진 영원한 연인도 아니다.

하나님이 사랑을 좇는 존재라 말해서 어이없는가? 그렇다면 기독교 신앙 자체도 어이없는 것이다. 초자연적 존재를 우유부단하고 소극적이어서 자연에 간섭하지 않는 존재라 생각한다면 우리는 물질주의자가 되어 초자연적 존재와 인연을 끊어야 한다. 존경하는 마음을 상실한 만큼 정직하기라도 해야 하지 않겠는가. 우리 믿음이 '말씀의 물로 크는 씨앗'인지 확인해 보는 좋은 방법이 있다. 오늘밤 성령이 당신을 하늘로 끌고 올라가 당신의 양심에 어떤 메시지를 전한 후, 작은 침대에 다시 데려다 놓았다고 해 보자. 이런 일이 진짜로 일어날 수 있다고 생각하겠는가? 아니면, 스스로 미쳤다고 생각하며 비명을 지르면서 정신과 의사를 찾아가겠는가?

오늘밤 잠을 자다가 침대에서 들려 올릴 사람은 극소수에 불과할 테니 좀더 현실적으로 접근해 보자. 기독교 신앙이 우리의 '현실적'인 문제를 해결하는 수단으로서 주된 가치를 갖는다고 생각하는가? 달리 말하면, 이 강퍅한 세상에서 건전하고 풍요로우며 지혜로운 사회를 건설하기 위한 방법쯤으로 생각하는가? 그렇게 생각한다면 당신은 물질주의적 사고방식에서 크게 벗어나지 못한 것이며, 조만간 마르크스주의자들이 당신을 동무라고 부를 수도 있다.

물질주의적 분위기가 팽배하여 '비현실적'이라는 외부 비난으로부터 기독교 신앙을 옹호하기 위해서라도, 신앙이 이 땅을 개조하기 위한 청사진이며 천국에 들어가는 데 필요한 여권쯤으로 그 가치를 전락시키고픈 유혹을 확신에 찬 기독교인조차 받는다. 그러나 에디슨을 물질주의의 원흉이라 말하는 양, 이 땅에 팽배한 세속주의를 서구의 과학 발전 탓으로 돌려서는 안 된다. 이런 책임 회피는 결코 해결책이 아니다. 루크레티우스의 로마, 에피쿠로스의 아테네, 심지어 전도서 시대의 이스라엘에도 물질주의를 표방한 철학자들이 있었다. 사탄의 유혹은 먼 옛날부터 존재했다. 우리 옛 조상도 고무줄 새총을 발명하자마자 분연히 일어서서, 기술의 발전 덕분에 종교 없이 너끈히 살 수 있다고 주장했을 것이다. 오늘날 우리 앞에 놓인 선택의 길도 그때와 다를 바 없다. 세속주의에 매몰되어 살 것인가 아니면 하나님 나라를 지향하며 살 것인가, 사랑이 없는 자아를 위해 살 것인가 아니면 하나님의 사랑을 염원하며 살 것인가 선택해야 한다.

아가페와 에로스

안데르스 니그렌

공관복음에서, 또 바울 서신서에서 '사랑'에 대한 종교적이고 윤리적인 정의는 무척 독특하다. 달리 말하면, 사랑의 대상에 대해서는 별다른 언급이 없다. 따라서 바울은 "사랑을 추구하라"(고전 14:1)고 말할 뿐 아무런 설명도 덧붙이지 않았다. 하기야 그 사랑이 누구를 향해야 하는지 명확히 말할 필요가 없었다. 바울은 진실한 아가페와 거짓 아가페의 차이를 전혀 알지 못했다. 사랑이 윤리적이고 종교적인 정당성을 갖는 아가페적 사랑으로 표현되어야 하는 것은 바울에게 지극히 당연한 일이었다. 그 대상이 무엇이든 이런 사랑이야말로 하나님의 사랑이다. 요한의 생각도 사실상 같다. 요한복음에서 아가페, 즉 하나님의 사랑은 그 자체로 명확히 정의된다. 하나님의 사랑을 해석하기 위해 그 대상이 무엇인지 물어 볼 필요가 없다. "사랑은 하나님께 속한 것이니 사랑하는 자마다 하나님으로부터 나서 하나님을 알고"(요일 4:7). 이처럼 사랑이 무엇인지 말할 뿐 설명을 구차하게 덧붙이지 않는다. 여기서 우리는 사랑에 대한 요한의 궁극적인 생각을 찾아낼 수 있다. 하나님과 사랑은 하나다! 사랑의 대상이 무엇이든 사랑하는 행위는 그 자체로 하나님과 함께하는 삶이다. 사랑은 하나님에게서 시작되기 때문이다.

죄인에게 넘치는 은혜

존 버니언

누군가 아가 4장 1절에서 "내 사랑 너는 어여쁘고도 어여쁘다"라는 구절을 주제로 설교하는 것을 들었다. 그러나 그때 그는 '내 사랑'을 핵심 주제로 삼아 성경과 관련지어 잠깐 설명한 후 몇 가지 결론을 내렸다. 첫째, 교회와 모든 구원받은 영혼은 사랑이 없는 세상에서도 그리스도의 사랑을 증명하는 존재다. 둘째, 그리스도의 사랑에는 이유가 없다. 셋째, 세상이 증오로 넘칠 때도 그리스도의 사랑은 있다. 넷째, 유혹받고 버림 받는 세상에서도 그리스도의 사랑은 건재하다. 다섯째, 그리스도의 사랑은 처음이고 끝이다. 그러나 그때 나는 그가 하는 말을 이해하지 못했다. 그는 네 번째 결론의 타당성을 설명하면서 이런 식으로 말했다. "그렇다면 구원받은 영혼은 유혹받고 버림 받는 세상에서도 그리스도의 사랑을 받습니다. 따라서 유혹받은 불쌍한 영혼들이여, 유혹받아 고통받을 때 하나님의 얼굴을 쳐다보지 못하더라도 '내 사랑'이란 두 단어를 기억하십시오!"

집에 돌아올 때도 그 두 단어가 머릿속을 떠나지 않았다. 지금도 뚜렷이 기억하지만, 처음에는 '그 두 단어를 기억해서 내가 얻는 게 무엇일까?' 하는 생각이 들었다. 이 생각이 마음을 스쳐 가자, 그 단어들이 내 영혼에서 활활 타오르기 시작하며 "너는 내 사랑이다. 너는 내 사랑이다"라고 스무 번쯤 반복됐다. 이 말이 내 단에서 휘몰아치며 점점 강해지고 뜨거워졌다. 고개를 들어 하늘을 쳐다보았다. 그러나 희망과 두려

움에 마음속으로 여전히 '하지만 그게 정말일까? 하지만 정말 그럴까?'
라고 되뇔 뿐이었다. 그때 "천사가 하는 것이 생시인 줄 알지 못하고 환
상을 보는가"(행 12:9)라는 말씀이 문득 떠올랐다.

그리고 그 말을 믿기 시작했다. 그러자 "너는 내 사랑이다. 너는 내 사
랑이다. 어떤 것도 너를 내 사랑에서 떼어 놓지 못할 것이다"라는 말이
더욱 뚜렷이, 또 즐겁게 내 영혼에서 속삭였다. 그와 동시에 로마서 8장
39절[1] 말씀이 머릿속에 떠올랐다. 그때부터 내 마음은 위안과 희망으로
가득했고, 내 죄가 분명 용서받았다고 믿을 수 있었다. 나는 하나님의
사랑과 자비에 완전히 사로잡혀 집에 도착할 때까지 그 감격을 어떻게
주체했는지 기억조차 나지 않는다. 내게 보여 주신 하나님의 사랑과 자
비를 누구에게라도 말할 수 있을 것만 같았다. 눈앞의 쟁기질된 밭에 앉
아 있는 까마귀가 내 말을 이해할 수 있다면 그 까마귀에게라도 말하고
싶었다.

[1] 높음이나 깊음이나 다른 어떤 피조물이라도 우리를 우리 주 그리스도 예수 안에 있는 하나님의 사
랑에서 끊을 수 없으리라.

전하지 않은 설교

조지 맥도널드

오직 하나밖에 없는 곳에는 화합도 없고, 사랑의 기쁨도 없습니다. 조화도 없고 존재의 유익도 없습니다. 하나가 되려면 적어도 둘이 필요합니다. 개체 수가 많을수록 화합은 더 커지고 더 아름답습니다. 따라서 더 풍요롭고 더 신성합니다.

하나님은 생명이시고, 생명의 근원이십니다. 그 생명을 살기에 나는 하나님을 경험합니다. 나는 하나님이 사랑이라는 말을 들을 때마다, 하나님이 사랑이 아니었다면 창조하지 않았을 것이고 창조할 수도 없었을 것이라는 진리를 깨닫습니다. 하나님 안에 사랑보다 깊은 것이 있을까 의심스럽습니다. 하나님 안에 사랑보다 깊은 것이 있다고는 생각지도 않습니다. 그렇습니다, 사랑보다 깊은 것은 있을 수 없습니다! 하나님의 존재 자체가 사랑이며, 따라서 창조입니다. 나는 하나님이 먼 옛날부터 창조해 왔다고 믿습니다. 인간이 혼자 지내는 건 좋지 않다고 생각하셨듯이 하나님은 혼자이신 적이 없었습니다. 머나먼 옛날부터 아버지 하나님의 곁에는 아들이 있었습니다. 시작이 없는 아들의 존재는 아버지의 본질이기도 합니다. 그러나 우리 같은 존재를 만들기 위해 하나님은 땀을 흘리셨습니다. 영원히 끝나지 않는 수고를 기꺼이 떠안으셨습니다.

사랑의 주님 나를 반기시네

조지 허버트

사랑은 내게 환영한다고 말했지만, 때 묻고 죄에 싸인

내 영혼은 뒷걸음질치고 말았습니다.

그러나 눈치 빠른 사랑은 내가 첫걸음을 들여놓다가

물러서는 것을 보고

가까이 다가와 다정하게 물었습니다.

내가 무엇이 부족하냐고.

"저는 여기 올 만한 손님이 못 됩니다"라고 대답하자,

사랑은 "그대가 바로 그 손님이 되리라"고 말했습니다.

"인정머리 없고 배은망덕한 제가요? 오, 주님,

저는 주님을 똑바로 바라볼 수도 없습니다."

그러자 사랑은 내 손을 잡고 웃음을 띠며 물었습니다.

"나 말고 누가 그대의 눈을 만들었는가?"

"맞습니다, 주님. 하지만 저는 그 눈을 더럽혔습니다.

제가 저지른 부끄러운 짓에 걸맞은 곳으로 저를 보내 주십시오."

사랑이 물었습니다. "그 죄의 짐을 누가 짊어졌는지 모르느냐?"

"주님, 그러면 제가 시중을 들겠나이다."

사랑이 말했습니다. "여기 앉아서 내 살을 먹어라."

그래서 나는 앉아서 먹었습니다.

하나님을 향한 우리의 사랑

사랑의 하나님에 대하여

성 베르나르 드 클레르보

"내게 주신 모든 은혜를 내가 여호와께 므엇으로 보답할까"(시 116:12). 이성과 자연적 정의正義가 똑같이, 하나님을 사랑하는 데 온전히 나 자신을 바치라고 말한다. 지금의 나라는 존자와 내가 가진 모든 것이 결국 하나님께 빚진 것이기 때문이다. 그러나 하나님이 내게 생명만이 아니라 그분 자신까지 주셨다는 사실을 깨닫게 되면서, 진정한 믿음을 지닌 사람이라면 나 자신을 사랑하는 것보다 하나님을 더 깊이 사랑할 수 있어야 한다는 것도 알게 되었다. 하지만 완전한 계시가 있기 전에, 말씀이 육신이 되어 십자가에 못박혀 죽고 무덤에서 나와 아버지께 돌아가기 전에, 또 하나님이 온갖 은혜를 베풀며 우리를 지극히 사랑한다는 것을 보여 주기 전에, "너는 마음을 다하고 뜻을 다하고 힘을 다하여 네 하나님 여호와를 사랑하라"(신 6:5)는 계명이 먼저 있었다. 달리 말하면, 모든 지식과 모든 능력을 다해, 요컨대 신명을 다해 하나님을 사랑하라는 명령이 있었다.

하나님이 자신의 창조물에게 이렇게 요구하는 것은 부당한 처사가 아니었다. 하나님의 피조물로서, 우리에게 사랑하는 힘을 주신 창조주를 당연히 사랑해야 하지 않겠는가? 우리가 뭔가 좋은 것을 만들 수 있는 이유가 하나님이 주신 선물 덕택이라면 당연히 신명을 다해 하나님을 사랑해야 하지 않겠는가? 하나님이 주신 창조라는 크나큰 은혜로 우리는 무無에서 인간이라는 존엄성을 갖게 되었다. 이런 이유에서도 우리는 하나님을 당연히 사랑해야 하며, 하나님은 그런 사랑을 당연히 요구하실 수 있다. 그러나 하나님이 우리에게 약속하신 내용을 생각하면 그 은혜는 한량없이 크다. "주의 의는 하나님의 산들과 같고 주의 심판은 큰 바다와 같으니이다. 여호와여, 주는 사람과 짐승을 구하여 주시나이다"(시 36:6).

고백록

성 아우구스티누스

오, 주님! 한 점 의혹도 없이 확신하며 주님을 사랑합니다. 주님은 말씀으로 제 마음을 온통 사로잡았고, 저는 주님을 사랑했습니다. 하늘과 땅, 그 사이의 모든 것이 사방에서 제게 말합니다. 주님, 당신을 사랑해야 한다고! 만물은 모든 이에게 끊임없이 이렇게 말합니다. "그래서 인간은 용서받을 수 없다"고. 그러나 주님은 가엾이 여겨야 할 사람을 가엾게 여기시고, 자비를 베풀어야 할 사람에게는 자비를 베푸십니다. 그러지 않으면 하늘과 땅이 귀먹은 자들에게 주님을 찬양하라고 선포할 테니까요. 주님, 제가 당신을 사랑할 때 무엇을 사랑하는 것인가요? 물리적인 아름다움은 아닙니다. 덧없는 영광도 아닙니다. 우리 눈에는 아름답게 보일지언정 밝게 빛나는 빛도 아닙니다. 맑은 노랫소리도 아닙니다. 꽃과 향유의 감미로운 냄새도 아닙니다. 우리 육신을 껴안기 위해 주어진 팔다리도 아닙니다. 주님을 사랑할 때 저는 그런 것들을 사랑하는 게 아닙니다.

그러나 하나님을 사랑할 때 저는 어떤 빛과 목소리, 어떤 냄새와 음식, 어떤 포옹을 사랑합니다. 제 안에 존재하는 그분을 위한 빛이며 목소리입니다. 그분을 위한 냄새이며 음식이며, 포옹입니다. 어떤 공간도 저지할 수 없는 그분의 빛이 제 영혼에 끝없이 밀려듭니다. 그분은 시간이 지나도 잊히지 않는 말씀을 해 주시고, 어떤 바람에도 흩어지지 않는 향기를 보내 주십니다. 또 먹어도 줄어들지 않는 양식을 주십니다. 제

영혼에 그분은 꼭 달라붙어 어떤 경우에도 떠나지 않습니다. 제가 하나
님을 사랑할 때 사랑하는 것은 이런 것입니다.

하나님의 임재를 경험하는 연습

로렌스 형제

수녀원장님, 이번 기회에 우리 수도회의 수도자 한 사람(로렌스 형제)이 '하나님의 임재'에서 받은 놀라운 결과와 계속적인 도움에 관하여 그의 생각을 말씀드릴까 합니다.

그는 물질적인 일에 몰두할 때 하나님이 찾아오신다고 합니다. 그가 하나님의 임재를 잊을 정도로 다른 일에 쫓기면 하나님이 직접 찾아와 그의 영혼에 하나님의 존재를 느끼게 해 주며 그를 불러내신다고 합니다. 물론 그는 그런 내적인 끌림에 충실히 응답합니다. 그가 온 마음을 하나님께 드리고, 순종과 사랑의 마음을 하나님께 바치며, 그런 느낌이 들 때마다 "하나님, 온전히 하나님의 것인 저를 지켜봐 주소서! 주님, 주님 뜻대로 저를 만드소서!"처럼 사랑을 고백해야 하나님이 끌어당기는 느낌이 사그라든다고 합니다. 사랑의 하나님은 그 간단한 말에도 만족하고 다시 그의 영혼 안에서 안심하며 편히 쉬신다고 합니다. 그는 정말로 그렇게 느꼈다고 하더군요. 그런 경험에서 그는 하나님이 언제나 자신의 영혼에서 함께하며 어떤 일이 닥쳐도 곁을 떠나시지 않으리라는 확신을 얻게 되었습니다.

이로 판단하건대 그는 내면에서 그 소중하고 귀한 보물을 느끼며 커다란 희열과 만족을 누리는 듯합니다. 그 브물을 찾아다녀야 한다는 근심에서 벗어나, 그 보물을 그의 앞에 활짝 펼쳐 두고 원할 때는 언제라도 꺼낼 수 있으니까요.

그는 우리의 무지를 나무라며, 하찮은 것에 만족하는 우리를 불쌍히 여겨 달라고 기도합니다. 그는 말합니다. "하나님의 보물은 한량없는 바다와 같다. 하지만 순간적으로 스쳐 지나가는 작은 파도에 우리는 만족해 버린다. 이렇게 무지한 탓에 우리는 하나님을 방해하고, 하나님의 은총마저 거부한다. 그러나 진정한 믿음으로 충만한 영혼을 발견하면 하나님은 그 영혼에 은총과 은혜를 아낌없이 부어 주신다. 그 영혼에게는 은총과 은혜가 급류처럼 흐른다. 평범한 흐름에 강제로 막히더라도 길을 찾아내면 힘차게 뚫고 나간다."

그렇습니다. 우리는 조그만 가치에 연연해서 그런 급류의 흐름을 막습니다. 그러나 이제는 그 흐름을 막아서는 안 될 것입니다. 우리 내면에 뛰어들어, 급류의 흐름을 차단하는 장벽을 허물어뜨려야 할 것입니다. 은총의 하루를 최대한 활용하고, 잃어버린 시간을 되찾아야 할 것입니다. 죽음이 가까이 있어 우리에게 시간이 조금밖에 없겠지만요. 철저히 준비해야 할 것입니다. 우리는 단 한 번 죽으며, 죽고 나면 실수를 돌이킬 수 없을 테니까요.

신국론

성 아우구스티누스

그러나 거룩하신 주님은 하나님에 대한 사랑과 우리 이웃에 대한 사랑이라는 두 가지 계율을 반복해서 가르치신다. 두 계율에서 우리는 세 가지, 즉 하나님과 우리 자신과 이웃을 사랑해야 하고, 그럼으로써 하나님을 사랑하는 사람은 자기 자신을 사랑하게 된다는 사실을 깨닫는다. 따라서 우리는 이웃을 우리 자신처럼 사랑해야 하기 때문에 하나님을 사랑하는 이웃을 얻기 위해 노력해야 한다. 아내와 자식을 위해, 가족을 위해, 우리 손이 미치는 곳에 있는 모두를 위해 그런 노력을 해야 한다. 이웃이 우리에게 같은 사랑을 베풀어 주기를 바랄 때도 마찬가지다. 그렇게 할 때 우리 힘이 미치는 한에서, 모두와 평화롭게 화합하며 살아갈 수 있을 것이다. 첫째로는 누구도 남에게 상처를 주지 않고, 둘째로는 주변의 모든 이에게 친절을 베푸는 것이 이런 화합의 목표다. 따라서 최우선적으로 배려해야 할 대상은 가족이다. 자연법에서나 사회법에서나 가족에게 접근하기가 상대적으로 쉽고, 가족을 섬길 기회가 더 많기 때문이다.

이런 이유에서 사도들은 "누구든지 자기 친족 특히 자기 가족을 돌보지 아니하면 믿음을 배반한 자요 불신자보다 더 악한 자니라"(딤전 5:8)고 말한 것이다. 가정의 평화를 위한 근원이 여기에 있다. 가정에서 지배하는 사람과 순종하는 사람 간에 질서 있는 화합이 있어야 하는 이유도 여기에 있다. 가족을 돌보는 사람이 지배하는 위치에 있어야 한다.

따라서 남편이 부인을 지배하고, 부모가 자식을 지배하며, 주인이 하인을 지배한다. 반면에 보살핌을 받는 사람은 순종해야 한다. 따라서 여자는 남편에게 순종하고, 자식은 부모에게 순종하며, 하인은 주인에게 순종해야 한다. 그러나 믿음으로 살며 하늘의 도시를 향해 순례하는 정의로운 사람의 가정에서는, 지배하는 사람도 순종해야 할 위치에 있는 사람을 섬긴다. 그런 사람은 힘으로 다스리지 않고, 남에게 신세를 지며 살아간다는 사실을 의식하며 다스리기 때문이다. 그렇다고 그들이 권위를 자랑스레 생각하지 않는 것은 아니다. 다만 자비를 사랑하는 것이다.

사랑의 하나님에 대하여

성 베르나르 드 클레르보

처음에 인간은 자신만의 이익을 위해 자신을 사랑한다. 그 사랑은 육신의 사랑이며, 그 밖의 것은 어떤 것도 중요하지 않다. 다음 단계에 들어서면 인간은 혼자서는 존재할 수 없다는 것을 깨닫고, 믿음으로 하나님을 구하기 시작하며, 자신의 행복을 위해서라도 하나님을 필요한 존재로 여기고 사랑하기 시작한다. 이 단계가 두 번째 단계로, 하나님을 사랑하기는 하지만 하나님을 위해서가 아니라 자신의 이익을 위해, 이기적인 목적으로 사랑한다. 그러나 하나님에 대해 묵상하고 그분의 말씀을 읽으며 기도하고 계명을 지키며 경배하는 법과 하나님을 올바로 구하는 법을 알고 나면, 하나님이 진정으르 어떤 분인지 조금씩 인식하게 되고 진정으로 멋진 분임을 깨닫게 된다. 따라서 하나님이 지극히 선하신 분임을 맛보고 알게 되면서(시 34:8), 인간은 세 번째 단계에 들어선다. 이 단계에서 우리는 하나님을 은혜를 베푸시는 분인 동시에 하나님 자체로 사랑한다. 이 단계는 하나님 안에서 성장하는 사람에게 가장 오랫동안 지속되는 단계다.

우리가 이 땅에 살면서 네 번째 단계, 즉 하나님을 위해서만 우리 자신을 사랑하는 완벽한 단계까지 올라갈 수 있을지는 나도 모르겠다. 그 단계까지 이른 사람이 있다면 내게 알려 주기 바란다. 솔직히 말해서, 내게 그 단계는 요원한 꿈이다. 그 단계에 이르면, 착하고 성실한 종이 주님과 기쁨을 나누고(마 25:21), 주님의 집에서 풍성함을 즐기게 될 것이다(시

36:8). 그 단계에 이르면 놀랍게도 우리는 우리 자신을 잊고, 자아에서 해방된 것처럼 온전히 하나님의 것으로 성장할 것이기 때문이다.

세기들

토머스 트러헌

이 참담한 세상에도 찾아낼 수만 있다면 놀라운 즐거움이 존재합니다. 구세주가 우리를 지옥에서 구하기 위해 저쯤에서 십자가에 못박혀 죽어가는 모습을 지켜본다고 상상할 때, 드 하나님과 모든 왕국에서 사랑받는 분, 시대를 초월해 찬양받고 온 세상을 물려받은 분을 지켜본다고 상상할 때 그보다 가슴 벅찬 일이 있겠습니까! 그분의 피가 당신과 나를 하나로 이어 주지 않았다면, 아득히 멀리 떨어진 우리가 어떻게 만나고 사랑하며 즐거워할 수 있겠습니까? 구세주의 품에는 달콤하고 신성한 즐거움만이 있을 뿐입니다. 저는 영원토록 사랑의 구세주를 만나기를 바라고, 그 온후한 영혼의 주인을 무한히 사랑할 수 있기를 바랍니다. 그분을 사랑한다면 그분을 즐겁게 받아들이십시오. 사랑에는 기쁨이 있고, 사랑받는 것은 즐겁기 때문입니다.

예수의 사랑 안에서 기뻐하고, 혼신을 다해 예수를 사랑하십시오. 예수를 받들고 예수를 기뻐하십시오. 혼자 있을 때나 회중 가운데 함께 있을 때나 예수의 사랑을 흠모하며 예수를 찬양하십시오. 우리 주변에서 일하는 예수의 성도들을 받아들이십시오. 순종하는 자세와 절제하는 마음, 겸손과 겸양, 관용과 순결, 마음에서 우러나오는 헌신과 감사하는 마음, 환희와 감사의 기도로 성도들에게 인정받도록 친절하십시오. 당신이 더 소중한 존재가 될 수 있도록 그들에게서 멀어지고, 더 지혜로운 사람이 될 수 있도록 그들에게 다가가십시오. 그때 우리가 사는 곳을 향

굿한 내음으로 가득한 보금자리로 바꿔 갈 수 있을 것이며, 우리 주변에
서 맴도는 모든 영혼의 주인이 영광의 침대가 되어 우리에게 안락한 휴
식을 주실 것입니다.

사랑의 하나님에 대하여

성 베르나르 드 클레르보

이번에는 사랑의 하나님에게서 우리가 기대할 수 있는 이득이 뭔지 생각해 보자. 하나님의 사랑에 대해 우리가 정확히 알지는 못하지만 완전히 모르는 것보다는 낫지 않겠는가. 하나님을 무엇 때문에, 어떻게 사랑해야 하는지를 다룰 때 이미 말했듯이, 우리를 옭아매는 두 가지 이유가 있다. 사랑받아야 할 하나님의 권리와 하나님을 사랑해서 우리가 얻는 이득이다. 졸렬할 글이긴 하지만 사랑받아야 할 하나님의 권리에 대해서는 앞에서 이미 말했다.

이번에는 하나님을 사랑해서 우리가 얻는 보상에 대해 살펴보자. 우리는 어떤 보상도 기대하지 말고 하나님을 사랑해야 하지만, 하나님은 사랑받고 보답하지 않는 분이 아니시기 때문이다. 진정한 사랑은 이기적이지 않고 자기 이익을 추구하지 않지만(고전 13:5), 궁핍한 상태로 내팽개쳐질 수도 없다. 사랑은 영혼의 감정이지 계약이 아니다. 사랑은 단순한 협의에서 탄생하는 것이 아니다. 그런 식으로는 진정한 사랑을 구할 수 없다. 사랑은 자연스러운 내적 충동이다. 진정한 사랑은 그 자체로 만족스럽다. 사랑에는 보상이 따르지만 보상이 사랑의 목적은 아니다. 우리가 뭔가를 사랑하면서 다른 무엇을 기대한다면, 우리가 사랑하는 것은 그 다른 무엇이지 사랑의 대상 자체가 아니다. 사도 바울은 먹을 것을 얻으려고 복음을 설교하지 않았다. 목회를 하기 위한 힘을 얻으려고 먹었다. 그가 사랑한 것은 빵이 아니라 복음이었다. 진정한 사랑은 보상을 요구하지 않지만 보상받아야 마땅하다. 누구도 사랑의 값을 치르겠다고 나서지 않지만, 사랑하는 사람은 응분의 보상을 받으며, 그 사랑이 꾸준할 때 사랑으로 보상받기 마련이다.

섹스, 죄, 그리고 고결함

존 랭던 데이비스

하나님을 사랑하라는 명령을 받은 사람은 순종할 때 그 밖의 모든 애착을 버릴 수 있다고 믿는다. 그래서 세상과 물욕은 물론 자신까지 증오하게 된다고 믿는다. 따라서 기독교인 중에는 무엇보다 세상과 물욕과 자신을 증오하기 때문에 하나님만을 오로지 불굴의 정신으로 사랑하라고 명령받기를 열망하며 삶을 증오하는 사람이 부지기수다.

그런가 하면 교리를 반듯하게 지킴으로 하나님과 깊은 사랑을 나누기 때문에 구태여 하나님을 사랑하라는 명령을 받을 필요조차 없는 사람도 적지 않다. 그들의 관능적 이데올로기에 따르면, 간혹 대상이 잘못되는 경우가 있기는 하지만 모든 사랑이 결국 하나님의 사랑이며, 인간의 타락한 본성 때문에 하나님을 향한 사랑도 자기애에서 시작할 수밖에 없다. 그러나 자기애에서 문제는 사랑의 감정이 아니라 사랑을 쏟아 붓는 대상이다.

이런 관점에서는 모든 사랑, 심지어 관능적 사랑도 아름답고 선한 것을 찾아내려는 시도로 여겨진다. 그러나 이런 사랑은 실패하기 마련이고, 그런 실패를 통해 사랑이 애초부터 지향했어야 할 고결한 대상이 드러난다. 모두가 성 아우구스티누스처럼 정직해서 "저를 정결케 해 주시되 지금은 아니옵니다"라고 기도하지는 못하겠지만, 이런저런 사랑으로 번민해 보지 않은 사람보다는 잘못을 저지르고 회심한 사람이 하나님을 진정으로 사랑하는 방법을 깨달을 가능성이 훨씬 크다. 이런 대안적 방

향을 제시한 위대한 인물로는 플라톤, 플로티노스, 성 아우구스티누스,
성 베르나르, 단테 등이 있다.

3장 저를 위해 크나큰 희생을 치르셨나이다
그리스도의 삶과 희생

독일 신학

작자 미상

그리스도의 삶만큼 고결하고 선하며 하나님을 기쁘게 하는 삶은 없다는 진리를 우리는 반드시 알아야 하고 믿어야 한다. 하지만 우리의 본성과 이기심에 비추어 볼 때 그리스도의 삶은 가장 괴로운 삶이다. 우리의 본성과 자아 곧 나에게는, 있는 그대로의 자유로운 삶이 가장 달콤하고 즐거운 삶이다. 그러나 이런 삶은 최고의 삶이 아니다. 이런 삶을 최악의 삶으로 생각하는 사람도 적지 않다. 그리스도의 삶은 가장 괴로운 삶이기도 하지만 가장 바람직한 삶이다.

유일하고 진정한 선을 인식하는 힘을 지닌 내적인 빛이 있다는 사실을 명심하라. 그 빛은 이런저런 빛이 아니라, "온전한 것이 올 때에는 부분적인 것은 사라집니다"[고전 13:10, 표준]라고 바울이 말한 빛이다. 바울의 말을 다시 설명하면, 온전하고 완전한 것이 단편적 조각들을 전부 합한 것보다 낫다는 뜻이다. 부분적이고 불완전한 것은 완전한 것에 비하면 헛된 것이다. 따라서 완전한 것이 밝혀질 때 부분에 관련된 지식들은 사라져 버린다. 선한 것이 존재하는 곳에서는 오로지 선한 것만 바라고 사랑하기 때문에, 인간이 자신을 비롯해 많은 것에 쏟았던 온갖 사랑은 빛을 잃어버린다. 이와 마찬가지로 내적인 빛은 만물에서 가장 선하고 고결한 것을 인식해 내고, 그것을 하나뿐인 진정한 선 안에서 오로지 그 진정한 선을 위해서만 사랑한다.

탁상담화

마르틴 루터

악마는 강력하고 교묘하게 그리스도의 세계를 공격한다. 폭군과 이단자와 거짓된 형제를 앞세워 진실한 그리스도인을 괴롭히고 온 세상을 선동해 공격한다.

그러나 그리스도는 소수의 순전하고 모욕당하는 사람들을 데리고 악마와 악마의 왕국에 맞서신다. 세상의 눈에는 헛되고 어리석은 저항처럼 보이지만 그리스도는 결국 승리를 거두신다.

그리스도가 제자들을 세상에 보냈을 때 제자들이 흔히 겪은 것은, 한 마리의 불쌍한 양이 백 마리의 늑대를 상대해야 하는 불공평한 전쟁 상황이었다. 제자들은 하나씩 살해당하고 죽어 갔다. 우리였다면 늑대와 싸우도록 사자를 보냈을 것이다. 여하튼 늑대보다 사납고 힘센 짐승을 보냈을 것이다. 세상 사람들은 이렇게 잘못 생각하여 고통의 씨앗을 스스로 삼키고는 종들과 제자들을 학대하는 악마를 찾아간다. 그러나 그리스도는 우리의 미약하고 어리석은 생각과 행동에서도 그분의 한없이 고결한 지혜와 힘을 기꺼이 보여 주신다.

오직 그리스도, 만군의 주만이 기적을 일으키기 때문이다. 그리스도는 늑대들 한가운데서도 양을 지키며 직접 늑대들과 싸우기 때문에, 우리는 우리 믿음이 인간의 지혜에 있지 않고 하나님의 힘에 있다는 것을 똑똑히 깨닫는다. 늑대들이 한 마리의 양을 잡아 삼키면 그리스도는 자신을 대신할 열 마리 이상의 양을 또 보내기 때문이다.

그리스도의 희생

찰스 프랜시스 디그비 몰

그러나 흠잡을 데 없이 완벽한 그리스도의 희생은 끊임없는 순종을 보여 주는 역사적 전범典範이다. 그리스도의 순종은 어떤 고통 속에서도 그리스도의 이름으로 행해지는 찬양과 경배와 자기 헌신이다. 그리스도의 순종은 그리스도의 희생에서 비롯되고 강조되며 이해되므로, 이런 의미에서 우리는 그리스도의 희생을 기억하는 데 그치지 않고 희생을 부분적으로라도 재생산해야 한다고 말할 수 있다.

요한계시록 7장 14절에는 어린 양의 피에 그 옷을 씻어 희게 한 사람들이 언급된다. 물론 이 구절은 모든 그리스도인에게 적용될 수 있다. 우리 모두가 그 피로 죄를 씻는 은혜를 받았기 때문이다. 그러나 간혹 주장되듯이 이 구절이 순교자만을 가리킨다면, 내 추측에 불과하긴 하지만 어떤 면에서는 우리가 그리스도처럼 순종할 때마다 그리스도의 단호한 희생이 반복된다고 할 수 있는 놀라운 예를 보여 준 셈이다. 주님께 충성한 대가로 흘린 순교자들의 피는 결국 하나님의 어린 양, 예수 그리스도의 피라는 뜻이다. 그들이 피를 흘렸을 때, 그 피가 하나님의 어린 양, 그리스도의 피라고 생각하라. 그들의 희생이 그리스도의 희생과 하나가 되었다. 달리 말하면, 그들의 희생은 단독으로 행해지는 속죄도 아니고, 그리스도의 희생에 더해진 희생으로 해석해서도 안 된다. 그리스도를 믿는 사람이 주님과 하나가 된 것으로 받아들여졌다는 의미로 해석해야 한다. 주님의 피가 그들의 피였고, 그들의 피가 주님의 피였

다. 순종의 증거인 피는 주님의 피다. 이런 의미에서, 순종의 증거로 행

하는 성찬식의 포도주는 주님의 피다.

성시 聖詩

리처드 크래쇼

내가 곤궁한 처지에 빠진다면

주님의 천국과 주님께 무슨 소용이 있을까요?

내 더러운 마음이 홍수와 같은 재앙을 바란다면

주님의 소중한 피에 무슨 소용이 있을까요?

회의로 가득한 내 영혼과 내가

죄책감과 죄로

타락해 버린다면

하나님의 어린 양이 죽은들 무슨 소용이 있을까요?

늑대가 죄를 지을 때 하나님의 어린 양이

피를 흘린다고 무슨 소용이 있을까요?

이기적인 욕심으로 내가

죽음과 죽음에 어울리는 하찮은 것과 거래를 하는데,

내 부끄러운 죄의 이름을

어린 양의 하얀 가슴에

자줏빛으로 써야 할

이유가 무엇인가요?

어린 양의 흠 없는 가슴이 심장에서 흘리는 붉은 피로

내 부끄러운 죄를 덮어 줘야 할 이유가 무엇인가요?

아, 주님! 주님이 저를 위해 얼마나 큰 희생을 치르셨는지
제가 온전히 보게 하소서.

제가 다시 길을 잃는다면, 그때 죽음으로 그랬듯이
이제는 사랑 안에 제 삶이 있게 하소서.

영원한 사람

G. K. 체스터턴

그들은 그 몸을 십자가에서 끌어내렸고, 초기 그리스도인들 중 어떤 부자가 자신의 정원에 있는 돌무덤에 그 시신을 매장해도 좋다는 허락을 받아 냈습니다. 로마인들은 폭동이 일어나 시신을 되찾아가려는 시도가 일어나지 않도록 경비병들을 배치했습니다. 이 과정에서 자연스럽게 상징적 조치가 취해졌는데, 로마 당국은 무덤을 옛 동양의 매장 관습에 따라 봉인하고 경비병을 세워 두었습니다. 우리가 흔히 옛 사람이라 일컫는 위대하고 훌륭한 인물들이 그 두 번째 동굴 묘[1]에 감춰졌기 때문입니다.

그분의 시신도 그곳에 매장되었습니다. 이것은 인간의 역사, 즉 인간에게만 해당하는 역사라 불리는 위대한 행위의 종말이었습니다. 신화와 철학이 그곳에 매장됐고, 신과 영웅과 현인들도 그곳에 매장됐습니다. 그들은 위대한 로마 시대에 살던 사람들입니다. 그러나 그들은 살 수밖에 없었던 것처럼 죽음도 피할 길이 없었습니다. 그리고 그들은 죽었습니다.

셋째 날이 밝자마자 그리스도의 친구들이 그곳을 찾았을 때, 무덤은 텅 비어 있었습니다. 돌도 치워져 있었습니다. 그들은 그 새로운 기적을 나름대로 해석했지만, 기존의 세상이 그날 밤 소멸했다는 것까지는 깨닫지 못했습니다. 그들은 새로운 창조가 시작된 첫날을 보고 있었습니다. 새로운 하늘과 새로운 땅을 보고 있었습니다. 정원사의 모습으로 하나님이 다시 정원을 거닐고 계셨습니다. 저녁이 아니라 새벽의 시원한 공기를 마시면서!

1) 옛날 유대에서는 시신을 동굴에 두었다가 썩으면 뼈만 모아 다른 동굴에 매장하는 관습이 있었다.

욥에게 대답하다

칼 구스타프 융

나는 삶의 신화적인 면에서 인간의 삶을 지배하는 보편 타당성을 찾아낼 수 있다고 믿는다. 심리학적으로 보면, 무의식이나 원형이 한 사람을 완전히 지배해서 그 사람의 운명을 사소한 부분까지 결정한다고 할 수 있다. 물론, 원형을 대신하는 객관적이고 구체적인 유사한 현상이 일어날 수 있다. 그것은 겉으로만 그렇게 보이는 것이 아니라 실제로도 원형을 대신하기 때문에, 원형은 우리 내면에서 심리적인 면으로만 나타나는 것이 아니라 구체적으로 나타나기도 한다. 내 생각에는 그리스도가 이런 특징을 보여 준 대표적 인물이 아닐까 한다. 그리스도가 신인 동시에 인간이라면 그리스도의 삶은 그런 모습을 보여 줄 수밖에 없었다. 그리스도의 삶은 '상징', 즉 욥과 야훼가 하나의 인격체로 결합된 것처럼 이질적인 두 성격이 결합한 것이었다. 욥과의 충돌에서 야훼는 직접 인간이 되기로 계획을 세웠고, 그 계획은 그리스도의 삶과 고통으로 성취됐다.

계율과 그 밖의 설교

찰스 킹즐리

이 땅의 경이로운 현상을 연구하는 학자와 과학자도 하나님을 믿으며, "태초에 하나님이 천지를 창조하셨다"고 말할 수 있습니다. 또 하나님은 은혜와 진리로 가득한 분이라 말할 수도 있습니다. 저는 많은 것이 궁금합니다. 그래서 뭔가를 배울수록 제가 실제로 아는 것이 별로 없다는 사실을 깨닫습니다. 그러나 제게 또 인간에게 유익이 되는 만큼은 알고 있습니다. 하나님은 은혜로 가득한 분이라 내 지식을 시기하지 않으실 것이고, 진리로 가득한 분이라 나를 속이시지 않으리라고 확신합니다. 유일하신 하나님, 전능하신 아버지, 보이는 것만이 아니라 보이지 않는 것까지 만물을 창조하신 분을 믿는 한, 더불어 하나님의 유일한 아들이며 빛의 빛인 우리 주 예수 그리스도를 믿는 한, 저는 결코 돌이킬 수 없을 정도로 타락하지 않을 것입니다. 그리스도는 만물을 창조하신 하나님 자신이고, 우리 인간을 위하여 또 우리를 구원하기 위하여 이 땅에 내려왔다가 죽임을 당한 후 다시 일어나신 분이며, 그리스도의 왕국은 결코 끝나지 않을 것입니다. 또한 그리스도는 모든 별과 행성, 빗물과 햇살, 식물과 동물과 돌, 인간의 몸과 영혼을 지배하며, 인간이 이 땅을 풍요롭게 가꾸고 그런 삶을 유지하며 다가올 세상에서 영생을 얻기 위해 알아야 할 모든 것을 때맞춰 적절한 방법으로 가르치십니다. 이 밖에 궁금한 점이 많지만, 저는 그리스도가 창조하는 데 그치지 않고 이 땅을 너무나 사랑했기 때문에 기꺼이 모욕을 견디며 십자가에 못박혀 죽음을 택한 것이라 믿습니다.

전하지 않은 설교

조지 맥도널드

아버지, 내 영혼을 아버지의 손에 맡깁니다(눅 23:46, 표준).

성 마태도 성 마가도 우리 주님이 '엘로이Eloi'[1] 이후에 뭐라고 말했는지 정확히 알려 주지 않았습니다. 이들도 성 누가와 마찬가지로, 큰소리로 울부짖으며 영혼을 포기하셨다고 말해 즐 뿐입니다. 성 누가는 기록하길 간절히 외치고 영혼을 포기하기 전에 '아버지, 내 영혼을 아버지의 손에 맡깁니다'라고 기도하셨다고 했지만, 엘로이라는 처절한 기도에 대해서는 한 마디도 언급하지 않았습니다. 성 요한은 엘로이라는 단어는 물론이고, 아버지 손에 영혼을 맡긴다는 기도와 간절한 외침에 대해서도 언급하지 않았습니다. 성 요한은 예수님이 신 포도주를 받고는 "이제 다 이루었다"고 말한 후 고개를 떨구고 숨을 거두었다고 기록할 뿐입니다.

주님은 그렇게 외친 이유를 뭐라고 설명하실까요? 죽음의 끝에 이르렀다는 안도의 외침이었을까요? 승리의 외침이었을까요? 끝까지 견뎌 냈다는 기쁨의 외침이었을까요? 아니면 하나님 아버지가 '나의 하나님'이란 말에 응답하며 얼굴을 내미시자 은총을 받았다는 벅찬 마음에 미소 지을 수 없어 그렇게 외친 것일까요? 그런 상황에서는 무엇보다 기쁜 마음을 커다란 외침으로밖에 표현할 수 없었던 것일까요? 아니면 최후의 안식이 시작되기 전에 밀려온 마지막 통증을 하소연하는 절규에 불과했을까요? 이 모든 것이 복합된 외침이었을 수도 있습니다. 그러나 생각하는 인간이 많은 책을 쓰고 많은 말을 했지만, 예수 그리스도의 그 외침에서 정확히 표현되지 않은 것만큼 깊은 뜻을 말하지는 못했습니다. 그 외침으로 그리스도는 하나님 아버지를 더 이상 혼자 존재하고 사랑하는 권위체가 아니라, 헌신과 사랑의 행위로 존재하는 하나님으로 승화시키셨습니다. 그때부터 하나님의 자녀라는 신분과 하나님을 위해 즐거운 마음으로 희생해야 한다는 정신이 인간의 마음에 자리 잡았습니다. 하나님을 향한 순종은 고통으로 완전해졌기 때문입니다. 그리스도는 인간의 모습으로 살면서 인간이라는 형제들에게 바라던 모습을 몸소 보여 주셨습니다. 그리스도는 인간을 위해 희생하면서 하나님을 위하여 또 서로를 위하여 바라던 모습을 몸소 보여 주셨습니다. 그때부터 하나님은 인간의 안팎, 인간의 위아래에 존재하며 인간과 더불어 또 인간을 위하여 고통받으셨습니다. 또한 하나님이 가진 모든 것, 하나님의 생명과 존재 자체, 즉 하나님이 가장 사랑하는 것과 가장 소중히 여기는 것까지 인간에게 기꺼이 내주셨습니다. 결국 그리스도는 인간에게 하나님으로 인한 형제가 되어 인간과 더불어 사신 것입니다. 그리고 그 위대한 이야기는 외마디 절규로 끝을 맺었습니다.

따라서 그 외침은 '이제 다 이루었다' '아버지, 내 영혼을 아버지의 손에 맡깁니다'라는 뜻이었습니다. 인간의 모든 고결한 행위는 하나님이 먼저 우리에게 주신 것을 하나님께 돌려드리는 행위일 뿐입니다. "하나님, 당신이 제게 주셨습니다. 여기 당신의 선물이 있습니다. 제 영혼을 하나님께 드리겠나이다." 모든 예배 행위는 하나님이 우리를 위해 만들어 주신 것을 하나님께 올려 드리는 행위입니다. "주님, 지금 제가 가진 것을 보소서. 당신이 제게 만들어 주신 것, 당신의 은혜로 빚어진 저라는 존재를 저와 함께 느끼소서. 저는 당신의 자녀입니다. 소중한 제물을 높이 올려 하나님의 생명을 넘쳐흐르게 하고, '이 제물은 하나님의 것입니다. 이 제물은 나의 것입니다. 나는 하나님의 것입니다. 따라서 나는 나의 것입니다'라고 크게 외치는 수밖에 하나님께 달리 감사할 방법을 모르겠나이다." 물리적 세계에서 그렇듯이 영적인 세계에서도 이 원대한 행위는 다시 근원으로 돌아가려는 방향 전환일 뿐입니다.

'나의 하나님'이라는 뜻.

그리스도 안에 거하는 삶

앤드류 머레이

구세주께서는 우리가 그분 안에서 살아가는 기쁨을 무엇이라 하셨던 가? 그분은 우리에게 그분 자신의 기쁨을, "나의 기쁨"을 약속하셨다[요 15:11]. 제자들이 하늘나라에 올라갈 때 주님 안에서 누리게 될 삶을 그 완전한 비유가 말해 주듯이, 기쁨은 그분의 부활하신 삶에 대한 기쁨이다. 또한 "내가 다시 너희를 보리니 너희 마음이 기쁠 것이요 너희 기쁨을 빼앗을 자가 없으리라"(요 16:22) 하신 주님의 말씀을 달리 표현한 것이기도 하다. 부활과 부활의 영광에서 결코 변하지 않는 삶이 시작됐고, 결코 사그라지지 않는 기쁨이 시작될 수 있었다. 부활의 영광과 더불어 "그러므로 하나님 곧 왕의 하나님이 즐거움의 기름을 왕에게 부어 왕의 동료보다 뛰어나게 하셨나이다"[시 45:7]라는 말씀이 이루어졌다. 주님이 면류관을 쓰던 날은 주님의 마음을 기쁘게 하는 날이었다. 주님의 기쁨은 주님의 일이 완전히 영원히 완성되었다는 기쁨이고, 아버지 하나님의 품에 다시 돌아간다는 기쁨이며, 구원받은 영혼들의 기쁨이었다. 구원받은 영혼은 주님을 기쁘게 해 드린다. 주님 안에서 살아갈 때 우리의 영혼도 구원받는다. 믿는 사람은 주님의 승리와 완전한 구원을 온전히 받아들이고, 굳은 믿음으로 "항상 우리를 그리스도 안에서 이기게 하시는 하나님께 감사하노라"(고후 2:14)고 승리자의 노래를 멈추지 않는다.

우리 주님의 기적

조지 맥도널드

성 누가는 "기도하실 때에 용모가 변화되고 그 옷이 희어져 광채가 나더라"[눅 9:29]고 말했고, 성 마태는 "그들 앞에서 변형되사 그 얼굴이 해같이 빛나며 오이 빛과 같이 희어졌더라"[마 17:2]고 말했습니다. 성 마가는 "그 옷이 광채가 나며 세상에서 빨래하는 자가 그렇게 희게 할 수 없을 만큼 매우 희어졌더라"[막 9:3]고 했습니다. 그런데 성 누가만이 '예수님이 기도할 때' 그런 변화가 일어났다고 말했습니다. 예수님은 아버지 하나님과 내적으로 교감할 때 겉모습이 눈부시게 변한 것입니다. 그러나 예수님이 어떤 기도를 했는지 모른다면 그런 변화에 담긴 뜻을 정확히 이해하기 어려울 것입니다. 제 생각에는 성 누가가 기록했듯이, 예수님이 하늘에서 찾아온 방문객들과 나눈 이야기는 "예수께서 예루살렘에서 이루실 일, 곧 그의 떠나가심"[눅 9:31, 표준]에 대해서가 아니었을까 싶습니다. 예수님이 산에서 내려오며 제자들과 나눈 이야기도 그런 맥락의 내용이었습니다. 제자들이 환영으로 본 것을 예수님이 죽음에서 부활한 후에야 공개했다는 사실도 생각해 봅시다. 예수님은 코앞에 닥친 문제에 가슴이 답답했을 것이고, 죽음을 예상하며 아버지 하나님께 위안과 동정을 구했을지 모릅니다.

이번에는 예수님이 다른 사람이 된 양, 기도로 그 암담한 그림자의 무게를 떨쳐 내고 혼자서 조용히 낙심하지 않고 오히려 두려움을 이겨 내겠다는 자신감에 충만하여 그 몸에서 찬란한 빛이 번쩍였다고 생각해 봅시다. 슬픔과 불안의 구름이 찬란한 빛과 만나면서 눈부시게 아름다운 모습으로 변했습니다. 빛줄기는 곧 닥칠 죽음과, 사흘 후 죽음을 이기고 거둘 승리와 밀접한 관계가 있습니다. 빛줄기는 부활의 전조이며, 예수님이 아직 인간의 몸으로 암울한 그림자와 싸우는 동안에 새롭게 입혀진 영광의 옷입니다. 그와 같은 빛은, "우리가 다 잠 잘 것이 아니요 마지막 나팔에 순식간에 홀연히 다 변화되리니"[고전 15:51]라고 사도 바울이 말했을 때 그가 언급하는 사람들에게서 일어난 변화일 수도 있습니다. 곧 닥칠 죽음은 어두운 구름에 불과했고, 그 구름에서 영광의 빛이 새롭게 나타나 영원히 번쩍였습니다. 따라서 예수님의 변화는 다가오는 어둠에 대한 예수님의 저항이었습니다.

하나님 말씀의 성육신에 대하여

성 아타나시우스

보이지 않는 하나님의 속성은 하나님의 말씀과 일치하기 때문에 그 말씀을 통해 알려져야 마땅하다. 지금 우리 눈에 보이지 않는다고 해서 주님의 부활을 의심하는 사람들은 자연의 법칙마저 부인하는 것이나 다를 바 없다. 증거가 부족할 때 그들은 불신의 벽을 쌓아 왔다. 하지만 증거가 충분하고 주님의 부활이 확실한 사실로 입증된 때에도 그처럼 명백히 증명된 부활하신 주님을 애써 부인하는 이유가 무엇일까? 그들의 정신적 능력에 결함이 있다 해도, 눈으로는 그리스도의 권능과 신성에 대한 부정할 수 없는 증거를 볼 수 있을 텐데 말이다. 눈먼 사람은 태양을 보지 못하지만, 위에서 내리쬐는 따뜻한 햇살로 태양이 지구 위에 있음을 안다. 이와 마찬가지로, 맹목적 불신에 사로잡힌 사람이라도 그리스도가 다른 존재들을 통해 드러낸 힘을 확인한다면, 그리스도의 부활과 신성을 인정해야 마땅하다.

그리스도에게 생명이 없었다면 그분은 악령을 쫓아내지도 못하고 우상을 물리치지도 못했을 것이다. 악령은 죽은 자의 말을 듣지 않기 때문이다. 또 우리가 예수의 이름을 부르는 것만으로 악령을 물리칠 수 있다면 그리스도는 결코 사망한 존재가 아니다. 더구나 그리스도가 정말 죽었다면, 인간이 보지 못하는 것까지 지각하는 악령들이 그런 사실을 알았을 것이고, 따라서 그리스도의 말을 따르지 않았을 것이다. 그러나 그리스도가 곧 하나님이라는 사실을 불경스런 인간은 의심하지만 악령은 분명히 안다. 이런 이유로 악령은 그리스도를 피해 달아나고, 그리스도가 인간의 몸으로 계셨을 때 "나는 당신이 누구인 줄 아오니 하나님의 거룩한 자니이다"[막 1:24]라거나 "하나님의 아들 예수여 나와 당신이 무슨 상관이 있나이까? 원하건대…… 나를 괴롭히지 마옵소서"[막 5:7]라고 소리친 것처럼 그리스도의 발밑에 엎드려 울부짖는다.

그리스도가 자신의 육신을 죽음에서 일으켜 세웠고 아버지로부터 태어나듯이 하나님으로부터 태어난 하나님의 유일한 아들이란 사실은 악령들의 고백이나 그분의 역사에 대한 매일의 증거에서 명백히 드러난다. 따라서 그리스도는 하나님의 말씀이고 하나님의 지혜이며 하나님의 권능이다. 누구도 이 사실을 의심해서는 안 된다. 그리스도는 우리 모두를 구원하기 위해 인간의 몸을 취하시고, 이 세상에 하나님 아버지에 대해 가르치신 분이다. 그리스도는 죽음을 물리치며 부활의 약속을 통해 우리 모두에게 영생의 축복을 주신 분이다. 그리스도는 부활의 첫 열매로서 자신의 육신을 죽음에서 일으켜 세우고, 죽음과 타락을 이긴 증거로 십자가에서 부활을 보이신 분이다.

희생의 신비

이블린 언더힐

옛 기도서에는 "제물로 바쳐지고 우리에게 나누어진 그리스도"가 언급된다. 성찬식은 희생의 결실이다. 인간의 의지가 은총에 내밀히 자극받아 제단으로 올라가 봉헌물로 변한다. 하나님의 사랑이 그 제물을 품어 신성하게 변화시킨다. 인간의 의지와 하나님의 사랑, 둘 모두가 필요하다. 인간의 유한한 사랑과 노력이 높이 올라가, 무한한 하나님의 사랑과 만나 완성된다.

따라서 성찬식은 예배의 일부지만 예배에서 떼어 놓을 수 없는 예배의 절정이다. 성찬식에 담긴 깊고 신성한 의미를 올바로 이해하려면, 제물을 드리는 예배 의식에서 결코 빼놓을 수 없는 가장 중요한 행위로 인식해야 한다. 달리 말하면, 개인적 열정에서 비롯된 행위가 아니라 그리스도를 섬기는 가족 모두의 행위라는 뜻이다. 행위 자체는 구성원 개개인의 행동과 바람을 무시하지 않지만 초월적인 뜻을 갖는다. 오직 자신의 영혼을 구하기 위해 나아오는 사람들, 성체를 자신의 영적인 욕구를 채우기 위한 수단으로 금전적으로 평가하며 예배 의식에서 공동체의 일원으로 자신에게 주어진 책임을 망각하는 사람들, 또한 성찬식을 하나님의 질서라는 관점에서 생각지 않는 사람들을 예배 의식은 철저하게 배격한다. 인간이 전체에서 작은 부분이라도 자기 자신을 바칠 때, 하나님은 너그럽게 받아들이고 하나님의 초월적 목적에 맞게 그것을 승화시키시기 때문이다. 개인적 봉헌이라는 개별적 행위는 그리스도의 신부가 되는 숭고한 시간에서 단편적 조각으로만 여겨질 뿐이다. 따라서 결코 이해할 수 없는 것 앞에 무릎을 꿇고 예배의 물결에 몰입해 온몸을 던져 겸손한 자세로 경배하는 마음이 절정에 이를 때에야 우리 영혼은 영생의 빵을 얻는 데 가까이 다가설 수 있다.

하나님 말씀의 성육신에 대하여

성 아타나시우스

형체가 없어 썩어 사라지지 않는 영적인 하나님의 말씀이 우리 세상에 오시지만, 예전에도 주님은 우리에게서 멀리 계시지 않았다. 창조된 세상에서 그분의 힘이 미치지 않는 곳이 없기 때문이다. 그분은 모든 곳을 온갖 것으로 채워 놓으셨고, 그때부터 줄곧 아버지 하나님의 곁을 떠나지 않으셨다.

합리적으로 생각하는 인간이라는 피조물이 타락의 길에 빠져들고 죽음이 인간을 지배하는 것을 보시고, 우리를 짓누르는 죽음에 죄의 위협까지 더해지며 율법을 행하기도 전에 실패의 나락으로 떨어지는 것을 보시고서, 그분은 우리 인간을 불쌍히 여기며 유약한 우리에게 자비를 베푸셨다. 또 그분은 직접 창조하신 만물이 하나씩 죽어가는 불미스런 일이 닥치고 인간의 사악함이 도를 넘어 용납할 수 없는 지경까지 조금씩 치달아 결국 모든 인간이 죽음의 형벌을 받는 것을 보시고는, 타락한 인간은 용서할 수 있어도 죽음이 세상을 지배하는 것은 용납할 수 없어, 인간의 몸으로 즉 우리의 운명과 조금도 다르지 않은 모습으로 성육신하셨다. 그분이 손수 빚은 인간이라는 피조물이 죽음의 수렁에 떨어지고 무가치한 일에 버려지지 않도록 하기 위한 배려였다.

그분은 그저 육신을 갖기 위해, 우리 앞에 나타나기 위해 성육신하신 것이 아니었다. 그분이 단지 우리 앞에 나타나려고만 했다면 다른 식으로, 훨씬 고결한 방법으로 그 신적인 모습을 드러내 보여 주실 수 있었다. 그러나 그분은 우리와 같은 몸을 택하셨다. 우리와 같은 몸을 취하는 데 그치지 않고, 남자를 알지 못하고 흠 없고 때 묻지 않은 동정녀의 몸에서 태어나셨다. 어떤 남자와도 정을 통하지 않은 깨끗하고 참으로 순결한 몸에서 태어나셨다. 전능하신 분이며 만물의 창조자인 까닭에 동정녀의 몸을 자신의 성전으로 준비하셨고, 그 몸을 자신만의 도구로 승화시켜 그 안에서 잉태되고 자라셨다.

하나님 사랑의 현현

노리치의 줄리안

몸이 옷으로 싸이고 뼈가 심장을 안에 두고 피부로 덮여 있듯, 영혼과 육신으로 이루어진 우리는 하나님의 자비라는 옷을 입는다.

우리 영혼은 하나님의 지극한 사랑을 한몸에 받고 지내지만 누구도 그 사랑을 완전히 이해하지 못한다. 바꾸어 말하면, 창조주 하나님이 우리를 얼마나 깊이, 얼마나 부드럽게, 얼마나 자애롭게 사랑하시는지 누구도 완전히 이해할 수 없다. 따라서 우리는 하나님의 도움에 힘입어 기도함으로 그 사랑에 감격하며, 전능하신 하나님이 한량없이 자애로운 마음으로 베풀어 주시는 그 드높고 초월적이며 더없이 소중한 사랑에 놀랄 따름이다.

사랑으로 만물을 창조하신 하나님은 처음과 똑같은 사랑으로 만물을 보살피시며, 앞으로도 영원히 지켜 주실 것이다.

그 사랑을 좀더 깊이 깨달은 까닭에 나는 이 축복의 말씀을 들었다. "보아라, 내가 너를 어떻게 사랑했는지! 내가 너를 너무나 사랑해서 너를 위해 죽고 기꺼이 고통받았음을 보아라! 내 쓰라린 고통과 모든 힘겨운 고뇌가 이젠 나에게는 물론 너에게도 끝없는 환희와 기쁨으로 변하지 않았느냐. 이제부터 네가 나를 기쁘게 하고자 기도한다면 무엇이든 기쁜 마음으로 이루어 주리라. 내 기쁨이 곧 너의 거룩함이며, 너의 끝없는 환희와 기쁨이 언제나 나와 함께하기 때문이다."

하나님은 우리를 사랑으로 감싸며 지켜 주신다. 과거에도 없었고 앞으로도 없을 지독한 고통과 극심한 슬픔을 겪고 끝내 죽으실 때조차 하나님은 사랑으로 일하셨다. 이 모든 것이 우리를 하나님께 인도하기 위한 것이고, 전적으로 하나님의 놀라운 사랑 때문에 가능한 것이었다. 하나님은 내게 말씀하셨다. "너를 내게로 인도하기 위해 더 많은 고통을 받아야 한다면 기꺼이 그렇게 하겠노라"고.

하나님 말씀의 성육신에 대하여

성 아타나시우스

타락은 죽음 이외의 방법으로는 해결될 수 없음을 하나님의 말씀은 꿰뚫어 보았다. 하지만 말씀이신 그분은 영원한 존재이며 아버지 하나님의 아들이기에 죽을 수 없는 존재였다. 그래서 죽음을 피할 수 없는 인간의 육신을 취하셨다. 그 몸은 모든 것을 초월하는 말씀에 속한 것이어서 모든 것을 대신해 죽음을 택하셨다. 그분은 하나님과 하나여서 결코 죽지 않기 때문에 죽어서 다시 살아나는 부활의 은혜로 모든 인간을 위해 육신의 부패에 종지부를 찍고자 결단한 것이 그 죽음이었다. 그분은 스스로 택한 육신을 모든 죄에서 해방시키기 위한 희생 제물로 죽음에 넘겨주었지만, 곧바로 그에 상응하는 제물로써 인간 형제들을 위해 죽음을 무효화하셨다. 하나님의 말씀은 모든 것을 초월하기에 당연한 결과였다. 우리 모두의 생명을 구하기 위해 자신만의 성전이며 몸이라는 수단을 제물로 바치며, 자신에게 요구된 모든 것을 죽음으로 이루어 내셨다. 영원히 죽지 않는 하나님의 아들 됨과 인간의 속성이 결합되면서, 모든 인간이 부활의 약속으로 영생의 옷을 입게 된 것도 당연한 결과였다. 하나님과 인간이 완전히 하나가 된 까닭에, 하나님의 말씀이 한 사람의 육신에 깃든 덕분에, 죽음에 필연적으로 따르는 타락은 모든 힘을 잃고 말았다.

위대한 왕이 큰 도시에 들어가 어떤 집에 묵으면 어떤 일이 벌어지는지 우리는 잘 안다. 왕이 한 집에 묵는 것만으로 도시 전체가 영광을 누린다. 그 도시를 괴롭히던 적과 도적까지 잠잠해진다. 만왕의 왕, 예수 그리스도의 경우도 마찬가지다. 그리스도가 어떤 나라에 들어가 많은 사람 중 한 사람을 택해 그 몸에 들어가면서 인간을 핍박하던 적의 의도가 좌절되고, 인간을 마음대로 휘두르던 죽음의 저주도 끝났다. 하나님의 아들, 우리 모두의 구세주인 주님이 우리에게 와서 죽음을 끝내지 않았더라면 우리 인간은 철저히 멸망하고 말았을 것이다.

그리스도의 희생

찰스 프랜시스 디그비 묠

복음이 선언 이상을 의미하거나 하나님에게서 멀어진 사람을 되돌리기 위해 하나님의 행위를 아는 것으로 그치지 않고 직접 경험하는 것이라면, 예수 그리스도를 통해 보여 주신 하나님의 행위가 갖는 유일성과 궁극성은 불연속적인 유일성도 아니고 죽어 정체된 궁극성도 아니다. 하나님과의 화해에서 끝은 있을 수 없다. 그 화해는 살아 계신 하나님의 일이고, 하나님의 일에서 비롯한 친교의 일부이며, 그런 친교에서 하나님의 일은 끝없이 계속되기 때문이다. 따라서 그리스도의 물리적 육신은 죽음에 떨어졌지만 죽음에서 다시 일어났고, 이로 인해 그리스도의 몸이라 일컬어지는 교회를 탄생시켰다. "너희가 이 성전을 헐라. 내가 사흘 동안에 일으키리라"[요 2:19]고 하신 말씀에서 예수님은 자신의 몸을 성전이라 하셨다. 이런 의미에서 교회는 옛 율법 시대부터 하나님의 백성과 더불어 지속되어 왔다. 유일한 성육신은 단 한 번뿐이고 종국적인 성격을 갖지만, 지금도 여전히 역사의 한가운데 위치한다. 요컨대 성육신은 끊어지지 않았다. 도도히 흐르는 물길이지, 간헐적으로 똑똑 떨어지는 물방울이 아니다. 고정되지 않은 채 공중에 떠 있는 점이 아니라 피라미드의 정점인 것이다.

볼록렌즈와 그 밖의 시

월터 드 라 메어

꿈에서 깨어나

꿈에서 깨어났습니다.

흉측한 모습에 애처롭게

움푹한 구멍에서 활활 타오르는 불길처럼

멍하니 벌린 입이

어둠 속에서 외쳤지만 아무런 소리도 들리지 않았습니다.

영혼이 황량하고 어둔 밤에 빠져,

땀에 젖은 채 나는 침대에 누웠습니다.

목표를 위해 밤을 새는 데 진저리치며.

아, 이 땅의 문은 거의 닫혔습니다.

십자가가 걸린 문틀, 흔하디흔한

녹슨 철로 만든 열쇠가

문을 열고 내게 얼굴 하나를 보여 주었습니다.

그 얼굴이 눈에 들어오자 옛 것이 사라졌습니다.

평생의 소원이 이루어졌습니다.

두 눈이 모든 슬픔을 달래 주었습니다.

"보라! 내가 왔노라."

하나님을 아는 것

신학대전

토마스 아퀴나스

하나님은 특별한 부류, 특별한 집단에게만 지극히 선하신 분이 아니다. 하나님은 절대적으로 선하신 분이다. 모든 사물이 바라는 목표, 즉 모든 면에서 완벽한 최초의 근원이기 때문에 하나님은 예부터 선한 분으로 불렸다. 앞에서도 보았듯이, 모든 면에서의 완전함이 하나님의 모습이다. 달리 말하면, 그런 완전함은 같은 부류에 속한 다른 행위자에게 기대할 수 있는 것이 아니다. 오히려 같은 종이나 같은 부류에 속하지 않으면서 같은 결과를 낳는 행위자에게 기대할 수 있다. 요컨대 같은 부류에 속한 행위자는 그 결과를 원래 모습과 매우 유사하게 드러내지만, 같은 부류에 속하지 않은 행위자가 그 결과를 더 완벽하게 반영한다 mirror. 태양의 뜨거운 열기가 불의 열기를 능가하는 것이 대표적인 예다. 따라서 하나님은 어떤 부류에 속한 존재가 아니라 만물의 첫 근원으로 선하신 분이기 때문에, 가장 완벽하게 선하신 분일 수밖에 없다. 그래서 우리는 하나님을 지극히 선하신 분이라 칭하는 것이다.

따라서 첫째, 지극한 선이 선에 더하는 것은 절대적인 선이 아니라 상대적인 선에 불과하다. 하나님이 피조물과 맺는 관계는 하나님 안에 존재한다고 생각되겠지만 실제로는 피조물 안에 존재한다. 사물이 지식의 대상이라 일컬어지는 이유가 사물이 지식과 관계를 맺기 때문이 아니라, 지식이 사물과 관계를 맺기 때문인 것과 마찬가지다. 따라서 지극한 선은 복합적일 필요가 없지만, 다른 선한 것은 결코 지극한 선에 미치지 못한다.

둘째, ‘선은 만물이 바라는 것’이라 주장한다고 해서, 만물이 모두 선을 바란다는 뜻은 아니다. 바라는 것이 모두 선한 것이라는 뜻이다. 또한 ‘하나님 한 분을 제외하고는 누구도 선하지 않다’는 주장은 ‘하나님은 본래부터 선하신 분이다’라는 뜻이다.

셋째, 같은 부류에 속하지 않는 것들은 결국 다른 부류에 속한다는 뜻이므로 그것들을 비교할 방법은 없다. 그러나 ‘다른 선한 것들과 같은 부류에 속하지 않는다’고 우리가 말하는 이유는 하나님이 다른 부류에 속하기 때문이 아니라 모든 부류의 밖에 존재하며 모든 부류의 근원이시기 때문이다. 따라서 하나님은 초월적 위치에서 만물과 관계를 맺으신다. 이것이 지극한 선을 통해 살펴본 비교이다.

던의 설교

존 던

눈에 보이는 식별 가능한 세계로 하나님이 만족하셨을까? 이 땅에 존재하는 모든 것, 이 땅과 하나님 사이에 존재하는 것만으로 만족하셨을까? 다니엘서에서 네 짐승으로 묘사된 네 군주[단 7장], 자연계를 이루는 4대 요소, 그리고 네 군주의 모든 신하와 백성이면 하나님께 친구로 충분했던 것일까? 일곱 행성의 일곱 왕국이면 하나님께 충분한 이야깃거리였을까? 하늘에 반짝이는 별들 가운데 몇 개를 가져다가 얼마만큼의 왕국으로 삼으면 이것으로 족하다고 생각하셨을까? 하나님은 해와 달과 별, 혹은 우리 눈에 보이고 식별되는 그 어떤 것들보다 우리를 더 가까이 두셨다. 하나님은 천사를 창조하셨다. 그런데 얼마나 많이, 얼마나 대단한 존재로 만드셨을까? 산수로는 표현할 수 없는 수만큼 만드셨고, 비율로는 잴 수 없는 차원으로 만드셨다. 지금까지 하나님은 결코 혼자가 아니셨다.

그러나 하나님은 자신을 충분히 드러내지 않으셨다. 하나님께는 바다의 고래인 리워야단과, 땅의 코끼리인 베헤못이 있었다. 거대한 천체가 하나님의 길에 있었고, 천사들이 무한히 있었으며, 하늘나라에는 많은 직무실이 있었다. 그러나 천사들은 자식을 낳을 수 없을 뿐더러 천사를 더 만들 수도 없어서, 하나님은 사랑의 품을 넓혀 인간을 창조하셨다. 따라서 인간은 창조되자마자 모든 자연을 향유할 수 있었고, 또 천사의 속성과 지상에 존재하는 피조물의 속성을 한몸에 지닐 수 있었다. 그때부터 하나님은 언제나 인간의 곁에서 지내셨다. 물론 인간을 창조할 때도 혼자가 아니셨다. 파시아무스 호미넴*Faciamus hominem*, 즉 "우리의 모양대로 사람을 만들자"[창 1:26]라는 구절이 그 증거다. 하나님은 그분의 위원회와 무리, 공동체와 삼위일체 등 모두를 동원해서 인간을 창조하셨다. 따라서 온 세상의 모든 속성이 인간 안에서 융합될 수밖에 없었다.

교회정치론

리처드 후커

하나님의 존재는 하나님이 일하시는 법칙이기도 하다. 하나님은 완벽하시므로 하시는 일도 완벽하기 때문이다. 이런 하나님의 자연스럽고 당연하며 본질적인 역할인 아들의 출산과 성령의 행위는 내가 여기서 다루고자 하는 범위를 벗어난다. 내 목적은 하나님이 어떤 취지에서 그런 역할을 시작하고 계속하기로 하셨는지에 대해 조금이나마 살펴보는 데 있다. 하나님은 자신의 일이 언제 어떻게 행해져야 하는지에 대해 끊임없이 말씀하셨다. 하나님의 그런 말씀은 '영원불변의 법칙'이기도 하다. 인간의 미약한 지능으로 전능하신 하나님의 일에 너무 깊이 파고드는 것은 무척 위험하다. 하나님이 생명인 것을 알고 하나님의 이름을 언급하는 것만으로도 커다란 기쁨이지만, 하나님의 진정한 면을 모른다는 사실을 아는 것만큼 올바로 아는 것은 없다. 그렇다. 우리는 하나님을 알 수 없다. 우리가 하나님에 대해 가장 확실하게 감동적으로 말하는 방법이 무엇일까? 침묵하는 것이다. 하나님의 영광은 말로 설명되지 않으며, 하나님의 위대함을 우리 능력으로 이해하기란 벅차기 때문이다. 하나님은 저 위에 계시며, 우리는 이 땅에 존재할 뿐이다. 따라서 우리는 말을 조심하고 삼가야 마땅하다. 하나님은 하나이시다. 아니, 그 자체로 존재하는 일체이시다.

하나님은 완전한 단일체이시다. 하나님을 제외한 모든 것은 세분된 수많은 것들로 이루어지기 때문에 하나님의 본질적 일체성, 즉 삼위일체성을 인간의 상상력으로는 도무지 이해하기 힘들다. 하나님께 속한 각각의 피조물은 하나님의 일체성을 갖기 때문에 우리 인간은 각자 조금이나마 독특하고 고유한 면이 있다. 셋이 하나가 되기 위해 모든 것이 하나의 신성 안에 존재한다. 아버지로부터 시작해 아들을 거쳐 성령을 통해 모든 것이 존재한다. 아들이 아버지에게 듣는 것, 성령이 아버지와 아들에게 받는 것, 이와 똑같은 것을 우리는 성령을 통해 듣고 받는다. 성령은 삼위일체의 마지막이므로 순서상 우리에게 가장 가깝다. 그러나 권능에 있어서 성령은 두 번째인 아들, 첫 번째인 아버지와 조금도 다르지 않다.

시골 목사

조지 허버트

전능하시고 영원히 살아 계신 주 하나님! 만왕의 왕이며 빛이고 영광이신 하나님! 주님과 조금도 닮지 못한 우리가 어찌 감히 주님 얼굴을 뵐 수 있겠습니까? 어떻게 주님을 부를 수 있겠습니까? 우리는 어둡고 약하며 더럽고 부끄러운 존재이기 때문입니다. 고통과 죄로 하루하루를 채워 갈 뿐입니다. 하지만 주님은 우리의 창조주이시고, 우리는 주님의 피조물입니다. 주님의 두 손이 우리를 빚어 내셨고 모든 피조물의 주인이 되게 해 주셨습니다. 우리만의 세계를 주시고, 우리를 위해 일하는 또 다른 세계도 주셨습니다. 그때 주님은 우리를 낙원에 두시고 주님 품에 거두셨습니다.

하지만 우리는 주님의 충고를 어기며 주님을 실망시키고 말았습니다. 하나님과 영광, 영광스런 하나님을 사과 하나에 팔아넘기고 말았습니다. 예, 그렇게 기록하십시오! 우리 이마에 영원히 지워지지 않게 낙인이라도 찍으십시오! 옛날에는 사과 하나 때문에 주님을 잃었고, 이제는 돈 때문에, 먹을 것 때문에, 하찮은 것 때문에 주님을 여전히 잊고 있습니다.

그러나 주님, 주님은 인내와 긍휼이시며, 자비와 사랑이십니다. 덕분에 주님의 자녀, 우리 인간은 사라지지 않았습니다. 주님은 우리에게 한없는 자비를 베푸셨습니다. 우리를 벌하지 않고 오히려 주님의 영광으로 우리를 구원하셨습니다. 죄로 넘쳐흐르는 곳에 죽음이 아니라 은총을 더 크게 내려 주셨습니다. 하늘에서나 땅에서나 극악한 죄를 우리가 지을 때도 주님은 "보라, 내가 왔노라!" 하고 말씀하셨습니다. 심지어 스스로 죽을 수 없는 생명의 주님께서 죽을 계획을 세우셨습니다. 그래서 우리처럼 육신을 취하고 피 흘리며 죽으셨습니다. 적들이 보기에 주님은 죽었습니다. 그때 주님을 비웃던 사람들과 지금도 주님을 경멸하는 사람들에게도 주님은 죽었습니다.

복을 받아 마땅한 구세주이신 주님! 많은 물을 마셔도 주님의 사랑을 향한 갈증을 해소할 수 없었습니다. 어떤 위험과 위협도 주님의 사랑을 억누를 수는 없었습니다. 주님의 피는 어둠의 세계, 무덤과 지옥을 도도히 흘렀습니다. 그 투쟁에서 주님은 승리를 거두고 우뚝 일어나셨습니다. 그리고 우리에게 승리를 안겨 주셨습니다.

야상 夜想

에드워드 영

아, 자애로운 목적이 있어 이런 질병들을 허락하시고,

우리를 슬픔에 젖게 하셨을 주님!

아, 두 손으로 이 아름다운 피륙을 직접 짜시고

가장 아름답다 여기며 우리에게 이를 알게 하셨을 주님!

이 달 아래 있는 세상은 무엇입니까? 부질없는 망상!

이 세상이 붙잡고 있는 이것, 이 부질없는 망상은

축축한 무질서의 침대에서 당신의 빛에

증발하고, 운명의 시간에 주변의 공기 속을

헤엄치다 녹아들고 사라집니다.

땅의 날들이 하루씩 헤아려지고 최후의 날이 멀지 않습니다.

땅의 날들은 그 자손들만큼 무상하지는 않지만 죽을 운명입니다.

그러나 그들은 이 땅을 맹목적으로 사랑합니다. 한때 이 세상과 그들 모두가

영원하고 순수했던 까닭에. 주님, 꿈을 꿉니다.

그들은 맹목적으로 사랑합니다! 무엇을 사랑하느냐고요? 영생의 세계는 물론이고

바깥 세계를 사랑합니다! 그림자의 땅을!

꽃들의 약속으로 넘치는 비옥한 들판!

끝없는 환희를 사랑합니다. 의혹에 어쩔 줄 모르고

날카로운 가시에 아파하면서도! 격랑의 바다에
대담한 모험가들이 앞서고 그들 모두가 뛰어듭니다!

단테에 대한 연구

도로시 세이어즈

그리스도의 신비로운 몸은 결속성이 강하여, 죽어서 축복받은 사람들이 살아 있는 사람들을 돕고 동정하며 그들을 위해 기도하든지 아니면 그들의 죄에 분노를 느끼든지 어떤 식으로든 살아 있는 사람들과 밀접하게 관계한다. 그러나 하늘나라에서 분노와 연민의 힘은 순수하게 경험된다. 즉 혼란스런 개인적인 감정에 휘둘리지 않는다는 뜻이다. 하나님과 그분의 성자들은 분노하더라도 중심을 잃지 않고 판단력을 흐트러뜨리지 않는다. 삶이 혼란에 휩싸이지도 않는다. 그들은 우리를 불쌍히 여기지만, 연민에 휩싸여 속수무책으로 고뇌하거나 그들의 자애로운 마음을 악용하고 가지고 놀려는 몰염치한 이기주의에 휘둘리지 않는다. C. S. 루이스가 정곡을 찔러 말했듯이 "연민에서 비롯한 행동은 영원히 지속되지만, 연민에서 비롯한 열정은 금세 식어 버린다."

고백록

성 아우구스티누스

"우리 주는 위대하시며 능력이 많으시며 지혜가 무궁하시도다." 주님을 찬양하기를 염원합니다. 우리는 주님의 창조물 중 일부이기 때문입니다. 우리는 죽음을 면할 수 없는 운명을 짊어지고 살아갑니다. 또한 죄를 지은 흔적과, 주님이 교만을 탓하신다는 사실을 명백히 보여 주는 증거에서 벗어나지 못합니다. 그래도 주님을 찬양하기를 염원합니다. 우리는 주님의 창조물 중 지극히 작은 일부에 불과합니다. 주님은 우리에게 기쁜 마음으로 주님을 찬양해야 한다고 가르쳐 주셨습니다. 주님을 위해 우리를 만드셨고, 주님 안에서 편히 쉴 때까지 우리 마음은 늘 불안하기 때문입니다.

주님, 주님께 간구하는 것이 먼저인지 주님을 찬양하는 것이 먼저인지, 주님을 아는 것이 먼저인지 주님의 이름을 부르며 기도하는 것이 먼저인지 깨닫고 이해하게 해 주옵소서. 하지만 주님을 알지 못하면서 주님께 간구할 수 있을까요? 주님을 알지 못하는 사람이라면, 주님 아닌 다른 존재를 주님처럼 여기며 간구할 수도 있기 때문입니다. 우리가 주님을 알기 위해서라도 주님 이름을 부르며 간구해야 한다고 말할 수 있을까요? "그런즉 그들이 믿지 아니하는 이를 어찌 부르리요, 듣지도 못한 이를 어찌 믿으리요, 전파하는 자가 없이 어찌 들으리요?"[롬 10:14] 라는 반문에 주님은 "여호와를 찾는 자는 그를 찬송할 것이라"[시 22:26] 고 대답하셨습니다. "찾는 이는 찾아낼 것"[마 7:8]이라며 주님을 찾아

찬양하라고 덧붙이셨습니다.

저는 주님, 당신을 구할 것입니다. 주님의 이름을 부르며 기도할 것입니다. 주님이 제게 주신 믿음으로, 주님이 인간의 모습으로 내려 보낸 아들을 통해, 주님을 대신한 설교자의 입을 통해 제게 불어넣어 주신 믿음으로 주님 이름을 부르며 기도할 것입니다.

보이지 않는 것을 입증하기 위하여

조지 맥도널드

우리는 하나님에 대해 어느 정도 알아야 합니다. 우리가 하나님에 대해 충분히 듣고 알았더라면, 그리스도가 왔을 때 그리스도가 누구인지 알았을 것입니다. "맞는 말이지만, 내가 하나님을 꼭 알아야 한다고는 생각지 않아요"라고 반박할 사람도 있을 것입니다. 물론 제가 하나님을 똑바로 알지 못하는 것일 수 있음을 인정합니다. 저는 어떤 것도 확신하지 못하지만, 하나님께 순종하지 않으면 하나님을 알지 못할 것이라는 사실만은 확신합니다. 그렇습니다. 분명 그럴 것입니다. 하나님을 알기를 바란다면, 그래서 하나님이 당신을 피해 다니지 않고 군중 속이나 언덕 꼭대기나 어디에 계시더라도 당신이 하나님을 찾아낼 수 있기를 바란다면, 하나님이 당신에게 말씀하신 대로 해 보십시오. 그러면 하나님이 당신을 끊임없이 도우실 것이고, 마침내 당신은 하나님의 모습을 보게 될 것입니다.

"너는 내 형제들에게 가서 이르되 내가 내 아버지 곧 너희 아버지, 내 하나님 곧 너희 하나님께로 올라간다 하라"[요 20:17]. 우리는 그리스도만큼 하나님을 알지 못합니다. 그리스도는 하나님에 대한 모든 것을 알기 때문에 하나님을 그의 아버지라고만 말하지 않으셨습니다. 그리스도에 비하면 우리는 한낱 어린아이에 불과해, 우리의 위대한 형제, 그리스도가 아는 것만큼 알 수 없습니다. 우리가 진심으로 간구하면 하나님을 알아볼 수는 있습니다. 예수 그리스도에게 필요했던 만큼, 더도 아니고

덜도 아닌 꼭 그만큼 우리에게도 하나님이 필요하기 때문입니다.

아버지 하나님이 계시지 않으면 예수님께 우주는 무의미한 것이었습니다. 우리도 아버지 하나님 없이는 온 우주가 하찮게 여겨지지만, 아버지와 함께하면 온 세상이 무한한 기쁨과 영광으로 채워지는 날이 올 것입니다. 하나님이 "내 아버지 곧 너희 아버지"라는 사실을 명심하십시오. 그러나 하나님은 이것만으로 만족하시지 않습니다. 그리스도가 불필요한 말을 입에 담으신 적이 있던가요! 예수님은 "내 하나님 곧 너희 하나님"이라고 말씀하셨습니다. '아버지'라는 단어는 우리에게 아버지 중에서 가장 좋은 아버지가 있다는 뜻으로 사용하신 것일 수 있습니다. 그러나 '하나님'은 '아버지'가 뜻하는 것보다 훨씬 깊고 좋은 의미를 띕니다. 하나님은 아버지 이상의 존재, 아버지를 훨씬 능가하는 존재이기 때문에 "내 하나님 곧 너희 하나님"입니다. 아버지가 우리를 가슴에 품는 데 그친다면, 하나님은 우리를 자신의 안까지, 자신의 영혼에까지 끌어당기십니다. 당신이 하나님을 이 수준까지 생각지 않는다면 안타까운 일입니다. 당신은 하나님을 공경하지 않는 것이며, 크게 잘못하고 있는 것입니다.

베오울프

작자 미상

예아트 족의 용감한 전사 베오울프는 잠자리에 들기 전에 호언장담했다. "전투 능력이나 전투 경력에서 내가 그렌델보다 못하다고 생각지 않는다. 따라서 내게는 충분한 힘이 있지만 칼로 그렌델을 죽이지 않을 것이다. 칼로 그 목숨을 빼앗지는 않을 것이다. 그렌델이 용맹하긴 하지만 내 등을 때리고 내 방패를 쪼갤 만큼 능력이 뛰어나지는 못하다. 하지만 우리 둘은 밤에 칼을 사용하지 않을 것이다. 그렌델이 감히 무기 없이 싸우려 한다면 지혜로우신 하나님, 거룩하신 주님께서 그분께 합당하다고 생각되는 편에 승리를 안겨 주실 것이다!"

그리고 전사는 대담하게도 베개에 얼굴을 묻고 누웠다. 그의 주변으로는 많은 용감한 바다의 전사들이 큰 방 곳곳에 흩어진 각자의 침상에 누웠다. 그들 중 누구도 고향과 동네 친구들, 그들이 자란 소중한 집으로 돌아갈 수 있으리라 생각지 않았다. 그들은 과거에 그 방에서 술을 즐기던 많은 덴마크 사람들이 죽었다는 사실을 알고 있었다. 그러나 예아트 족에게 주님은 전쟁에서 승리할 운명을 주셨다. 한 지도자의 힘으로, 그 지도자의 강력한 힘으로 예아트 족이 적을 물리칠 수 있도록 하나님이 돕고 지원하실 예정이었다. 전능하신 하나님이 인간의 경쟁을 예부터 줄곧 지배해 오셨다는 것은 누구도 부인할 수 없는 사실이었다.

철학의 위안

아니키우스 보에티우스

하나님의 보편적 예지豫知와 의지의 자유, 이 둘은 언뜻 생각하면 모순되는 정반대의 개념인 듯하다. 하나님이 모든 것을 미리 알기 때문에 어떤 실수도 하시지 않는다면, 하나님의 섭리가 미래의 사건으로 예견한 일은 반드시 일어나야 한다. 따라서 하나님이 인간의 행위는 물론 인간의 생각과 욕망까지 미리 아신다면 의지의 자유는 있을 수 없다. 결코 오류가 있을 수 없는 하나님의 섭리가 예견한 행동과 욕망만이 존재할 수 있기 때문이다. 어떤 사건이 변해서 그 예견된 것과 달라질 수 있다면, 미래에 대한 확실한 예지가 아니라 불확실한 의견에 불과하다. 나는 하나님이 불확실한 존재라 생각지 않는다.

예지가 미래에 일어날 사건에 필연성을 강요하지는 않더라도 어떤 이유로든 미래를 미리 아는 것은 필요하다는 점을 나는 여기서 증명해 보이고 싶다.

어떤 사람이 앉아 있다면, 그가 앉아 있다고 결론짓는 의견은 반드시 참이어야 한다. 반면에 그가 앉아 있기 때문에 그 사람에 대한 의견이 참이라면, 그는 반드시 앉아 있어야 한다. 따라서 두 명제, 즉 그가 앉아 있다는 명제와, 그 의견이 참이라는 명제에는 필연성이 있다. 그러나 그 사람이 앉아 있는 것은 그 의견이 참이기 때문은 아니다. 오히려 그 남자가 앉아 있는 행위가 앞서기 때문에 그 의견이 참인 것이다. 따라서 진리의 원인이 한쪽에서만 비롯되더라도 양쪽 모두가 똑같이 필연성을

갖는다. 이와 똑같은 추론 방식이 하나님의 섭리와 미래의 사건에 그대
로 적용된다.

세기들

토머스 트러헌

아, 하늘의 모든 별과 이 땅의 모든 왕국을 밝게 비추는 햇살처럼 주님의 사랑은 한없이 뻗어 갑니다. 주님의 사랑이 온 세상을 밝게 비추며 우리에게 생명을 부여하시고, 영혼의 양식을 소화하게 하시며, 대자연의 위대함과 하나님의 사랑과 하늘나라의 기쁨을 보게 하십니다. 또 우리를 눈물 젖게 하시고, 위안과 열정을 주시며, 태양이 이 땅에서 하듯 모든 것을 하늘의 방식대로 하십니다. 아, 제가 주님의 모습으로 변할 때까지 주님을 지켜보게 하시고, 주님이 제 안에 있게 될 때까지 저를 지켜봐 주소서. 제가 주님의 환한 모습을 그대로 닮게 하시고, 주님 사랑이 제 안에서 머물게 하시며, 제가 당신의 영광을 기리는 성전이 되게 하소서. 주님의 모든 성자가 제 안에 살고 제가 그들 안에 살게 하시며, 그들의 행복과 기쁨과 보화를 누리게 하소서.

5장 서로에게 그리스도가 되자
공동체와 이웃 사랑

전하지 않은 설교

조지 맥도널드

남에게는 요구하지 못하면서 우리 자신에게만 요구할 수 있는 것은 없습니다. 우리는 어떤 형제나 자매라도 하나님 아버지께 맡겨 드릴 수 있습니다. 또 주님의 성령으로 충만해서 모든 이 즉 모든 형제 자매를 유일하신 하나님께 맡길 뿐, 어떤 것도 우리 마음에서 그들을 향한 사랑을 빼앗지 못하는 때가 있습니다. 죽음의 고통이 끝났을 때 주님이 누리셨던 아버지 품 안에서의 휴식, 성묘聖墓에서의 영면을 우리가 어떻게 알겠습니까! 주님의 조용한 숨결 뒤로 세상의 폭풍이 사그라졌습니다. 생명만이 있는 곳에 주님이 들어서자, 음악이 아닌 것은 모두 침묵이었습니다. 소음은 삶과 죽음의 갈등에서만 비롯하는 것이기 때문입니다. 형제들을 향한 사랑에서 우리가 아버지의 사랑을 드러낼 때까지, 우리는 아버지 하나님의 품 안에서 휴식할 수 없을 것입니다. 하나님이 형제들의 아버지가 될 때에야 우리의 아버지도 될 수 있기 때문입니다. 우리가 하나님을 보며 형제들의 아버지로 느끼지 못한다면 하나님을 우리의 아버지로 받아들일 수도 없습니다. 하나님이 모두의 아버지이심을 기뻐하고 즐거워할 때에야 우리는 하나님을 정확히 알 수 있을 따름입니다. 눈에 보이는 형제조차 사랑하지 못하는 사람이 눈에 보이지 않는 하나님을 어떻게 사랑할 수 있겠습니까? 주님에게 성령을 받은 사람들 속에서 평온을 얻으려면, 우리 이웃을 우리 자신같이 사랑하는 법을 배워야 합니다.

가지, 뿌리, 꽃

코번트리 팻모어

　신학자들의 가르침에 따르면, 우리의 궁극적 행복은 독특하면서도 서로 통하는 무수한 개체 즉 '그리스도의 지체'로 이루어지는 하나의 신성한 인류로 발전하는 데 있다. 여기서 하나하나의 개체는 고유하고 특별한 빛을 내며, 사파이어 빛이 루비나 에메랄드 빛과 다르듯 다른 어떤 개체의 빛과도 다르다. 신학자들은 한 걸음 더 나아가 이런 삶의 목적은 그런 개체의 깨달음과 성장에 있다며, 우리를 '지배하는 사랑'인 특별한 선을 충실히 따라야 깨닫고 성장할 수 있다고 가르친다. 각자 나름대로 자신을 지배하는 사랑을 갖기 때문이다. 그 사랑을 알았다면, 즉 절대선을 이해하고 염원하는 독특하고 특별한 방법을 알았다면 말이다. 하지만 누구도 절대선을 완전하고 넉넉하게 이해하고 염원할 수 없다. 너그럽게 생각할 때 인간다운 삶이 많은 것을 가능하게 해 주지만, 인간다운 삶을 살아가는 사람이라면 인간과 인간의 유대가 유사함에 있지 않고 차이점에 있다는 것을 알고 있다. 다시 신학자들의 말을 빌리면, 진정한 행복이라 할 수 있는 사랑의 행복은 통합union에 있지 않고, 영적으로 다른 것들 사이에서만 성립되는 접속conjunction에 있다. 인간이 각자 독특한 면을 갖도록 창조됐다는 사실은 인간의 얼굴에서도 확인된다. 얼굴이 똑같은 사람을 찾기란 거의 불가능하다. 얼굴은 삶이라는 고유한 작업을 통해 잠재된 본래의 차이가 겉으로 드러난 모습일 뿐이다.

종교와 문화

크리스토퍼 도슨

문화에 비판적이며 부정적인 입장을 취하는 종교 운동은 파괴적이고 분열적인 힘이다. 따라서 그 힘은 사회에서 가장 건전하고 건설적인 요소들, 종교의 관점에서도 결코 무가치한 것으로 일축해서는 안 될 요소들을 결집시키는 반작용을 불러일으킨다. 반면에 특정 시기와 공간에서 역사적인 노력으로 성취해 낸 특별한 문화적 성과물을 종교가 인정한다면, 종교적 진리의 보편성에 치명타가 될 수 있다. 그런 문화적 성과물은 일종의 우상이다. 달리 말하면, 인간이 영원불멸한 초월적 실체를 대신하려고 만들어 낸 대체물이다. 따라서 그렇게 인정한 결과가 극단으로 치닫는다면 종교와 문화의 결합은 양쪽 모두에서 똑같이 파멸의 원인이 된다. 종교는 사회적 질서와 밀접한 관계를 가지면서 고유한 영적인 성격을 상실할 것이고, 문화의 자유로운 발전은 종교적 전통에 얽매여 사회적 유기체가 결국 미라처럼 활기를 잃은 뻣뻣한 시체로 전락해 버릴 것이기 때문이다.

농부 피어스

윌리엄 랭런드

사랑은 하나님의 천국 군대 중 첫째 가는 것입니다. 사랑은 하나님과 인간을 이어 주는 중재자입니다. 시장市長이 왕과 백성 사이에서 다리 역할을 하는 것과 같습니다.

따라서 사랑은 타고난 본능으로 여겨질 수 있으며, 인간의 마음에 근원과 중심을 두고 있는 어떤 힘에서 시작됩니다. 모든 미덕은 마음에서 자연스레 우러나는 지혜에서 싹트며, 그 지혜는 우리를 창조하신 하나님이 우리 마음에 심어 놓으신 것입니다. 우리를 사랑으로 지켜보고 소중한 아들마저 우리 죄를 대신해 죽게 허락하신 하나님은 아들을 잔학하게 핍박하여 죽인 자들에게도 복수하지 않고 그들을 용서해 주길 바라셨습니다.

여기서 우리는 하나님이 어떤 분인지 조금이나마 엿볼 수 있습니다. 하나님은 전능하시지만 자애로우셔서, 아들을 십자가에 매달고 창으로 가슴을 찌른 자들에게도 자비를 베푸셨습니다.

따라서 부자인 당신에게 가난한 사람을 불쌍히 여기라고 조언하는 바입니다. 가난한 사람을 법정에 불러 세울 힘이 있더라도 자비롭게 대해 주십시오. "너희가 헤아리는 그 헤아림"[마 7:2]이 건강하든 병든 것이든, 당신이 세상을 떠날 때 당신도 그 잣대로 심판받을 것이기 때문입니다.

당신이 진실을 말하며 정직하게 모든 일을 처리하더라도, 또한 세례를 받을 때 눈물을 흘리는 죄 없는 아이처럼 순결하더라도 인간을 진실로 사랑하지 않는다면, 하나님이 당신에게 준 것을 가난한 사람에게 너 그럽게 나눠 주지 않는다면, 당신은 예배에서 아무것도 얻지 못할 것입니다. 어떤 남자도 늙은 몰리를 원하지 않듯, 그녀가 자신이 처녀라는 데서 아무것도 얻지 못하듯이 말입니다.

일기

존 울먼

오늘 아침 모임에서, 모라비아 교회[1] 신도와 함께 온 원주민이 기도했다. 원주민도 모라비아 교도였다. 기도가 끝나자 그가 사람들에게 짤막하게 설교했다. 오후에는 원주민들이 나를 찾아왔다. 그들이 하늘나라에 대해 더 많이 알고 싶어 하며 관심 갖는 모습에 가슴이 벅찼다. 통역을 통해 그들과 한동안 얘기를 나누었지만, 통역이 내 뜻을 온전히 전하지는 못했다. 사랑의 물결이 격렬히 밀려오는 기분에 젖어, 통역에게 그들 중 몇몇은 내 마음을 이해할 거라고 말하며 그들과 계속 이야기했다. 비록 그들이 내 말을 완전히 알아듣지는 못하지만 성령님이 몇몇 사람들 마음에 변화를 일으키실 거라고 믿었다. 나는 그 시간을 하나님을 위한 시간이라 생각했다. 내 마음은 온유해졌으며, 주님께 깊이 감사드렸다. 내가 자리에 앉자, 통역이 성령께 감동받은 듯 내 말의 핵심을 원주민들에게 전했다.

오늘 아침 첫 모임을 갖기 전에 그들과 겪은 많은 어려움에 대해 묵상하는 시간을 가졌다. '여섯 부족 연합'이 허락하여 그곳에 거주하는 그 원주민들에게 동정심이 뭉클 솟았다. 그리스도의 사랑으로 내 마음이 넓어졌고, 어떤 착한 사람이 고통받는 하나뿐인 동생에게 갖는 애정 어린 관심도 내가 그때 그 원주민들에게 느낀 동정심보다 더하지는 못할 거라는 생각이 들었다.

많은 어려움을 겪은 끝에 이곳까지 왔다. 하나님의 은총으로 믿는바 내가 그 과정에서 죽었다면 더 편했겠지만, 한없이 나약할 때 원주민 전사들에게 사로잡힐지도 모른다고 생각하면 무척 괴로웠다. 워낙 허약 체질인 까닭에 원주민의 포로가 된다고 생각하면 때로 슬픔이 걷잡을 수 없이 밀려왔다. 그들이 강하고 강팍해서 내가 견딜 수 있는 수준을 넘어서는 것을 내게 요구할지도 모른다는 생각 때문이었다. 그러나 주님만은 내 편이었다. 내가 원주민의 포로가 되더라도 끝은 좋을 거라고 믿었다. 그래서 때로 모든 것을 체념한 상태에서 묵상했고, 그때마다 마음의 평화를 얻었다. 그리고 오늘, 이곳과 고향 사이에는 예전과 똑같은 위험으로 가득하지만 마음은 한없이 기뻤다. 주님의 도우심으로 이곳까지 왔고, 원주민보다 못난 사람처럼 보일 정도로 초라하고 곤궁한 지경에 빠진 나를 주님이 아버지처럼 보살펴 주신다는 것을 확인했기 때문이다.

1) 18세기에 창설된 개신교 교파.

철학 입문

C.E.M. 조드

반듯하고 절제된 영혼을 지닌 사람은 욕망에 사로잡혀 마음의 평화가 크게 흔들리거나 전반적인 행복을 침해당하지 않는다. 이성적 판단에 길들여지면 욕망을 억누르고 뒤로 물러서서 다른 것에서 얻는 만족감을 방해하지 않으려고 자제하기 때문이다. 따라서 이성적인 사람은 이성의 지배를 받기 때문에 만족하는 사람이기도 하다. 플라톤은 영혼의 분석에서 얻은 결론을 국가의 분석에 적용했다. 보통 사람은 영혼의 세 번째 부분이 두드러진 사람이다. 그들은 혼자 힘으로는 철학적 사고를 해낼 수 없다. 달리 말하면, 그들은 현실 세계의 원리를 알려고 애쓰지 않고, 별다른 지혜도 없으며, 욕망을 채우는 데만 급급한 사람들이다. 이런 이유에서 그들은 돈과 권력을 탐한다. 보통 사람은 만족할 만한 충분한 근거가 없으면 항상 불평을 늘어놓고 불안해한다. 따라서 여자나 술에서, 운동이나 경쟁을 통해, 심지어 전쟁을 벌이면서 만족거리를 찾으려 애쓰며, 동료들과 치열하게 다툰다. 모든 사람이 이웃만큼 선하고…… 따라서 모두가 똑같이 다스리고 만족스레 살아갈 권리가 있다고 말하는 민주주의의 조건, 즉 자유 경쟁의 조건도 이와 다를 바 없다. 이로 인해 빚어지는 불안이 견딜 수 없는 지경에 이를 때 민주주의는 참주僭主정치로 변질되는 경향을 띠며, 이때 절대 권력자가 들어서서 경쟁과 당파 싸움을 종식시키고 개인만이 아니라 공동체의 이익을 위한 방향으로 국민을 강제로 끌어간다.

시와 희곡

로버트 브라우닝

한 여인의 마지막 말

하나. 이젠 다투지 말아요, 사랑이여

경쟁하지도 말고 울지도 말아요.

모든 것을 예전처럼 되돌려요, 사랑이여

잠만을 자도록 해요!

둘. 말처럼 거친 것이 또 무엇일까요?

새처럼, 말다툼을 벌이는

나와 그대,

나뭇가지에 걸터앉은 매!

셋. 저 매가 살금살금 다가가는 것을 보세요,

우리가 다툼을 벌이는 동안!

쉿, 목소리를 낮춰요,

뺨을 맞대고!

넷. 진실만큼 거짓인 것이 또 무엇일까요,

그대에게는 거짓인 것이.

뱀의 독니가 있는 곳은
나무마저 꺼리는군요.

다섯. 사과가 붉게 익은 곳은
엿보지도 마세요.
이브와 나,
우리의 에덴을 잃지 않으려면.

여섯. 신이 되어, 나를
마력으로 사로잡아 주세요!
인간이 되어, 나를
그대의 팔로 감싸 안아 주세요!

일곱. 나를 가르치세요, 오직 가르치기만 하세요, 사랑이여!
내 의무인 양
나는 그대가 말하는 대로 말할 거예요, 사랑이여
그대가 생각하는 대로 생각할 거예요.

여덟. 만나요, 그대가 원한다면,
우리 둘 모두가
몸과 혼을 그대 손에
맡기기를 바란다면.

아홉. 내일이면 가능하겠지요,
오늘밤은 아니어도.
나는 슬픔을 묻어 둘게요,
보이지 않게.

열. 조금은 울어야 해요, 사랑이여
(내가 참 바보지요!)
그러니까 빨리 자도록 해요, 사랑이여
그대에게 사랑받고 싶으니까요.

종교의학

토마스 브라운

내게는 다른 사람이 모르는 비밀스런 방법이 있어서 나만의 유리한 기회를 갖는다. 내가 극심한 어려움에 처할 때도 내게 꼭 필요한 것을 아낌없이 베풀면서 다른 사람이 원하는 것을 채워 준다. 나 자신을 이용하는 것만큼 정직한 전략은 없기 때문이다. 따라서 남편에게 부덕婦德을 다해야 하지만 그 행위가 어떤 면에서 기준에 미치지 못하면, 부족한 부분을 채우기 위해 다른 면으로 좋은 일을 많이 해야 한다. 내게는 하나님이 주신 마음으로 관심이 가는 그런 좋은 일을 너끈히 해낼 능력과 역량이 있다. 관용을 베풀 만큼 많은 것을 가진 사람은 부자다. 고결한 마음을 가졌다면, 작은 선행을 베풀 방법을 찾아내지 못할 정도로 지독히 가난한 사람은 별로 없다. 가난한 사람들에게 주는 사람은 하나님께 빌려 주는 것이다! 두툼한 설교집으로 채워진 도서관보다 이 한 문장에 더 깊은 진리가 담겨 있다. 내가 여기서 강조하는 만큼 독자들이 이 문장에 담긴 뜻을 이해한다면, 우리에게 수훈집 같은 것은 필요 없다. 우리는 그 자체로 정직한 사람일 수 있기 때문이다.

이런 이유로 나는 거지를 볼 때마다 지갑을 열어 그에게 필요한 것을 채워 주고, 기도로 그의 영혼을 위로한다. 그와 나 사이에 이런 현격한 차이가 있더라도 그 차이는 우연에 불과한 것이므로 아직 발견되지 않은 공통점이 우리에게 있다는 것을 잊지 않는다. 작은 차이에 불과한 비참한 겉모습, 손발이 잘려나가고 몸뚱이만 남은 겉모습 내부에는 우리

의 영혼과 조금도 다르지 않은 영혼이 자리 잡고 있다. 그 영혼은 우리
뿐 아니라 하나님의 계보이며, 우리와 똑같이 구원의 길을 향한다. 가난
이 없는 국가를 건설하려 애쓰는 국가 통제주의자들은 그리스도인의 국
가를 제대로 이해하지 못한 데다 그리스도의 예언마저 망각해 자선의
대상을 없애 버리려 한다.

시와 산문

존 던

여자의 변덕을 위한 변명

여느 남자들과 마찬가지로 나도 여자는 '변덕스럽다'고 생각한다. 하지만 그런 변덕이 나쁘다고 주장하는 남자들과는 생각이 다르다. 모든 것이 나름대로 다른 것이 갖지 못한 좋은 점을 가지고 있으며 모든 것이 변하기 때문이다. 하늘도 끊임없이 회전하고, 별들도 움직인다. 달도 변하고, 불도 훨훨 춤을 춘다. 공기는 날아다니고, 물은 밀려왔다 밀려간다. 지구의 얼굴도 시시때때로 변한다. 시간은 제자리에 머물지 않는다. 밝은 색이 염색하기 편하다. 남자도 다르지 않다. 가장 이성적인 사람이 가장 자주 계획을 바꾼다. 무지몽매한 사람일수록 변하지 않는다. 따라서 남자보다 자주 변하는 여자가 더 이성적이라 할 수 있다. 여자는 재고품이나 돌처럼, 혹은 지구의 무딘 중심처럼 움직이지 않고 있을 수 없다. 황금이라도 한자리에서 꼼짝하지 않으면 녹슨다. 흐르지 않는 물은 썩고, 움직이는 않는 공기는 독이 된다. 다른 것들이 변하면 완벽하다고 하면서 여자의 변덕은 왜 단점 중 단점이라 탓해야 하는가?

산 위의 연기

조이 데이비드먼

"너희 자녀를 노엽게 하지 말라"[엡 6:4]. 말 자체는 쉽다. 하지만 어떻게 해야 그럴 수 있을까? 세대 간의 충돌은 피할 수 없는 듯하다. 요즘 세상은 빠르게 변한다. 상상할 수 없을 정도로. 목축과 농업의 시대에는 어른들의 지식이 자녀들 세대에도 유용했다. 그러나 산업시대에는 자녀가 어지간히 크기도 전에 아버지의 지식은 낡은 것이 되어 버린다. 갈등과 불미스런 결과를 피하고 싶다면 우리는 한층 인간다워져야 한다. 이 지구는 지금도 너무 많은 사람이 복닥거리고 시끄러워서 새로 온 사람을 뜨거운 박수로 환영할 처지가 아니다. 하나님이 우리에게 주신 생물학적 속성에 따르면 우리는 부모가 되는 것을 기뻐해야 하지만, 우리의 타락한 이기적인 속성 때문인지 그것을 부담스러운 책임이라며 싫어한다. 이처럼 두 속성이 충돌하면서 우리 자신과도 화합하지 못하는데 우리가 어떻게 자녀들과 화합할 수 있겠는가?

물론, 날림으로 지은 불안정한 사회를 안전한 사회로 탈바꿈시키는 것이 이상적인 해결책이다. 그러나 우리가 그 방법을 모른다는 사실을 솔직히 인정하자. 그 방법을 알더라도 우리에게는 끈질기게 실천할 힘이 없다. 그런 힘이 있더라도 우리가 죄인이라면 사랑이 부족하다. 우리가 새로운 사회를 만들어 낼 수 있는 방법은 한 가지밖에 없다. 하나님의 은총이라는 도움을 받아야만 가능하다. 법과 조직과 학교는 좋은 제도다. 고아원과 사회복지사업 및 청년 조직도 칭찬받아 마땅한 조직이다. 그러나 흔히 들은 말이겠지만, 그런 조직과 제도가 아버지와 어머니의 사랑과 인도를 대신할 수는 없다. 따라서 세상을 환골탈태시키려는 목표를 이루려면, 현재의 세계가 허락하는 범위 내에서라도 우리 자녀에게 온정과 관심, 시간과 교육을 투자하는 것으로 우리 삶을 개조해 나가야 한다.

최소한 여가 시간이라도 자녀에게 할애할 수 있어야 한다. 또 사회적 가치가 있는 일을 하고 문화 활동에 적극 동참하기 위해, "보람 있는 일로 자아를 표현하며 창조적 잠재력을 발휘하기 위해" 자녀에게 소홀히 할 수 있다는 식으로 여자들을 설득하는 파괴적이고 위선적인 말을 중단해야 한다. 자녀를 가르치고 보살피는 일은 전적으로 여자의 몫이며, 아버지는 자녀 교육에 거의 관계가 없다는 기상천외한 이론도 파기하자. 특히, 자녀를 낳고 기르는 의무가 돈을 벌고 쓰는 것보다 훨씬 중요하고 보람 있는 일이라는 사실을 무지한 미국인들에게 깨우쳐 주어야 한다.

95개 조항

마르틴 루터

　믿음의 목적은 인간에게 의무를 지우는 데 있는 것이 아니다. 친구와 적을 구분 짓고, 감사와 배은背恩의 경계를 세우는 데 있는 것도 아니다. 믿음이 배반당해 결실을 잃든 거꾸로 보람을 얻든 간에, 믿음의 목적은 믿음 자체와 믿음의 결실을 최대한 자유롭게 의지적으로 사용하는 데 있다. 믿음의 아버지가 그렇게 하셨기 때문이다. 믿음의 아버지는 모든 인간에게 만물을 넉넉하게 아낌없이 나눠 주시고, 태양을 정의로운 사람과 부정한 사람 위로 똑같이 떠오르게 해 주셨다. 따라서 자녀는 그런 벅찬 선물을 주신 분, 즉 하나님 안의 그리스도를 통해 누리는 자유로운 기쁨이 없으면 어떤 일도 하지 않고 어떤 어려움도 견디지 못한다.

　그래서 베드로가 말했듯이, 우리에게 주어진 그 소중하고 벅찬 선물을 인정한다면 사랑은 성령을 통해 우리 가슴에서 신속히 퍼져 나가기 마련이다. 사랑의 힘으로 우리는 자유롭고 즐거우며, 어떤 일이든 해낼 수 있으며, 적극적인 일꾼으로 만들어졌다. 또 어떤 고난도 이겨 내는 승리자, 이웃을 섬기는 종인 동시에 만물의 주인으로 창조되었다. 그러나 그리스도를 통해 우리에게 주어진 소중한 선물을 인정하지 않는 사람들에게 그리스도는 헛되이 태어났을 뿐이다. 그런 사람들은 노예처럼 일할 뿐이어서, 그 소중한 선물을 맛보지도 못하고 느끼지도 못할 것이다. 그러므로 이웃이 궁핍할 때 넉넉한 우리가 도와줘야 하듯이, 하나님이 보시기에 우리는 궁핍한 지경에 있어 하나님의 자비가 필요했다. 하늘의 아버지가 아무런 대가를 바라지 않고 그리스도를 통해 우리를 도와주셨듯이, 우리도 아무런 대가를 바라지 않고 몸과 일로 이웃을 도와야 한다. 우리는 서로에게 그리스도와 같은 존재가 되어야 한다. 그래야 우리는 서로에게 그리스도가 될 수 있을 것이고, 동일한 그리스도가 우리 모두의 안에 존재하게 될 것이다. 그제야 우리는 진정한 그리스도인이 될 수 있을 것이다.

조용한 이웃의 기록

조지 맥도널드

가을날, 색이 눈부시게 짙고 그림자가 길고 길게 늘어지는 때, 서서히 스러지는 오후의 햇살을 받으며 나는 고색창연한 교회를 서성거렸다. 때로는 설교단에 올라가 그곳에 앉아 사람의 손때가 묻은 낡은 벽을 물끄러미 바라보았다. 벽마다 걸린 삼위일체의 상징을 통해 사람들은 기도하는 데 도움을 받았을 테고, 악한 것을 버리고 선한 것을 택하라고 하나님의 성령이 권하는 목소리를 들었을 것이다. 얼마나 많은 진리의 증인들이 저 낡은 신도석에 무릎 꿇고 앉았을까 생각해 보았다. 장엄한 교회가 무수한 공동체로 이루어지듯이, 증언하는 사람들의 번쩍이는 큰 눈orb은 무수히 많은 작은 눈들로 이루어지기 때문이다. 진실한 마음을 지닌 모든 남녀는 "하나님을 진리라 믿고, 하나님이 진리라는 사실을 깨달았다"고 말하며 그 진리를 고백한다. 개똥벌레의 희미한 빛은 경쾌하고 순수하며 기분 좋은 데다 사랑스럽까지 하다. "아, 주님! 제 빛이 사람들 앞에서 빛나게 하소서!"라고 나는 말했다. 그런 기도에 교만이 있을까 두려워하지 않았다. 그 기도에서 비롯될 영광이 오직 하나님의 몫이라는 것을 알았기 때문이다. "사람들이 하늘에 계신 아버지께 영광을 돌리게 하소서!" 우리 자신을 위한 영광을 구할 때, 빛은 꺼지고 어둠에 깃든 공포의 대왕이 우리 영혼에 차가운 숨을 내뱉는다는 사실도 알고 있었다.

하나님을 섬기는 사람

프리드리히 폰 휘겔 남작

현존하는 모든 실체와 마찬가지로 현존하는 종교는 자주적 확장성과 의미심장한 단순성을 지닌다. 그래서 어떤 분석 행위도 모욕으로 받아들이는 듯하다. 특히 종교는 세 가지 요건을 반드시 지니며, 확장성과 단순성을 복잡한 긴장 관계로 끊임없이 몰아간다.

종교는 본래 수평적인 사회조직이다. 모든 인간으로 이루어진 유기적 조직체 내에서 개인이 고유한 역할과 기능, 기쁨과 영향력을 실현하도록 의도된 까닭에 누구나 독특하고 유일하다. 따라서 누구에게도 만물박사 역할을 기대하지 않는다. 인간 가족으로 이루어진 커다란 유기적 조직 내에서, 그 조직을 통해, 또 그 조직을 위해 각자의 특별한 재능과 매력을 최대한 발휘해 주기를 기대할 뿐이다. 모두가 자신의 고유한 재능과 매력을 최대한 발휘해서 서로 부족한 점을 보완하고 보충해 줄 수 있어야 한다.

종교는 본래 수직적인 사회조직이다. 어떤 면에서는 수직적 사회의 기원이라 할 수 있다. 하나님에 대한 믿음, 하나님의 사랑, 하나님과의 교제는 결코 변하지 않는 조건이다. 주변 사람들에게서 영구히 동떨어져 존재할 수는 없어도 우리는 하나님과 자주 함께하며 마음을 다스릴 수 있고, 또 그렇게 해야만 한다. 이렇게 하나님과 직접 교제하는 시간만으로도 우리는 생각을 단순화시켜 새로운 기운을 얻을 수 있다.

종교는 극단으로 발전하더라도, 지상에서의 짧은 시간뿐 아니라 그

이후의 삶을 전제로 한다. 이 땅에서 이미 완벽하게 성취된 영생이나,
오직 이 땅 너머에서 시작되는 영생은 모두 종교에 속할 수 없는 개념이
다. 따라서 내세의 삶에서 완벽하게 성취되고 완전하게 이해되더라도
이 땅에서 시작되고 실제로 경험되는 영생만이 하나님의 성령과 접촉하
고픈 인간의 깊은 열망에 부합된다.

종교의 비교

조지프 버틀러

"무엇이든지 남에게 대접을 받고자 하는 대로 너희도 남을 대접하라"
[마 7:12].

이것이 뜻하는 유일한 바는 우리 이웃을 진정으로 사랑해야 한다는
것이다. 그러나 '너 자신처럼'이라는 말에 주목해야 한다. 이 말은 계명
을 분명하게 전하면서 사랑과 관련짓고 있다. 다른 간접적인 가르침과
비교할 때, 이 선행의 원리는 그 자체로 미덕이라는 우위를 갖는다. 또
이 원리는 우리가 다른 사람에게 진 빚을 갚을 수 있는 주된 방법, 아니
유일하게 실질적인 방법이다. 우리가 좋아하지 않는 사람, 곧 싫어하는
사람에게 뭔가를 빙 둘러서 하려고 하면, 피해 갈 방법과 핑곗거리를 찾
기 마련이고, 세상에서 가장 명백한 사례를 접하면서도 말을 얼버무리
기 일쑤다. 이것은 결코 바람직한 모습이 아니다. 미덕은 무엇보다 확실
한 행위여야 한다는 점에서 더욱 그렇다. 그러나 의무가 전반적인 행위
를 결정할 때, 특히 선행의 원리가 명확한 규칙으로 정해지지 않으면 안
타깝게도 이런 경우가 더욱 잦아진다. 선행의 원리는 "오직 정의를 행하
며 인자를 사랑하며"[미 6:8]라는 선지자 미가의 말 속에서 다양한 형태
로 표현된다. 인간의 마음은 인정과 사랑을 실천하도록 훈련되어야 한
다. '자비를 사랑해야만' 한다. 그러지 않으면, 우리는 자비롭게 행동하
지 못하고 고착된 행동 습관을 따르기 십상이다. 따라서 종교가 하늘 문
에 둔 심판이 우리에게 어떤 유혹도 견디며 꾸준히 의무를 실천하게 하

는 유일한 안전장치이듯이, 우리가 이웃과 대일 가깝게 교제할 때 올바로 행동하기 위해서는 선한 것을 좋아하고 사랑하는 마음과 성품을 키워 가는 과정이 절대적으로 필요하다.

복음 신학

제임스 모펏

예수님은 우리에게 불친절한 사람까지도 사랑하고 동정하라고 가르치신다. 예수님이 말하는 사랑은 평범한 사람에게 대단한 사랑의 원칙처럼 들리지만, 사실 그처럼 말씀하시지 않았다. 예수님은 하나님 아버지의 말씀을 근거로 자연스레 요구하셨다. 아시시의 성 프란체스코는 하나님의 그런 가르침을 "하나님의 커다란 호의"라 칭하며 우리는 하나님이 내려 주시는 비와 햇살의 혜택을 누리는 것이라 생각했고, 자격이 없는 사람에게 우리도 그런 관대한 자세를 보여 주어야 한다고 주장했다. 사랑, 아무런 자격이 없는 사람에게도 베푸는 사랑은 하나님의 절대적 특징이다. 하나님은 은혜를 모르는 사람이나 악한 사람에게도 온정을 베푸신다. 우리 하나님이 완벽하신 것처럼 우리도 동정심을 갖고, 적에게도 사랑을 베풀 수 있어야 한다. 하나님을 섬기는 자녀들은 이 땅에 살면서 하나님 아버지의 정신을 구현해야 한다. 우리에게 부당한 짓을 한 사람까지도 사랑해야 한다. 이것이 하나님께서 우리에게 가르쳐 주신 도덕이다.

이단자들

G.K.체스터턴

우리는 때로 친구가 되고, 때로는 적이 된다. 그러나 하나님은 우리에게 언제나 옆집 이웃이 되신다. 따라서 이웃은 자연처럼 무심하고 무시무시한 모습으로 우리에게 다가온다. 이웃은 별처럼 낯설고, 비처럼 엉뚱하고 무심하다. 이웃은 인간, 곧 야수 중에서도 가장 무서운 야수다. 따라서 옛 종교들과 경전들은 인간을 향한 의무가 아니라 이웃을 향한 의무에 대해 언급하는 예리한 지혜를 보여 주었다. 인간을 향한 의무는 종종 개인적인 선택, 때로는 마음에 쏠리는 선택으로 결정되며, 취미나 심지어 기분 전환거리로 여겨지기도 한다. 우리가 이스트 엔드[1]에서 땀 흘려 일하는 이유는, 그곳에서 일하는 것이 우리에게 가장 적당하기 때문이기도 하지만 적당할 거라고 생각하기 때문이기도 하다. 우리가 세계 평화라는 대의를 위해 투쟁하는 이유는 싸우는 것을 워낙 좋아하기 때문이다. 가장 소름 끼치는 순교, 가장 혐오스런 경험은 취향에 따른 선택의 결과일 수 있다. 우리는 천성적으로 미치광이를 좋아하거나, 특별히 나병 환자에게 관심을 갖도록 창조되었을지도 모른다. ……그러나 우리가 이웃을 사랑해야 하는 이유는 이웃이 바로 옆에 있기 때문이다. 거창한 목표에 버금가는 놀라운 이유다. 이웃은 우리에게 구체적으로 주어진 인간의 표본이다. 이웃은 누구라도 될 수 있기 때문에 이웃은 모두일 수 있다. 이웃은 우연한 존재이기 때문에 모두를 대표하는 상징이다.

[1] 런던 동부의 옛 빈민가.

영어로 쓰인 작품선

토마스 모어 경

세상에 있는 단 한 사람, 그가 바로 자신임을 모두가 알게 된다면, 곧바로 자신을 올바른 방향으로 고쳐 가려 애쓸 것이고, 그러면 온 세상이 밝아질 거라고 나는 믿는다. 내가 앞에서 말한 우리 지갑을 뒤집어 본다면, 또 우리 등 뒤에서 던져진 다른 사람들의 결함으로 가득한 가방을 뒤집어 본다면, 우리는 곧바로 자신에 대해 위와 같은 조치를 취해야 한다. 우리 자신의 결함으로 가득 채워진 가방도 우리 가슴에 던져 봐야 한다. 우리의 결함을 잠시라도 돌이켜보는 것은 바람직한 일일 것이다. 감히 말하거니와, 우리는 상대를 비난하고 질책할 듯한 자세로 살아가는데, 서로를 위해 기도한다면 우리와 상대는 지금보다 훨씬 나은 사람으로 변해 갈 수 있을 것이다.

편지

J. R. R. 톨킨

1964년 8월 30일
휴턴 미플린 출판사의 앤 바렛에게 보낸 편지에서.

물론 C. S. 루이스는 약간 괴벽이 있고 때로는 짜증스럽기도 했습니다. 결국 얼스터 출신의 아일랜드인이었던 셈입니다. 그러나 일부러 그랬던 것은 아닙니다. 재담꾼이었다면 직업적인 재담꾼이 아니라 천성적인 재담꾼이었습니다. 열린 마음의 소유자였고, 태생적 배경에 깊게 뿌리내린 편견이 약간 관찰되기는 했지만 그는 어떤 편견에도 사로잡히지 않으려 조심했습니다. (토마스 엘리엇의 경우처럼) 그의 문학적 견해에서 시샘이 읽힌다는 주장은 터무니없는 비방입니다. 시적인 명예를 열망하지 않는 사람이라도 엘리엇을 그렇게 맹렬하게 싫어할 수 있습니다.

물론 더 많은 것을 말할 수 있지만 이쯤에서 그만두죠. 하지만 위대한 인물이 세상을 떠난 후 소인배들이 그에 대해 멋모르고 왈가왈부하는 일은 없어야 합니다. 그들은 그의 삶과 인품에 대해 진실을 말할 만큼 제대로 알지 못하기 때문입니다. 루이스는 시詩 교수직 선거에서 패했다고 해서 '가슴에 사무치게' 슬퍼하지 않았습니다. 그는 그 이유를 잘 알고 있었습니다. 지금도 기억에 뚜렷한데, 선거 직후 우리는 자주 찾던 술집에 모였습니다. 루이스가 거기에 혼자 앉아 있더군요. 그런데 무척 편안한 모습이었습니다. 감정을 감추려는 흔적은 조금도 없었습니다. 그리고 루이스는 말했습니다. "잔을 채우게! 그렇게 낙담한 표정 짓지 말라고. 이번 일로 친구들을 힘들게 해서 안타까울 뿐이야."

조지 폭스의 일기

조지 폭스

하나님의 숭고한 자녀인 소중한 친구들이여, 하나님의 권능과 생명과 존재가 여러분과 함께하는 것을 아시잖습니까! 만물에 생명의 기운이 약동하는 것을 보고 듣는 기쁨을 누리십시오. 만물을 통해 여러분 모두가 똑같이 하나가 되며 생명과 힘을 느낄 수 있을 것입니다. 무엇보다, 모임에서 사람들이 진리에서 벗어나 명백히 불경한 짓을 저지르거나 반항하는 경우 외에 누군가를 공개적으로 단단할 때 주의하십시오. 권능과 생명과 지혜로 그들을 다스리고, 이 세상에서 하나님의 증거로 응대할 수 있을 것입니다. 여러분이 맞서는 그런 사람들은 여러분과 다릅니다. 이 점에서 진리는 명백하고 하나뿐입니다.

그러나 그들도 마음이 움직여 하나님의 자녀로서 어린 양의 권능으로 말하기 시작하고, 고통받으며 그 고통을 견뎌낸다면 온유해질 수 있습니다. 그렇습니다. 온유한 사람이 될 수 있습니다. 그들이 그들의 한계를 넘어 모임에서 평화와 질서를 위해 참고 견딘다면 세상의 사조가 여러분에게 불리하게 흘러가지는 않을 것입니다. 그러나 모임이 끝나고 누구라도 그들과 이야기를 나누고 싶은 마음이 생기면, 여러분 중 한두 사람이라도 삶의 과정에서 그런 마음이 생기면, 사랑과 지혜로 말하십시오. 사랑은 덕성을 길러 주고 모든 것을 견디며 오래 참고 율법을 완성하는 행위입니다. 따라서 이렇게 할 대 여러분은 질서를 세우고 덕성을 함양할 수 있습니다. 또 항상 인내하거 슬기롭게 모든 일을 처리하는 지혜를 가질 수 있습니다. 약한 사람을 핍박하거나 세상적 생각이 드는 것도 멀리할 수 있습니다. 그러나 왕의 씨앗, 무거운 돌에서 나쁜 것을 추스르며, 그렇게 할 때 모든 점에서 하나님의 자녀에게 응답할 수 있습니다. (말씀을 듣지 못할 때는) 믿음만으로도 하나님의 권능이 가르치는 것을 듣고 보고 느끼게 될 것입니다. 구속되고 한계를 두며 좌절해 보라고 우리에게 전하는 메시지를 말입니다. 그러나 어떤 일도 닥치지 않을 것이며 하나님의 권능 안에만 있게 될 것입니다. 그 힘으로 자제하며 편안해질 것입니다. 모든 샘과 풀과 불꽃이 솟을 것입니다. 그때 여러분은 하나님의 권능 안에서 한없는 기쁨과 새로운 기운을 얻게 될 것입니다.

도날 그랜트

조지 맥도널드

그는 사랑과 사랑의 기쁨으로 가슴이 벅찼다. 전에는 그의 마음을 진정시켜 주던 사랑의 기쁨에 이번에는 가슴이 벅차올랐다. 그는 그녀를 어린아이처럼 두 팔로 감싸 안고 일으켜 세웠다. 그러고는 다독거리고 진정시키며 실내를 함께 거닐었다. 그는 그녀를 바싹 끌어안았다. 그녀 얼굴이 그의 어깨쯤에 올라왔다. 그는 그녀를 똑바로 마주보며 말했다.

"당신을 사랑합니다. 영원토록 사랑합니다! 당신이 오늘밤 죽더라도 당신을 향한 사랑으로 살아갈 수 있을 것입니다. 그가 올 때까지 당신 곁에서 기다겠습니다. 아, 하나님! 당신은 제게 너무나 큰 사랑을 베푸셨습니다! 제 가슴이 그 사랑을 견디지 못할 지경입니다. 남자와 여자를 만드시고 서로에게 주셨습니다. 우리가 함께 나누는 사랑을 조금도 질투하지 않으시는 하나님, 진정으로 하나님이십니다!"

도날은 그렇게 말했다. 고결한 진리를 말했다. 그러나 인간이 서로 애틋하게 나누는 사랑에는 안타깝게도 하나님이 그 사랑을 질투할 여지가 조금은 있었다! 인간이 서로 나누는 작은 사랑, 인간 자신을 향한 커다란 사랑이 하나님 마음에 상처를 주고 말았다.

6장 끊임없이 죽으면서 얻는 삶
자아와 영혼

믿음의 구원

오스틴 패러

참새도 하나같이 다르다. 각기 독특한 개체다. 하나님이 참새에게 준 이런 특별한 면은 참새를 만드실 때 끼어든 모든 특별한 상황의 산물이다. 우리는 참새의 이런 특별한 면을 거의 알지 못한다. 따라서 인간을 예로 들어 설명하는 편이 좋겠다. 우리가 지금의 우리인 데는 우주의 원리가 관계되어 있기 때문이다. 우리가 지금의 우리인 것이 하나님의 작품이라면, 무한한 사건이 하나님의 손아래 있었다. 하나님은 우리 조상의 유전자 패턴, 우리 시대의 문화, 우리를 둘러싼 복잡한 관계에서 우리를 빚어내셨다. 그렇다고 우리 조상이 좀더 공손하고 우리 부모가 좀더 현명하며 우리 스승들이 좀더 성실하고 친구들 또한 그처럼 천방지축이 아니었다면, 우리가 지금보다 좀더 나은 사람이 되었을 거라는 사실까지 부인하는 것은 아니다. 하지만 지금의 우리는 하나님의 작품이다. 악에서조차 선을 빚어내는 것이 신성한 예술의 특권이다. 이보다 위대한 선은 있을 수 없다. 우리는 하나님이 더 좋은 것을 만드시도록 돕지 않는다. 그분께 더 나은 재료를 드릴 뿐이다. 하지만 하나님은 언제나 하나뿐인 좋은 것을 만드신다. 당신은 당신일 뿐, 당신과 같은 사람은 어디에도 없다. 당신 배경의 장점만이 아니라 단점까지 지금의 당신을 빚어내는 재료로 쓰였다.

그리스도 안에 거하는 삶

앤드류 머레이

하나님이 내게 얼마나 필요한 분이고, 하나님의 말씀이 내 공허함을 얼마나 완벽하게 채워 주시는지 제대로 깨닫지 못했다! 그 아름다운 빛을 빌려, 예수님과 그의 백성이 어떻게 하나가 되는지 공부해 보려 한다. 내가 사랑하는 하나님과 완전히 교감하는 깨달음을 얻을 때까지. "예수님은 제게 진정으로 참 포도나무이십니다. 저를 낳으시고, 양식을 주시고, 부족하지 않게 하시고, 저를 사용하여 주시며, 제가 열매를 풍성하게 맺도록 저를 가득 채워 주십니다"라고 온몸으로 소리칠 수 있을 때까지 예수님의 가르침을 귀담아 듣고 그대로 믿어 보려 한다. 또 두려움을 떨쳐 내고 "저는 진정으로 참 포도나무이신 예수님의 가지입니다. 저는 예수님 안에 머물며 예수님께 의지하고, 예수님을 기다리며 주님을 섬깁니다. 저를 통해 오직 그런 삶의 열매를 맺습니다. 주님은 그분의 은혜를 가득히 나타내시고, 죽어가는 세상에 그분의 열매를 주십니다"라고 말하고 싶다.

따라서 우리가 포도나무 비유[요 15장]의 뜻을 이해하려 할 때, 그 이야기와 관련지어 말씀하신 축복의 계명에 담긴 진정한 힘을 절실히 느낄 수 있을 것이다. 예수님과 우리의 관계를 포도나무와 가지의 관계에 빗대어 설명할 때 "내 안에 거하라!"는 말씀은 새로운 힘을 갖는다. 마치 예수님이 이렇게 말씀하시는 듯할 것이다. "내가 너희에게 얼마나 철저하게 속해 있는지 생각해 보아라. 나는 너희와 떨어질 수 없는 사이가 되었다. 풍성하고 탐스럽게 익은 포도나무는 정말로 너희 것이다. 이제 내 안에 들어와 내가 가진 모든 것이 정말르 너희 것인지 확인해 보아라. 너희를 열매로 가득한 가지로 만드는 것이 내 기쁨이며 영광이다. 내 안에 거하기만 하라! 너희는 약하지만 나는 강하다. 너희는 가난하지만 나는 부자다. 내 안에 거하기만 하라! 내 가르침과 율법에 따르기만 하면 된다. 내 사랑, 내 선의, 내 약속을 믿기만 하여라. 내가 온전히 너희 것이라고 믿기만 하여라. 나는 포도나무이고 너희는 가지다."

논리학 원리

F. H. 브래들리

모든 개체는 각자 속한 계층과 위치에서 어느 정도까지는 완벽하다고 할 수 있다. 또한 우리 눈에 보이지는 않지만 완벽해지려고 노력한다는 점에서 이미 유일무이하고 완전한 것이다. 그러나 각 개체가 무엇인지 정확히 보여 달라는 요구를 받으면, 세세한 부분에 대해서는 여전히 모른다는 사실을 깨닫는다. 물론 종교적인 믿음의 경우는 다르지만, 여기서도 세세한 부분까지는 모르기 마련이다. 우리는 각자 어떤 부분에서 어느 정도나 완벽하고 유일무이한 존재이며, 어떤 부분에서 그 경지에 이르지 못했는지 알지 못한다. 진정한 종교라면 이 세상에서든 다른 세상에서든 한 개인이 완벽한지 구태여 증명하려 하지 않을 것이다. 또한 하나님의 은총에서 벗어나거나, 끊임없이 죽음으로써만 얻을 수 있는 생명에서 피하려는 생각조차 하지 않을 것이다.

사색의 자료

새뮤얼 테일러 콜리지

생명체는 하나의 보편 영혼이다. 생명을 주는 생기와 지혜를 주는 말씀을 통해 모든 유기적인 몸이 공통적으로 이것을 지닌다. 따라서 모든 동물은 보편 영혼을 지닌다. 인간도 동물의 하나로서 보편 영혼을 지닌다. 그러나 하나님은 인간에게 또 하나의 커다란 선물을 주셨다. 특별히 인간에게는 살아 있는 영혼, 스스로 존재하는 영혼을 불어넣으셨다. 즉, 그 자체로 생명을 갖는 영혼이다. "사람이 생령이 되니라"[창 2:7]. 인간은 살아 있는 영혼을 '소유'하는 데 그치지 않고, 살아 있는 영혼 자체가 되었다.

살아 있는 영혼은 인간이라는 존재 자체이고, 인간의 진정한 자아였다. 인간 안에 깃든 인간 자체였다. 따라서 누구도 견디지 못할 정도로 궁핍하거나 가난하지 않다. 누구에게나 현재의 곤궁한 지경에서도 '손으로 짓지 않은 집'이 주어진다. 그렇다! 엉뚱하게 철학이라 불리기는 하지만, 우리가 진실이고 현실이라 깨닫게 된 원인과 조건과 상황을 진실이고 현실이라 착각하는 괴상망측한 철학에도 불구하고, 그런 집이 영광스럽게 우리에게 주어지는 것이다. 눈만 있으면 된다. 눈은 그 집의 빛이고, 그 빛은 살아 있는 영혼의 눈이다. 볼 수 있는 이 빛, 밝히 빛나는 이 눈은 반영reflection이다. 이때 반영은 이 단어가 흔히 의미하는 뜻을 넘어선다. 오히려 그것은 그리스도인이 뜻해야 하는 바이자, 알아야 하는 뜻이다. 그 빛이 최초 어디서 왔고 지금도 계속 오고 있는지를 말이다. 만물을 꿰뚫어보는 빛조차 어떤 빛의 반영일 뿐이라는 사실도 알아야 한다. 반영은 사색이기도 하다. 그 빛에서 비롯되지 않고 그 빛을 지향하지 않는 사색은 헛된 생각일 뿐이다.

상징 표기

프랜시스 퀼스

내 영혼이 새라면 내 육신은 새장.

새장 안에서 내 영혼은 악에 물든 짧은 시간 중에도

힘겨운 순례를 계속하며, 매일 신성한 포도주와

성찬의 빵을 먹습니다.

내 영혼을 가두고 또 풀어 주는 열쇠는

탄생과 죽음입니다. 그 둘 사이에서 내 영혼은 이 횃대 저 횃대

감각에서 이성적 판단으로 뛰어다닙니다. 그러고는

고결한 이성의 세계에서 다시 감각의 세계로 내려와

감각의 세계에서 믿음의 세계로 올라갑니다. 믿음의 세계에서 한동안

내 영혼은 편히 앉아 노래합니다. 그러고는 다시 이성의 세계로 내려

옵니다.

이성에서 다시 믿음으로 돌아가고, 거기서 내 영혼은

곧장 감각의 횃대로 펄쩍 뛰어내립니다.

감각에서 희망의 세계로, 다시 희망에서 의혹의 세계로

의혹에서 활력을 상실한 절망의 세계로 빠져들고, 그 세계에서

필사적으로 자유를 갈구합니다. 눈에 띄는 대로 모든 문을

거세게 밀어젖히며 속박의 날이 아직 끝나지 않았는데도

어디서도 평안을 찾지 못하는 고통스런 죄인을 때 이르게

해방시켜 달라고 간구합니다.

따라서 나는 이 육신의 새장에 갇혀 있습니다.

내 젊음을 조금씩 갉아먹고 내 시대를 지겨워하며 보냅니다.

하늘을 찬양하라고 명령받은 내 호흡을

한숨과 서글픈 탄식으로 날려 보냅니다.

그러나 새들은 나보다 행복한 듯 날개를 활짝 펴고

떨기나무에서 삼나무로 날아오르며,

환희에 젖어, 인간의 구원과 창조주의 영광을

흥겹게 지저귀고 노래합니다.

영광을 받아 마땅한 순교자들이여, 빛나는 주님의 군대여,

당신들도 한때는 육신이란 새장에 갇혀 있었습니다.

위대한 영혼의 주님! 죄인들이 날아가야 하는 둥지이신 주님!

그런데 당신은요? 당신도 나처럼 육신이란 새장에 갇혀 있었습니다.

나를 위하여, 그 슬픔이 어떤 것이고

그 느낌이 어땠는지 알려 주십시오.

아, 나를 해방시켜 주십시오. 그러면 내가 지금 헛된 간구로

소모하는 시간을 당신을 찬미하며 보람 있게 보낼 수 있을 것입니다.

전하지 않은 설교

조지 맥도널드

어떤 신이 실제로 존재하고 내가 그 신의 피조물이라면, 그 신과 나를 이어 주는 통로가 있을 수 있습니다. 아니, 그런 통로가 있어야 합니다. 우리가 그 신을 받아들여도 그 신이 자신의 피조물을 알뜰히 보살피지 않는다면 그런 신에게 기도하는 것은 멍청한 짓이라는 주장에 저도 동의합니다. 그러나 우리가 선한 생각을 품어도 냉혹한 악마의 자녀라는 주장은 끔찍하면서도 모순되기 때문에, 그렇게 주장하는 사람에게 진리를 얼마나 가증스럽고 냉정하게 무시하기에 그런 억측을 하게 됐느냐고 묻지 않을 수 없습니다. 그 신조차 괴로워하거나, 괴로워하지 않더라도 슬픔에 젖을 것입니다. 신의 마음에 깃든 신성한 면은 사랑인데, 그 사랑을 알아주지 않아 한탄할 것입니다.

내 의견과 생각이 본향과 동떨어진 생각, 아니 일종의 감옥에 갇힌 생각에 불과하다는 사실을 깨닫는다면, 내가 사는 세상은커녕 내 생각이나 욕망조차 지배할 수 없다는 사실을 깨닫는다면, 내 열정을 다스릴 수도 없고 내가 좋아하는 것을 원할 수도 없으며 내 목표마저 정하지 못하고 내 뜻대로 성장할 수도 없다는 사실을 깨닫는다면, 나는 뭔가를 언제 잊을지도 모르고, 잊은 것은 다시 기억해 낼 수도 없습니다. 사랑하고픈 곳을 사랑할 수도 없고, 싫어하는 곳을 싫어할 수도 없습니다. 나 자신마저 마음대로 부릴 수 없습니다. 욕구를 채울 수도 없고, 그럴싸한 욕구 중에서 어떤 욕구가 채워질지도 알지 못합니다. 요컨대 어디로 보나 내가 나 자신조차 제대로 감당하지 못한다면, 그러나 그런 사실조차 깨닫지 못하고 내 존재에 만족하지 못한다면 차라리 기도로 끝나는 휴식의 시간을 갖는 편이 낫지 않을까요?

내가 가진 잣대는 나를 측정하기에 너무 큰 듯합니다. 내가 내 존재를 설명할 수도 없고 내 존재에 어떤 관여도 할 수 없습니다. 내 존재가 죽도록 싫어도 그 존재를 끝내기 위한 어떤 조치도 취할 수 없습니다. 사랑하는 사람들의 환심을 사기 위해 어떤 짓도 할 수 없고, 싫어하는 사람에게도 다를 바가 없습니다. 그들에게 못된 짓을 저지르고, 슬픔을 안겨 주었기 때문입니다. 최악의 경우에는 내가 가장 잘하는 것도 믿지 못합니다. 내 지독한 단점을 혐오하지 않는 것이 다행일 지경입니다. 나는 결함투성이고 변덕쟁이라는 생각마저 듭니다. 나 자신을 경멸하는데 내 삶이 어떻게 순탄할 수 있겠습니까. 내가 이런 생각들로 시달리는데 나를 설명해 주는 존재, 그 자신을 설명하면서 내 존재를 돌아보는 존재, 존재하는 자체로 내 존재를 설명해 주고 내 존재를 설명하기 위해 반드시 필요한 존재, 내 존재를 보완해 주는 데 그치지 않고 내 존재를 나 자신에게 적합하게 만들어 가기 위해 내 존재 안에 있어야만 하는 존재가 어딘가에 틀림없이 있다고 어떻게 생각할 수 있겠습니까?

책임 있는 자아

리처드 니버

하나님을 믿고 아들로서 하나님께 책임을 다한 예수 그리스도가 십자가에서 죽었다는 사실은 '하나님은 사랑이다'라는 전제를 부정하는 예라 생각하는 사람도 있을 것이다. 이 엄청난 부정의 사례에 세상의 모든 부정적 사례가 집약된 듯하다고 생각하지는 않더라도, 하나님은 전능하신 분이라는 믿음이 흔들린 사람도 없지 않을 것이다. 그러나 이런 의문에 부딪혀도 우리는 이 사례에서, 결코 정복되지 않고 소멸되지 않는 생명력의 분명한 증거를 확인할 수 있다. 현실 세계가 이와 같은 생명력을 유지해 주고 강하게 해 주었다. 예수 그리스도가 죽음에서 부활하면서 그 궁극적인 힘은 그리스도의 아버지임이 명백히 드러났다. 부활은 우리에게 물리적 증거를 명백히 보여 주지는 않았지만, 그리스도가 그 후로도 하늘나라의 주인이었다는 점에서 명백한 사실이다. 옛 선지자들이 말했듯이, 그리스도는 부활하여 하나님의 오른편에 계셨다. 따라서 우리는 하나님의 방법을 창조와 파괴에서 나타나는 모습이 아니라, 창조와 파괴 및 부활, 즉 물리적 차원이 영생의 차원으로 승화되는 모습에서 이해해야 한다.

하나 됨과 신성 회복에 대한 우리 이론이 적절하든 그렇지 않든, 체념을 넘어선 신성 회복 운동은 예수 그리스도에게서 시작되었고, 예수 그리스도의 힘으로 그리스도인들에게서 유지된다. 우리는 하나님의 자녀가 되는 권한을 예수 그리스도에게 부여받았다. 우리는 멸망해 가는 세계에서 구원받은 사람이 아니라, 이 세계가 구원받는다는 것을 확실히 아는 사람이다. 파멸에서 구원받는다는 것은 겉만 번지르르한 인간의 일에서 벗어난다는 뜻이고, 유독한 질병을 치유하고 죽음에서 부활한다는 뜻이다. 죄를 용서하고, 무수히 많은 무책임한 약속까지 지켜야 한다. 그리스도를 닮았지만 그리스도라는 이름조차 모르는 고통받는 종들도 예외 없이 그 약속을 지켜야 한다. 이것은 그리스도인이라면 모두가 알고 있는 사실이다. 그러나 그리스도인은 패배라는 말을 알아도 패배를 믿지 않는 사람들처럼 자신의 목표를 향해 줄기차게 나아가야 한다.

하나님 말씀의 성육신에 대하여

성 아타나시우스

성경을 연구하고 올바로 이해하려면 선한 삶과 맑은 영혼이 필요하다. 인간의 본성이 이해하는 범위 내에서, 말씀이신 하나님의 진리를 이해하도록 우리를 인도하시는 그리스도의 능력도 필요하다. 맑은 마음으로 성인들의 삶을 본받으려 애쓰지 않으면 그들의 가르침을 이해할 수 없다. 햇살의 참된 모습을 보고, 눈에 보이는 햇살의 순수함을 어떻게든 비슷하게 느끼고 싶다면 먼저 눈을 깨끗이 씻어야 한다. 도시나 시골을 보고 싶다면, 그 바람을 이루기 위해서라도 그곳에 가야 한다. 마찬가지로, 누군가 종교에 관련된 글을 쓰는 사람의 마음을 이해하고 싶다면 먼저 자신의 삶을 깨끗이 하고 성인들의 삶을 따르면서 그들에게 다가가야 한다.

따라서 삶의 동역자로서 그들과 하나가 될 때, 우리는 하나님이 그들에게 드러내 보이신 것을 이해하고, 그때부터 섣부른 판단으로 죄인들을 위협하는 위험한 짓을 피하며, 성인들을 위해 하늘나라에 준비해 둔 것을 받게 된다. 그렇게 하지 못할 때는 그 벌로, 순종하는 삶을 살며 우리 주 예수 그리스도 안에서 하나님을 사랑하는 사람들을 위해 "예비하신 모든 것은 눈으로 보지 못하고 귀로 듣지 못하고 사람의 마음으로 생각하지도 못하였다"[고전 2:9]고 성경은 전한다. 그러므로 그리스도를 통해, 그리스도와 함께 성령으로 영광과 권세와 찬송이 하나님 아버지께 영원히 있으리로다. 아멘.

하나님의 임재를 경험하는 연습

로렌스 형제

저는 하나님의 사랑을 얻기 위해 하나님의 것이 아닌 모든 것을 포기했습니다. 그리고 이 세상에 하나님과 나밖에 없는 것처럼 살기 시작했습니다. 때로는 불쌍한 죄인으로 하나님 발밑에 무릎 꿇고 앉아 심판받는 모습을 떠올렸고, 때로는 내 마음속의 하나님을 내 아버지, 내 하님으로 지켜보기도 했습니다. 틈나는 대로 하나님을 경배하며 거룩하신 하나님 안에 마음을 두려 애썼고, 내 마음이 하나님에게서 멀어지는 느낌이 들 때마다 마음을 다잡았습니다. 이런 연습은 조금도 힘들지 않았습니다. 온갖 난관에도 불구하고 꿋꿋이 계속했습니다. 나도 모르게 마음이 심란해질 때도 혼란에 휩싸이거나 불안해하지 않았습니다. 하나님과 함께하는 연습을 기도 시간에는 물론이고 하루 종일 본분으로 삼았습니다. 매순간, 내 본분에 몰입해 있을 때도 하나님을 향한 생각을 방해하는 것을 마음에서 몰아내야 했기 때문입니다.

저는 기독교에 발을 들여놓은 때부터 하나님과 함께하는 연습을 게을리하지 않았습니다. 불완전하기 짝이 없지만 이 연습에서 큰 보람을 얻었습니다. 하나님이 없다면 우리는 어떤 일도 할 수 없기 때문에 그 보람은 전적으로 하나님의 선의와 은혜 덕분이었습니다. 저는 지금도 여느 사람보다 턱없이 부족합니다. 그러나 우리가 거룩하신 하나님 안에서 결코 벗어나지 않고, 하나님을 언제나 우리 앞에 둔다면, 하나님 뜻을 거스르거나 그분을 화나게 하지 않을 수 있습니다. 적어도 일부러 하나님의 기분을 상하게 하지는 않을 수 있습니다. 게다가 내면에 거룩한 자유를 덤으로 얻고, 감히 말하지만 하나님과 친해질 수도 있습니다. 우리가 궁핍할 때 은총을 달라고 떼를 써서 틀림없이 얻어 낼 수도 있습니다. 요컨대 하나님과 언제나 함께하는 연습을 반복하면 습관이 되고, 하나님의 '임재'는 우리에게 당연한 것처럼 여겨집니다. 하나님이 제게 베풀어 주신 선의에 여러분도 함께 감사해 주기 바랍니다. 저와 같은 비천한 죄인에게도 하나님은 감당하기 힘든 큰 은혜를 베풀어 주셨기 때문입니다.

조카딸에게 보내는 편지

프리드리히 폰 휘겔 남작

어린 나이에도, 하찮게 보이는 영혼들마저 존중한다니 무척 기쁘구나. 성마른 사람들에게는 약간 모자란 사람이라 손가락질받았을 영혼들도 하나님께 특별한 깨우침을 받아 하나님 바로 곁에 있기도 하는 법이니까. 덧없는 세속의 재능과 드높은 하늘의 빛이 이처럼 놀랍게 교감하는 데는 어떤 비밀이 있을 게다. 재주가 넘친다고 나쁘다거나 하나님의 은총을 받는 데 방해가 되는 건 아니다. 결코 그렇지는 않을 게다. 하지만 보통의 지능을 가진 사람, 어쩌면 정말로 굼뜬 사람도 하나님의 빛을 얼마든지 훌륭하게 반영해 보여 줄 수 있다. 지능이 부족하다는 한계가 있으면 단순하고 순진한 면도 있다. 자신에게 집착하지 않아 옛 일을 잘 기억하고 무엇이든 고마워하기도 하지. 우리 영혼이 하나님과 하나가 되기 위해서는 그런 성향이 필요하단다. 그런 성향을 가진 영혼은 배운 대로 실천하고 딴 생각을 하지 않아.

언젠가, 생각이 무척 깊은 친구 하나가 내게 이런 말을 하더구나. 영혼의 건강과 행복은 열정을 쏟아 내면서도 흥분을 억제하는 데 달렸다고. 열정은 생각이나 직업 등에서 비롯되는 즐거움이다. 물론 그 생각이나 직업이 기존의 좋은 습관이나 관심과 일치하고, 그런 일치가 꾸준히 일어나야 하겠지. 그러니까 우리를 안정시켜 주고 균형감과 중심을 주는 의무와 거기서 얻는 즐거움이라 할 수 있을 거다. 반면에 흥분은 일탈과 단편적인 현상에서, 또 균형과 중심에서 벗어날 때 얻는 즐거움이

다. 열정은 포근하지만, 흥분은 손을 대지 못할 정도로 뜨겁다. 열정을
즐기기 위해서는 자제력과 묵상이 필요하다. 너른 마음이 필요해. 반면
에 이곳저곳을 기웃거리고 소동과 충동에 휩쓸리며 흥분거리를 찾아 두
리번거리면, 건조한 열풍이 우리의 영적인 생기를 말려 버려 우리는 으
레 더 큰 흥분거리를 찾아 헤매게 될 거다.

아가페와 에로스

안데르스 니그렌

에로스는 근본적이자 원칙적으로 자기애다. 자기애가 에로스의 특징을 띤 모든 사랑의 기본형이라 해도 지나친 말이 아니다. 하나님을 향한 사랑과 이웃을 위한 사랑도 자칫하면 자기애로 발전할 수 있다. 이웃 사랑은 에로스의 세계에 있을 여지가 없는 듯하지만, 더 높은 것을 지향하기 위한 발판을 뜻한다는 점에서 만족스러운 동기가 될 수 있다. 또 하나님을 향한 사랑은 하나님이 인간의 모든 욕구와 욕망을 채워 주신다는 확신에서 시작된다.

반면에 아가페는 모든 형태의 자기애를 거부한다. 그리스도교는 자기애를 합당한 사랑의 형태로 인정하지 않는다. 그리스도의 사랑에는 두 방향, 즉 하나님을 향한 사랑과 이웃을 향한 사랑만이 존재한다. 자기애는 그리스도의 사랑에 가장 큰 적이다. 따라서 자기애는 싸워 극복해야 할 대상이다. 자기애는 우리와 하나님을 떼어 놓고, 우리가 하나님께 완전히 순종하는 것을 방해한다. 이웃을 향해 마음의 문을 닫게 하는 주된 원인도 자기애다.

그리스도교가 인류 역사에 등장한 초기부터 자기애는 제3의 그리스도교적 사랑인 양 언급되기 시작했다. 하나님과 이웃을 향한 사랑의 진정한 뿌리인 것처럼 여겨지기도 했다. 그러나 이런 이론은 에로스적 사랑과 아가페적 사랑의 교묘한 타협에 불과했다. 그때부터 아가페는 에로스의 원칙과 타협하며 에로스의 본질적 특징마저 받아들였다. 이런 타협의

결과 아가페는 에로스로 전락할 수밖에 없었다. 자기애에서 시작된 하나
님과 이웃을 향한 사랑은 에로스적 사랑에 불과하기 때문이다.

명상록

블레즈 파스칼

자기애! 자기애와 인간 에고Ego의 본성은 자기만을 사랑하고 자기에게만 관심을 쏟는다. 그러면 우리는 어떻게 해야 할까? 우리가 사랑하는 에고는 결점과 욕심으로 가득하다. 우리는 유명해지고 싶어 하며 지금의 자신을 시시하게 생각한다. 행복해지고 싶어 하며 지금의 자신을 불행하다고 생각한다. 완벽해지고 싶어 하며 지금의 자신을 결함투성이라 생각한다. 우리는 모두에게 사랑받고 존중받고 싶어 하며 자신의 결함 때문에 남들에게 미움과 멸시를 받는 거라고 생각한다. 우리는 이런 당혹감에서 머리를 짜내어 부당하고 범죄적인 열정을 키워 간다. 따라서 우리를 책망하고 우리 결함을 들추어내는 진리에 맞서 구제받을 수 없는 앙심을 품는다. 그런 불편한 진리를 억눌러 무력화시키지만, 진리의 본질까지 없애 버릴 수는 없다. 여하튼 우리는 우리 지식을 총동원하고 남의 지식까지 빌려 진리를 파괴한다. 즉, 우리는 결점을 자신과 남의 눈에서 감추는 데 신경을 곤두세우고, 남이 우리 결점을 보고 지적하는 것을 열린 마음으로 받아들이지 못한다.

결함으로 가득하다면 분명 잘못된 것이다. 그러나 결함으로 가득하면서도 결함을 인정하지 않는 것은 더더욱 잘못된 것이다. 자유의지에 의한 착각이라는 결함을 하나 더 보탠 꼴이기 때문이다. 우리는 우리를 기만하는 사람을 좋아하지 않는다. 그런 사람들이 자격도 없으면서 우리에게 존경받는 현상을 달갑게 여기지도 않는다. 그렇다고 우리가 그들을 기만하고 그들이 우리를 분에 넘치게 존중해 주기를 바라는 것도 바람직하지 않다.

따라서 그들이 우리에게 실제로 있는 결점과 단점을 찾아내 지적한다면, 그것은 우리에게 나쁜 짓을 하는 것이 아니다. 그들 때문에 우리가 그런 결점을 갖게 된 것은 아니잖는가! 오히려 우리를 악습, 즉 결점에 대한 무지에서 벗어나게 해 주었다는 점에서 그들은 우리에게 친절을 베푼 것이다. 그들이 우리 결점을 알아내고 우리를 경멸한다고 해서 화를 낼 이유가 없다. 우리가 정말로 어떤 사람인지 그들이 알아내고, 우리가 경멸받아 마땅하다면 우리를 경멸하는 것은 지극히 당연한 일이다.

기독교 강요綱要

장 칼뱅

1. 자신을 모르면서 어떻게 하나님을 알겠는가

우리가 가진 지식 가운데 진정으로 알찬 지식이라 여겨지는 것은 거의 전적으로 두 부분으로 이루어진다. 하나님에 대해 아는 것과 우리 자신에 대해 아는 것이다. 그러나 두 지식은 여러 매듭으로 연결되어 있어 어느 쪽이 먼저 나와서 다른 쪽의 원인이 되었는지 단정적으로 말하기 어렵다. 첫째, 우리는 하나님 안에서 살아가고 움직이므로 우리 생각의 방향을 하나님께 돌리지 않고는 우리 자신을 알기 어렵기 때문이다. 또 우리가 지닌 자질은 우리 자신과 떼어 놓고 생각할 수 없고, 우리 존재 자체가 하나님 안에서만 존재할 수 있기 때문이기도 하다. 둘째, 하늘에서 끊임없이 우리에게 흘러내리는 축복은 우리를 샘으로 인도하는 시냇물과도 같다.

여기서 하나님의 무한한 선은 우리의 곤궁한 마음에 비할 때 더욱 분명해진다. 특히 최초의 인간이 하나님의 명령을 어긴 까닭에 우리는 우리에게 닥친 불행의 늪에서 허우적대며 두 눈을 하늘로 향할 수밖에 없다. 우리는 굶주리고 목말라하면서 원하는 것을 간구하고 두려움에서 깨달음을 얻어 겸손함을 배운다. 우리 안에는 어떤 형태로든 불행한 세계가 존재하고, 우리가 신의 모습을 빼앗긴 이후로 우리의 벌거벗은 모습이 부끄러운 속성을 여지없이 들추어내기 때문이다. 우리 모두가 자신의 불행을 깨닫고 가슴 아파하며, 이런 식으로 어쩔 수 없이 하나님에 대해 조금이나마 알게 된다. 따라서 무지와 허영, 탐욕과 약점, 요컨대 부패와 타락을 절감할 때, 주님 안에만, 오로지 주님 안에만 진정한 지혜의 빛, 순수한 미덕, 생명으로 가득한 은혜가 있다는 것을 깨닫게 된다. 우리의 악한 면이 우리에게 하나님의 선한 면을 생각해 보라고 독촉하는 셈이다. 결국 우리가 우리 자신에게 불만을 갖기 시작할 때에야 하나님을 진정으로 갈망할 수 있다.

방관자

조지프 애디슨

그러나 모두가 자신이 지닌 지식을 다 발휘하지 못하고 열정을 억누르지 못한 채, 또한 영혼을 아름답게 가꾸지 못하고 천성을 완벽한 경지까지 끌어올리지 못한 채 서둘러 무대를 떠난다. 무한히 지혜로우신 하나님이 인간이라는 아름다운 피조물을 그처럼 하찮은 의도로 만드셨을까? 하나님이 그런 실패한 지적 존재, 그런 덧없는 이성적 존재를 만들고 기뻐하셨을까? 하나님이 우리에게 제대로 활용할 수도 없는 재능을 주셨을까? 감사해야 할 이유도 없는 능력을 주셨을까? 인간을 비롯하여 모든 피조물을 통해 환히 빛나는 하나님의 지혜를 우리는 어떻게 찾아낼 수 있을까? 하나님은 더 나은 세계를 만들기 위한 연습쯤으로 이 세계를 생각하지 않으셨고, 합리적 피조물인 인간이 서너 세대쯤 신속히 태어났다 사라지며 이 땅에서 존재를 위한 기초 지식만 습득하고 더 쾌적한 세계로 올라가 영생을 누리도록 하기 위해 이 땅을 지으신 것도 아니었다.

내 생각이지만, 종교에는 인간이 천성의 완벽한 경지에 이르기 위해 끊임없이 정진하지만 결코 정점에 이르지 못할 것이라는 가르침보다 훨씬 반갑고 우리 어깨를 으쓱하게 해 주는 배려가 있는 듯하다. 영혼이 점점 더 강한 곳으로 옮겨 간다고 생각해 보라. 영혼이 영광의 문에 다가가며 영원히 찬란히 빛날 거라고 생각해 보라. 영혼이 미덕에 미덕을 더하고 지혜에 지혜를 더한다고 생각해 보라. 인간이 천성적으로 갖는 열망에 멋지게 맞아떨어지는 것이 아닌가. 더구나 이런 생각은 하나님까지 기쁘게 해 드릴 수 있는 생각이다. 피조물이 끊임없이 아름답게 변해 가고 하나님께 다가가며 하나님을 점점 닮아 가는 모습을 하나님이 본다면 어찌 즐거우시지 않겠는가.

인간의 영혼이 하나님께 다가가는 관계를 비유적으로 말하자면, 하나의 직선이 결코 만날 가능성은 없지만 다른 직선에 끝없이 가까이 접근하는 것과 같다. 우리를 하나님 쪽으로 끊임없이 끌고 가는 생각의 수레가 있는 듯하다. 하나님은 완전의 기준일 뿐 아니라 행복의 기준이기 때문이다!

욥에게 대답하다

칼 구스타프 융

그러나 제3위 신격인 성령이 인간 내면에 들어가 머물면서 많은 사람이 그리스도를 닮아 간다. 그러면 "그 많은 사람이 완전한 신인神人일까?" 하는 의문이 제기된다. 정말 그런 변화가 가능하다면, 원죄에서 벗어나지 못한 보통 사람은 자만에 빠질 것이며, 신인들 간에도 견디기 힘든 충돌이 빚어질 것이다. 이런 이유에서 성 바울과 그의 분열된 의식을 언급하지 않을 수 없다. 바울은 하나님께 부름받고 깨달음을 얻은 제자라고 의식하면서도, 한편으로는 "육체의 가시"[고후 12:7]를 뽑아 내지 못하고 그를 괴롭히는 사탄의 사자에게서 벗어나지 못하는 죄인이라 생각했다. 달리 말하면, 깨달음을 얻은 사람도 현재의 모습에서 머물며, 자기 안에 계시는 하나님에 비해 하찮은 존재에 불과하다는 뜻이다. 그 경계를 알 수 없고, 주변의 모든 것을 감싸며, 심연처럼 깊이를 헤아릴 수 없고 하늘처럼 드넓은 분이 하나님이시다.

비전의 거울

오스틴 패러

우리의 심리 구조는 복잡하기 이를 데 없다는 것이 정설이다. 온갖 혼돈을 야기하는 원인이 심리이고, 우리 마음을 통과하는 것이라면 무엇에나 색깔을 덧입히는 것도 심리다. 셰익스피어와 예레미야의 글에도 심리학자들이 연구할 부분이 있고, 실제로 이에 대한 연구가 꾸준히 이어져 왔다. 그러나 우리가 논리성과 실용성을 엄격히 따져 변덕스런 심리를 억제하고 관리하지 않으면 우리의 불안정한 심리 세계 때문에 현실을 올바로 판단하지 못하게 된다고 결론지을 수 있을까? 우리가 친구들에게 감정적으로 자유롭게 반응할 때 친구들의 실제 모습이 드러나는 게 아닐까? 우리가 마음껏 사람들을 사랑할 때 그들을 가장 확실하게 알고, 우리가 허심탄회하게 반응할 때 그들에 대해 소박한 시라도 쓸 수 있지 않을까? 아니면 그들을 정확히 분석해서 조각낼 때 그들에 대해 시를 쓸 수 있는 것일까? 사랑을 시로 표현하는 작업 자체가 지극히 주관적인 작업이기는 하지만 여기에 객관적 실체가 존재한다면, 셰익스피어의 시에 담긴 탁월한 가치가, 그의 글쓰기에 영향을 미치고 제약을 가한 인간의 실체적 모습과 아무 관계가 없다고 여길 이유가 없다. 하나님이 예레미야의 마음에 실제로 어떤 압박을 가했느냐는 의문이 우리가 지금 알고 있는 것에 의해 배제되어야 할 이유도 없다.

조카딸에게 보내는 편지

프리드리히 폰 휘겔 남작

그래서 네가 하나님의 사랑을 받으며 넉넉하고 진실하게, 정직하고 소박하게 자랄 수 있기를 바란다. 매일 매순간 자아를 버리면서 하나님의 사랑을 조용히 그러나 확실히 받아들이도록 해라. 나도 예전보다 밝은 마음으로 받아들이려고 최선을 다하고 있단다. 음울하고 침울한 자기 집착은 쓸데없는 짓이며, 교만과 허영은 생각의 싹마저 혼란에 빠뜨리고 고사시킨다는 것을 요즘에야 깨달았기 때문이다.

네가 《그리스도를 본받아 *Imitation of Christ*》를 읽고 있다니 기쁘구나. 그 자체로 살아 있는, 정말 가치 있는 책이지. 종교 서적이 어떻게 쓰여야 하는지 보여 준 책이라 할 수 있다. 종교 서적이라면 고통스런 긴 경험과 투쟁 및 자기 변화의 진수여야 하니까. 위블랭 Henri Huvelin[1]이 정리한 스무 가지 말씀도 읽을 만할 게다. 한결같이 하나님과 하나님의 깊은 사랑을 경험한 삶에서 우러나온 글이란다.

나는 종교 서적을 읽을 때는 일반 독서와 달라야 한다고 생각한다. 종교 서적은 신중히 선별한 책을 천천히 되새겨 가면서 읽어야 한다는 뜻이다. 그러니까 읽은 책이나 논문이 상대적으로 적을 수밖에 없겠지. 때가 되고 준비가 되면 그리스어로 쓴 책들도 시도해 봐야 할 텐데, 상당히 많지만 가장 깊이 있는 독서를 할 수 있을 게다. 기도와 겸손이 가득하고, 고통받는 하나님이 우리에게 자비롭게 알려 주신 가르침을 조심스레 실천해 보려는 시도로 가득하지. 한 예수회 수도사가 예전에 잔뜩 흥분한 얼굴로 내게 이렇게 말했단다. 하나님의 도우심이 있어야만 우리가 그런 일을 성공적으로 해낼 수 있을 거라고! 하기야 그렇지 않다면 그리스도교가 다른 종교와 뭐가 다르겠니?

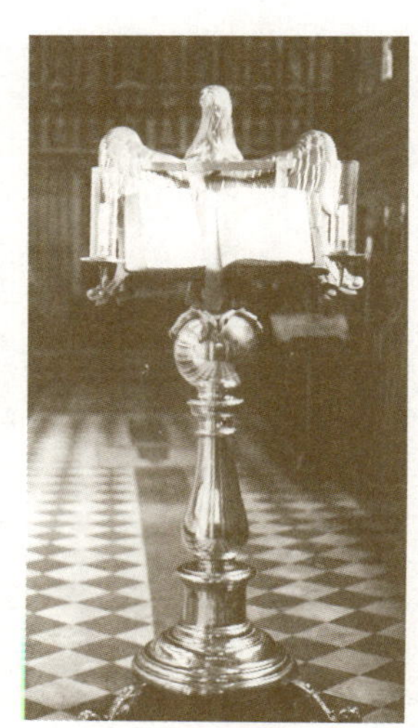

1) 1830~1910년. 프랑스의 성직자.

7장 신성의 부재
죄와 유혹

주여, 내가 주님을 믿나이다

오스틴 패러

기쁨은 기쁨으로 더 커지는 법이다. 따라서 아이들을 사랑하시는 하나님은 아이들이 기뻐하는 것을 보고 더욱 즐거워하신다. 그러면 건전하지 못한 슬픔의 원인을 하나님은 어떻게 생각하실까? 행복의 불꽃은 활활 타오르며 널리 번지겠지만, 내 말과 행동과 마음가짐이 행복을 가로막는 장애물 역할을 한다. 그러면 하나님은 나의 이런 행동과 태도를 어떻게 생각하실까? 하나님이 내 행동을 미워하지 않으실까? 전능하신 사랑의 하나님께 미움을 받으면 어떤 운명이 닥칠까? 완전히 소멸되어 버리는 것은 아닐까? 사실 하나님의 증오와 분노는 그 대상을 완전히 없애 버리겠다는 단순한 욕구에 지나지 않는다. 내 분노나 증오처럼 격렬한 감정이 아니다. 나의 몰인정한 촉수가 이웃의 목을 칭칭 감고 조를 때, 확실히 하나님의 의지는 그 못된 촉수의 힘을 거두어들이는 데 그친다.

주님은 내 강퍅한 마음을 나무라는 것이지 나를 나무라는 것이 아니다. 주님은 죄를 미워하지만 죄인은 사랑하신다. 죄인에게도 희망이 있으려면 이 말은 사실이어야 한다. 하지만 내 죄가 내 것이 아니고 나와 상관없는 것이라 여긴다면 위험한 착각이 아닐 수 없다. 사탄은 내가 그렇게 믿기를 바라고, 실제로 그렇게 믿도록 우혹하기 때문이다. 사탄의 유혹에 따르면, 또 내 생각에 따르면, 나는 도덕적으로 방심할 때, 곧 내가 맑은 정신을 지니지 못할 때 죄를 짓는다. 내가 어수룩하게 보이면

마귀는 내가 죄와는 아무 관계가 없다고, 내 죄는 방심한 자아의 행동조차 아니라고 속삭인다. 오만한 고양이처럼 내가 잠든 척하면, 도덕적인 겁쟁이가 저지른 짓이라 별 탈 없이 너그럽게 넘어갈 거라고 유혹한다.

하나님 사랑의 현현

노리치의 줄리안

'하나님은 미래를 내다보는 지혜가 있으신데 왜 죄를 미리 막지 않으실까? 그랬다면 모든 것이 좋았을 텐데.' 이런 내 생각을 꿰뚫어 보신 듯 하나님은 "죄도 맡은 역할이 있다. 그러나 결국에는 모든 것이 좋아질 것이다"라고 말씀하셨다.

그 후 하나님은 내가 전에 그분께 품었던 갈망을 다시 떠올려 주셨고, 나는 죄 이외에 어떤 것도 나를 옭아매지 않는다는 것을 깨달았다. 그러고서 뭇사람들을 바라보며 '죄가 없었다면 우리는 주님처럼 깨끗해야 했겠지. 주님이 우리를 처음 만들었을 때처럼' 하고 생각했다.

이렇게 생각하자 나는 어리석게도, '하나님은 미래를 내다보는 지혜가 있으신데 왜 죄를 미리 막지 못하실까, 그랬다면 모든 것이 좋았을 텐데' 하는 생각을 되풀이했다. 그러나 이런 생각은 슬픔과 한탄을 안겨 줄 뿐, 문제 해결로 이어지지 못했다. 따라서 나는 그 문제를 덮어둘 수밖에 없었다.

그러나 예수님은 내가 깨닫고 알아야 할 모든 것을 말씀해 주셨다. "내 계획에서 죄는 맡은 역할이 있다. 그러나 결국에는 모든 것이 좋아질 것이다. 모든 것이 좋아질 것이다. 모든 것이 바람직하게 존재할 것이다"라고.

'죄'라는 노골적인 단어로 주님은 악하고 부끄러운 모든 것을 알려 주셨다. 또한 주님이 이 땅에 사시며 수난을 겪고 죽임을 당하는 과정에서 몸과 정신으로 우리를 대신해 떠안은 극악한 악행까지 내게 떠올려 주셨다. 그래도 한량없이 선하신 주님은 그 끔찍한 장면으로 나를 놀라게 하고 싶지 않으셨는지 그 모든 것을 잠시 동안만 보여 주셨다.

고통은 짧은 시간 동안만 계속될 뿐이다. 그러나 우리를 깨끗하게 하고, 우리 자신을 알게 해 준다. 고통은 우리를 주님께 인도하여 은혜를 간구하게 만든다. 주님의 뜻은 결국 이루어진다는 것을 깨달으면서 우리는 굳은 의지로 이 모든 것을 향해 정진하게 된다.

종교론

루돌프 오토

죄는 신성의 부재다. 하나님을 갖지 않은 것이고, 하나님을 갖기를 바라지 않는 것이다. 하나님이 직접 모습을 드러내 뭔가를 보여 주실 때도 하나님에게서 멀어지는 행위가 죄다. 요컨대 죄는 하나님께 가까이 가지 않으려는 피조물의 저항이다. 영적인 눈을 뜨지 못한 '자연인'이 은총을 거부하는 저항이다.

따라서 영과 육의 전쟁은 제3단계의 특징과는 완전히 다른 특징을 띤다. 그것은 의지의 단순한 '회심'과 영혼의 신비로운 '중생'의 차이라 할 수 있다. 거듭난다는 것은 우리 의지를 자기 의향의 세계에서 순종의 세계로 적극적으로 옮겨 가는 행위가 아니다. 요한복음 3장에서 말한 대로 부름을 받아 "완전히 다른 사람"으로 변하는 것에 대한 자연스러운 반감 즉 두려움을 이겨냈다는 뜻이다. 자연인의 저항을 극복했다는 뜻이다. 거듭난다는 것은 영적인 신의 영역을 받아들이기 위해 이 땅에서의 존재 방식을 포기하며, 마음의 문을 활짝 열고 신의 은총과 구원과 복을 기꺼이 받아들인다는 뜻이다. 따라서 거듭나면 내 뜻대로 행동하지 않고 신의 뜻에 충실하게 된다. 혼자서는 믿음의 세계에 들어갈 수 없다. 앞에서도 말했듯이, 믿음은 억지로 강요될 수 없다. 믿음은 '불타오를' 수 있을 뿐이다. 달리 말하면, 믿음은 '주어지는' 것이다. "우리를 주께로 돌이키소서. 그리하시면 우리가 주께로 돌아가겠사오니"(애 5:21)라고 말하듯이, 성경적 의미에서 거듭난다는 것은 '수동적인 회심

conversio passiva'이다. 바로 이 부분에서 '회심의 분투'라는 속죄의 신비로운 경험이 나타난다. 회심의 분투는 율법에 대한 반감에서 일어나는 것이 아니라, 일방적이고 선별적이며 철저하고 구원적이며 용서하고 자신까지 희생하는 하나님의 은총에 대한 피조물의 이해하기 어려운 저항에서 일어나기 때문이다.

초록 외투

일레르 벨록

그는 외투를 찾아 주변을 다시 둘러보았고, 그 외투가 거기에 없다는 것을 더욱 확신할 수 있었다. 그때 이 모든 일을 멋대로 좌지우지하는 악마가 의자에 무심코 던져 놓은 '초록 외투'가 눈에 띄었다. 눈부시게 멋진 외투였다…….

악마는 히긴슨 교수의 생애 동안 내내 하찮은 재밋거리를 찾아다녔고, 마침내 그 잊지 못할 순간에 이르게 된 것이었다. 나중에 밝혀지겠지만, (악마의 관점에서 봐도) 그 기회는 뜻밖에 찾아온 놀랍고 드문 일이었다. 게다가 히긴슨 교수처럼 재미없는 사람보다 훨씬 대단한 사람들이 그 사건에 연루되어 있었다.

초록 외투는 처음 몇 초 동안은 멋지게 보이는 정도였지만, 곧이어 황홀하게 보였고 나중에는 입어 보지 않고는 견딜 수 없을 정도였다.

히긴슨 교수는 불빛이 새어나오는 쪽으로 겁에 질린 채 죄에 찌든 눈을 돌렸다. 그 안에서 들려오는 떠들썩한 소리와 노래에 귀를 기울였다. 그러나 아무도 눈에 띄지 않았다. 열린 방문으로 흥겨운 모임의 시끌벅적한 소리가 들려왔고 술 취한 사람들의 고함소리도 들렸다. 그는 주변을 둘러보았지만 아무도 보이지 않았다. 거실은 썰렁했다. 그때 바람이 휘몰아치는 소리와 거실 유리창을 때리는 빗소리가 들렸다. 히긴슨 교수는 평소의 그답지 않게 의자에서 초록 외투를 홱 잡아채어 문 쪽으로 걸어갔다. 그리고 몸을 비틀며 초록 외투를 입으려 안간힘을 썼지만 쉽

지 않았다. 외투를 껴입는데 한 달은 걸릴 것만 같았다. 교활한 마법사
의 기막힌 속임수였다. 그리고 멋지게 성공했다! 악마는 초록 외투가 그
에게 꼭 맞는 것처럼 보이게 했던 것이다.

명상록

블레즈 파스칼

기독교는 우리에게 두 가지 진리를 가르친다. 하나는 하나님은 살아 계시며 우리가 그 하나님을 알 수 있다는 것이고, 다른 하나는 인간의 본성은 타락하기 마련이어서 하나님의 사랑을 받을 자격이 없다는 것이다. 이 두 진리를 아는 것이 중요한 만큼, 우리의 불행을 알지 못한 채 하나님을 아는 것은 위험하다. 물론 우리가 불행하다는 것만 알고 우리를 불행에서 해방하시는 구세주를 모르는 것도 위험하기는 마찬가지다. 둘 중 하나만 알면, 하나님은 알고 자신의 불행한 처지는 모르는 철학자의 교만에 빠지거나, 반대로 자신의 불행한 처지를 한탄하면서도 구세주를 모르는 무신론자의 절망에 빠지기 십상이다.

우리가 두 가지 진리를 반드시 알아야 하는 까닭에, 자비롭게도 하나님은 우리에게 그 둘 모두를 알게 해 주셨다. 이 역할을 기독교가 맡으며, 기독교의 존재 이유가 여기에 있다.

따라서 세계의 질서를 살펴보고, 기독교에서 말하는 두 핵심 즉 "예수 그리스도가 모든 것의 목적이고, 모든 것이 지향하는 중심"이라는 말을 모든 것이 입증할 수 있는지 살펴보자. 예수 그리스도를 아는 사람이면 누구나 모든 것의 존재 이유를 알기 마련이다.

실수를 범하는 사람은 이들 두 가지 중에 하나를 보지 못하기 때문이다. 따라서 우리는 우리의 불행한 처지를 모르면서도 하나님을 잘 알 수 있고, 하나님을 모르면서도 우리의 불행한 처지를 알 수 있다. 그러나 하나님과 우리의 불행한 처지, 둘 모두를 모르고는 예수 그리스도를 알 수 없다.

아브라함의 하나님, 이삭의 하나님, 야곱의 하나님, 그리스도인의 하나님은 사랑과 위안의 하나님이시다. 그분께 속한 사람들의 영혼과 마음을 채워 주고, 그들의 불행한 처지를 깨닫게 해 주는 하나님이시다. 또 한없이 자비로워 그들 마음속에 자리 잡은 영혼과 하나가 되어, 그 영혼을 겸손한 생각과 기쁨, 확신과 사랑으로 채워 주며, 그들이 하나님 외에 다른 목적을 갖지 못하도록 인도하신다.

무지의 구름

작자 미상

관능욕은 우리 몸의 모든 반응에 영향을 미치고 그것을 지배하는 영혼의 한 부분이다. 관능욕을 통해 우리는 몸이라는 창조물을 유쾌하게 혹은 불쾌하게 경험하고 알게 된다. 관능욕은 두 가지 역할을 한다. 하나는 우리 몸에 부족한 것을 살피는 역할이고, 다른 하나는 우리 몸이 좋아하는 것을 채워 주려는 역할이다. 우리 몸에 기본적인 것이 부족할 때 투덜대는 것이나, 기본적인 욕구가 채워져도 욕망을 유지하며 키워 가기 위해 더 많은 것을 취하려 드는 것은 모두 관능욕 때문이다.

우리가 죄를 짓기 전에 관능욕은 의지에 고분고분 따랐다. 따라서 의지로 관능욕을 다스리며 변태적인 육체적 쾌락이나 고통 혹은 거짓된 영적 기쁨이나 고통으로 치닫지 않았고, 적의 유혹에 넘어가 영혼이 세속적인 생각에 물들지도 않았다. 그러나 지금은 그렇지 못하다. 의지로 관능욕을 다스리지 못하여 원죄의 허물을 속절없이 참고 견뎌야 하고 또 작은 즐거움마저 빼앗긴다면 당연히 못마땅할 것이다. 그러나 작은 즐거움을 누릴 때 큰 욕망을 억제하지 못하거나 짜증스런 일이 사라졌다고 터무니없는 욕심을 부린다면, 우리는 진창에서 뒹구는 돼지와 다를 바 없을 것이다. 세상의 부요함 속에서도 타락한 육신의 늪에서 비참하게 무턱대고 뒹굴어, 우리 삶은 인간적이고 영적인 면모를 지니지 못하고 육신의 덫에 갇힌 짐승과 다를 바가 없을 것이다.

나의 영적인 친구여, 우리가 죄로 얼마나 타락했는지 똑똑히 보라. 우

리 영혼이 어떤 힘을 지녔고 그 힘이 어떻게 발휘되는지 모른다면, 우리
가 영적인 말과 행동의 의미를 이해하려 애쓴다 해도 쉽게 그리고 완전
히 현혹당하는 것이 당연하지 않겠는가?

수상록

존 울먼

　그 불쌍한 아프리카 사람들은 듣도 보도 못한 말을 사용하여 이야기를 나누기가 쉽지 않았다. 노예라는 그들의 신분 때문에, 우리가 악의 없는 이방인들과 형제처럼 허물없이 나누는 관계는 기대할 수조차 없었다. 이처럼 비참한 상황에 있는데 그들에게 가해진 사악한 행위를 잊고 마음껏 슬퍼하라고 하는 것이 합당한 일일까? 슬퍼하고 한탄하는 것이 그들에게 아무 위안도 주지 못할 텐데.

　어둡고 부정한 생각이 사람들 마음을 조금씩 사로잡더라도 본성은 변하지 않는다. 억압이 오랫동안 지속되어도 형제애와 억압은 양립할 수 없고, 그 상처 받은 이방인들의 후손에게 여러 세대에 이르도록 보상해도 그들의 넋을 달래기는 어렵다. 많은 이방인이 형평의 원칙대로 대접받지 못하고 그들의 고통을 세상에 알리지도 못한 채 죽어갔다. 시민사회를 자처하는 우리에게 잔혹과 허영과 사치가 만연하고 부당한 조치가 곳곳에서 자행되고 있어 슬프지만, 그래도 나는 이 사회의 구성원들과 이 명백한 현실에서 핍박받는 나와 같은 사람들을 위하여 보편적 사랑을 느끼며 깊이 염려하지 않을 수 없다.

　40년 전, 한 순박한 젊은이가 기니에서 강제로 여기까지 끌려와 노예로 팔렸고 늙어 죽을 때까지 뼈 빠지게 일했으며, 그러는 동안 지금 이 땅에 살고 있는 자식을 낳았다고 가정해 보자. 그에게 자유를 박탈한 데 대한 보상으로 얼마를 줘야 적절하다고 말할 수는 없겠지만, 그래도 그가 받은 고통의 값이 50파운드로 계산된다면 정직한 사람들이 분수에 맞게 그 액수를 헤아릴 것이며 그의 자식들은 그것에 합당한 권리를 가져야 한다고 나는 생각한다.

언젠가 우리가 피부색의 차이에 따른 모든 편견을 철저하게 극복하고 어떤 불공평도 없는 그리스도의 사랑이 우리 사회에 넘친다면, 우리는 우리에게 아무런 해도 끼치지 않은 사람들에게 가한 억압을 보상해야 하는 무거운 책임을 떠안아야 할 것이다. 또한 많은 이방인이 겪은 참혹한 상황이 정확하고 공정하게 밝혀진다면 그들에게도 적절한 보상이 뒤따라야 할 것이다.

이제 이스라엘의 정의로운 선지자의 말로 이 글을 맺으려 한다. "내가 여기 있나니 여호와 앞과 그의 기름 부음을 받은 자 앞에서 내게 대하여 증언하라. 내가 누구의 소를 빼앗았느냐, 누구의 나귀를 빼앗았느냐, 누구를 속였느냐, 누구를 압제하였느냐, 내 눈을 흐리게 하는 뇌물을 누구의 손에서 받았느냐? 그리하였으면 내가 그것을 너희에게 갚으리라"(삼상 12:3).

대화

야콥 뵈메

"너희가 돌이켜 어린아이들과 같이 되지 아니하면 결단코 천국에 들어가지 못하리라"[마 18:3]고 예수 그리스도께서 말씀하신 대로, 그 말씀에 대해 생각하는 데 그치지 말고 그대로 실천하라. 그보다 가까운 길은 없고, 그보다 나은 방법도 없다. 예수께서는 우리가 돌이켜 어린아이들처럼 되어 모든 것을 주님께 의지하지 않으면 하나님 나라를 보지 못할 거라고 분명히 말씀하셨다. 이대로 하면 어떤 것도 우리를 해치지 못할 것이다. 우리가 모든 것을 창조하신 창조주께 의지할 때, 우리 의지를 하나님의 의지에 결합시켜 하나님을 닮아 갈 때 모든 것과 돈독한 관계를 맺을 것이기 때문이다. 그러나 이제부터 하는 말을 명심하기 바란다. 깜짝 놀랄 정도는 아니지만 처음에는 이해하기가 쉽지 않을 것이다. 우리가 모든 것과 비슷하게 되려면 모든 것을 버려야 한다. 그 모든 것에 대한 욕심을 버리고, 어떤 것도 욕심내거나 바라지 말아야 한다. 무엇이든 자기를 위해 혹은 자기 것인 양 소유하겠다는 의지 자체를 갖지 말아야 한다.

무언가를 욕심내며 나만의 것으로 소유하는 순간, 그것이 무엇이든지 우리 자신과 같은 것이 되기 때문이다. 이런 관계가 우리 마음에 자리 잡으면 우리는 그것을 우리의 일부인 양 지키고 소중히 간직하려 한다. 그러나 어떤 것도 욕심내지 않으면, 모든 것에서 자유로워지고 하나님의 대리인처럼 모든 것을 지배하게 된다. 어떤 것도 나만의 것으로 취하지 않아, 어떤 것에도 얽매이지 않고 모든 것이 우리에게 헛되기 때문이다. 이때 우리는 어떤 사물이 무엇인지 알지 못하는 어린아이처럼 된다. 그 사물이 무엇인지 알더라도 그 사물과 하나가 되지 않은 채 알게 된다. 따라서 그 사물은 우리의 인식에 큰 영향을 미치지 못한다. 심지어 우리는 하나님이 모든 것을 보고 지배하는 방식으로 이해하게 된다. 하나님은 모든 것을 이해하시지만, 그분을 이해하는 것은 아무것도 없다.

철학의 위안

아니키우스 보에티우스

소중한 보물이 많을수록 그 보물을 지키는 데 더 많은 도움이 필요하다. 많이 가진 자가 많은 것을 탐낸다는 옛말은 조금도 틀리지 않다. 그 반대도 마찬가지다. 본연의 필요에 따라 부를 가늠하는 사람은 쓸데없는 겉치레를 중요하게 생각하지 않는다.

합리적 판단력 덕분에 고결한 본성을 부여받은 인간이 물질을 소유함으로써 둘도 없는 명예를 누릴 수 있다고 생각한다면 자연의 질서를 거스르는 일이다. 다른 피조물들은 현재 가진 것에 만족하지만, 하나님의 형상대로 창조된 우리는 짐승보다 우월한 본성을 하찮은 물건들로 장식하면서, 창조주 하나님께 얼마나 큰 잘못을 저지르고 있는지도 인식하지 못한다. 하나님의 배려로 인간은 지상의 모든 피조물을 다스리는 역할을 부여받았지만, 가장 하등한 피조물보다도 못한 지경까지 떨어지고 말았다. 온갖 물건을 그 주인보다 소중한 것으로 여기고 하찮기 이를 데 없는 물건까지 귀중한 재산처럼 여긴다면, 우리는 그 물건보다 저급한 위치로 스스로 전락하는 셈이다. 우리의 헛된 판단에 따른 당연한 결과다. 인간에게 주어진 숙명적 상황이 이렇다. 결국 우리가 우리의 본성을 올바로 인식한다면 모든 피조물 위에 군림하겠지만, 우리의 본성을 망각한다면 짐승보다 못한 위치로 떨어진다. 다른 생명체가 자신에 대해 모르는 것은 당연하지만, 인간에게 그것은 크나큰 결함이다.

선집選集

리처드 롤

이 땅에서 넉넉하게 사는 사람은 다섯 가지를 사랑하며 즐긴다. 물질적 풍요와 명예, 의지와 권세 그리고 숭배다. 이 다섯 가지가 그들을 죄에 옭아매고 잘못을 범하게 한다. 그들은 욕망에 사로잡혀, 죽을 때에나 욕망의 사슬에서 해방된다. 하지만 그것은 끝없는 고통밖에 없는 때늦은 해방일 뿐이다.

다섯 가지를 향한 욕망 때문에 그들은 세상을 올바로 관찰하지 못하고, 하나님의 사랑을 보지 못한다. 그들 자신에 대해서도 알지 못하고, 하늘나라가 요구하는 것도 제대로 깨닫지 못한다. 이 세상만 사랑하는 욕심을 끊지 않는 한 누구도 구원받을 수 없다.

따라서 다른 모든 것을 하찮게 여기고, 하나님을 사랑하고 찬양하며, 늘 하나님과 함께하면서 그분 안에서 기뻐할 수 있어야 한다. 하나님을 멀리하지 않고 갈망하며 가까이 다가가야 한다. 불행으로 가득하고 악의적인 행동이 반복되며 파괴적인 박해와 분노와 탐욕이 끊이지 않는 세상을 경멸해야 한다. 죄를 거짓 책망하고 비난과 욕설이 난무하는 세상, 모든 것이 무질서하게 뒤섞여 정의가 사랑받지 못하고 진리가 인정되지 않는 세상, 신의가 신뢰할 수 없는 것이 되고 우정이 잔인한 것이 되며 번성하다가 역경의 나락으로 떨어지는 세상을 경멸해야 한다.

하지만 우리에게 이 세상을 경멸하게 하는 것들이 있다. 시대가 변한다는 것과 이 땅에서의 삶이 짧다는 것, 필연적 죽음, 언제일지 모르는 죽음의 날, 안정된 편안함을 주는 영원한 것과 덧없이 순간적인 것, 기쁨이 찾아온다는 확신 등이다. 이 세상을 사랑하면 이 세상과 더불어 소멸하겠지만, 그리스도를 사랑하면 그리스도와 함께 영원히 살며 권세를 누릴 것이다. 둘 중 어느 쪽을 택하겠는가?

은총과 구원

천로역정

존 버니언

꿈에서 나는 크리스천이 여행하는 큰길 양쪽에 보호벽이 세워진 것을 보았다. 그 벽은 구원이라 불렸다. 짐을 짊어진 크리스천이 큰길을 달리기 시작했다. 그러나 등에 짊어진 짐 때문에 힘겨워하지는 않았다. 약간 높다란 언덕에 이르렀다. 거기에는 십자가가 세워져 있었다. 언덕에서 내려오는 좁은 길은 열린 무덤으로 이어졌다. 나는 크리스천이 십자가에 다가가자 그의 어깨에서 짐이 벗겨지며 주르르 흘러내리는 것을 보았다. 짐은 땅바닥을 굴러 열린 무덤 속으로 들어가 자취를 감추었다.

그러자 크리스천은 기뻐하며 얼굴이 환히 빛났다. 그는 진심으로 기뻐하며 "그리스도께서 수난을 당하심으로 내게 평안을 주셨구나. 죽음으로 내게 생명을 주셨어!"라고 소리쳤다. 그러고는 그 자리에 서서 십자가를 물끄러미 바라보며 잠시 생각에 잠겼다. 놀랍게도 십자가를 보는 것만으로도 무거운 짐에서 해방되었기 때문이다. 그래서 그는 계속 십자가를 바라보았다. 마침내 눈물을 펑펑 쏟았다. 눈물은 그의 뺨을 타고 흘러내렸다. 그가 서서 십자가를 바라보며 눈물을 흘리자 밝게 빛나는 삼위일체가 갑자기 나타나 "평안하라!"고 말했다. 첫째 위가 "네 죄가 용서받았다!"고 말하자, 둘째 위가 그에게서 낡은 옷을 벗기고 환히 빛나는 새 옷을 입혀 주었다. 그 후 셋째 위가 그의 이마에 어떤 표식을 하고는 봉인된 두루마리를 그에게 건네주며, 여행하면서 그 두루마리를 공부하고 하늘 문에 닿거든 두루마리를 보이라고 말했다.

시골 목사

조지 허버트

교구민 중 누구라도 아프거나, 친구나 재산을 잃어 괴로워하며, 어떤 이유로든 슬픔에 싸여 있다면, 시골 목사는 그에게 완전한 위안을 주지는 못하더라도 다른 사람을 통해 그를 불러들이지 않고 직접 찾아간다. 교구민이 스스로 목사를 찾아올 수도 있고, 그래야 하는 게 원칙이지만. 이런 목적으로 그는 위안을 주는 방법들을 완전히 익혔다. 백합꽃에까지 확대시킨 하나님의 보편적 섭리, 그가 직접 경험한 작은 일, 그가 받은 약속, 모든 성인들의 사례, 스스로 죽음을 택함으로써 우리를 구원하신 그리스도, 강팍한 인간의 마음을 부드럽게 변화시키는 고통의 의미, 해방과 보상의 확신 등을 언급하며 교구민들에게 위안을 주려 했다. 이 땅에서 겪는 슬픔과 하늘나라에서 누릴 기쁨을 비교하기도 했다. 병들거나 고통받는 교구민을 방문해서는 그리스도의 가르침을 충실히 따라 그들에게 특별한 고백을 하도록 유도했고, 이 오랜 관례가 믿음에서 우러난다면 큰 효과가 있으며 때로는 무척 필요하다는 것을 인식시키려 했다. 믿음의 증거이자 결실로써 남을 도우라고 독려하기도 했다. 특히, 몸이 아프거나 곤경에 처할 때는 그런 자선 행위가 더욱 필요하다고 가르쳤다. 불평하는 사람들과 병든 이들에게 말하길, 성찬식에 참여하면 마음의 평안도 얻지만 죄로 물든 영혼까지 치유하고 모든 유혹과 죽음까지도 이겨 내며 기쁨과 평화를 얻을 수 있다면서, 거룩한 성찬식을 간절히 바라는 마음은 그의 설득으로가 아니라 자기 자신에게서 오는 거라고 알아듣기 쉽게 가르쳤다.

복음 신학

제임스 모펏

신의 본성을 자기희생과 동정으로 해석하는 경향은 이사야 53장에서 "그는 실로 우리의 질고疾苦를 지고"라고 말하듯이 유대교와 헬레니즘 문화에 이미 존재했다. 이사야 선지자는 굳은 믿음으로 구세주의 그런 모습을 강조했고, 그 후 그리스 사상과 동양 사상이 지배하던 때에도 숭배자들은 고통받고 죽어가는 신에 대한 믿음을 여실히 보여 주었다. 이런 믿음은 인간의 모습을 한 예수 그리스도를 통해 이 땅에 찬란히 비친 빛의 증거다.

그러나 베드로가 불만스레 내뱉었듯이, 자기를 죽임으로써 고결한 생명을 얻는다고, 다른 사람을 위해 기꺼이 고통을 견디는 삶이 신성한 삶이라고 믿기는 무척 어려웠다. 하나님의 아들, 그리스도가 고통과 자기 희생처럼 치욕적이고 무가치한 것을 정말로 꿈꾼다는 사실을 알고 베드로는 충격을 받았다[막 8:31-32]. 그는 예언된 결과를 실제로 보고서야 삶의 진정한 영광이 어디에 있는지 깨달았다. 제자들이 예수님을 통해 하나님의 진정한 모습을 깨닫기 위해서는 수난과 십자가와 부활이 있어야 했다. 그래서 예수님은 진리를 인간에게 전하는 데 그치지 않고, 하나님의 길을 믿고 스스로 고통받음을 통해 아버지의 마음과 목적을 행함으로 보여 줌으로써, 아버지의 본성을 드러내셨다. 그리스도의 수난은 아버지처럼 사랑하고 용서하는 하나님의 선하심을 명확히 보여 주는 이야기다.

기비 경卿

조지 맥도널드

지혜로운 사람들이 흔히 그렇듯이, 확신에 찬 기비도 순종할 때 간혹 실수를 범했다. 그러나 명령대로 행동하지 않을 때에도 그 행동이 명령을 내린 사람에게 순종한 것이 될 수 있으며, 사람은 순종함으로써 순종하는 방법을 배워 가기 마련이다. 하지만 진주를 던져 주지 말아야 할 짐승들을 구분하지 못한 경우 외에는 기비가 실수한 적은 거의 없었다. 예컨대 그는 그의 후견인이 성직자고 아내가 성직자의 아내였기 때문에, 그들이 우리 모두의 아버지의 영원한 아들인 그 유대인 목수의 제자일 거라고 당연히 생각했다. 그가 뱀의 지혜를 조금이라도 지녔다면 신약성경을 분쟁의 끝으로, 주님 말씀을 지혜의 법으로 그들에게 전해 주지는 않았을 것이다. 또 사람들을 선하게 만들려고 아무리 애써도 사람들은 점점 사악하게 변하는 것을, 따라서 그들을 선하게 바꿔 가는 유일한 방법은 티끌과 들보의 이야기를 기억하며[마 7:3-5] 항상 그들과 함께 하면서도 그들에게 말하는 시간을 가능하면 줄이는 게 최선이라는 것을 일찌감치 알았을 것이다.

노예 의지에 관하여

마르틴 루터

따라서 노예 의지는 비종교적이고 무익하고 불필요한 것이 아니다. 오히려 자신의 의지가 구원과 관련한 문제에서 어떤 역할을 할 수 있는지 없는지를 아는 그리스도인에게는 지극히 유익하고 반드시 필요한 의지다. 거듭 말하지만, 우리가 벌이는 논쟁에서 핵심 쟁점은 우리 의지가 구원과 관련한 문제에서 어떤 역할을 할 수 있느냐는 것이다. 요컨대 '자유의지'가 어떤 힘을 갖는지, 어떤 점에서 하나님의 행위와 연관성을 지니며, 하나님의 은총과 관련해서는 어떤 위치에 있는지 살펴보는 것이 우리 목표다.

우리가 이런 의문들에 대해 아무것도 모른다면 기독교 자체에 대해서도 전혀 모르는 것이다. 어쩌면 이 땅의 뭇사람들보다 훨씬 비참한 지경에 있는 셈이다. 이 말에 동의하지 않는 사람이 있다면 그리스도인이 아니라고 해야 할 것이며, 이 말을 빈정대거나 비웃는 사람이 있다면 자신이 그리스도인의 숙적인 것을 깨달아야 할 것이다. 내가 하나님과 관련해 할 수 있고 해야 하는 일의 성격과 범위와 한계를 모른다면, 하나님이 내 안에서 하실 수 있고 하시게 될 일의 성격과 범위와 한계를 모르고 확신하지 못한다는 뜻이기 때문이다. "또 사역은 여러 가지나 모든 것을 모든 사람 가운데서 이루시는 하나님은 같으니"(고전 12:6)라고 쓰여 있지 않은가. 또 하나님의 일과 능력을 모른다면 하나님 자체를 모르는 것이고, 하나님을 모른다면 나는 하나님을 경배하고 찬양하고 감사드리며 섬길 수 없다. 어느 정도 분량을 각각 나와 하나님의 몫으로 돌릴지 모르기 때문이다. 그러므로 우리가 진정으로 하나님을 섬기는 삶을 살고자 한다면, 하나님의 능력과 우리의 능력, 하나님의 일과 우리의 일을 명확히 구분할 수 있어야 한다.

따라서 기독교 교리를 모두 완벽하게 정리할 때 이 점에 대한 연구가 더 있어야 한다. 우리가 아는 것과 하나님께 돌려야 할 지혜와 영광이 이 일과 밀접한 관계가 있기 때문이다.

완전의 척도

월터 힐턴

하나님을 사랑한다는 사람이 때로 은총을 올바로 깨닫지 못한다고 해서 놀라실 것은 없습니다. 성경에서도 배우자에 대해 "내가 그를 찾아도 못 만났고 불러도 응답이 없었노라"[아 5:6]고 하지 않습니까. 달리 말하면, 내가 원래의 유약한 모습으로 돌아가면 은총도 거두어집니다. 은총이 거두어지는 이유는 전적으로 내가 잘못했기 때문이지, 하나님이 나를 버렸기 때문이 아닙니다. 그러나 하나님이 곁에 없으면 나는 불행하다고 느낍니다. 온 마음을 다해 하나님을 구하지만, 하나님은 내가 쉽게 알아들을 수 있게 응답하시지 않습니다. 그래서 "사랑하는 주님, 돌아와 주십시오!"라고 간절히 외칩니다. 하지만 하나님은 내 말을 듣지 못한 듯 돌아오시지 않습니다. 내 이기적 욕심을 고통스레 깨닫고, 합리성을 내세운 사랑과 두려움을 탓하고, 내 영적인 힘의 부족을 인정하며 진실로 하나님을 간구합니다. 그러나 내가 아무리 하나님을 찾아 외쳐도 하나님은 한동안 멀리 떨어져 돌아오시지 않습니다. 하나님은 우리를 너무나 잘 아시기 때문입니다. 우리가 세상을 좋아하지 않기 때문에 이 세상을 완전히 사랑하지는 못할 거라는 사실을 하나님은 아시기 때문입니다. 그래서 우리와 거리를 두시는 것입니다.

그러나 적당한 때가 되면 하나님은 돌아오십니다. 은총과 진리를 가득 안고, 하나님을 애타게 그리워하며 사모하는 영혼을 다시 찾아오십니다.

하나님이 옆에 계실 때 사랑을 경험하며 성장하고, 하나님이 계시지 않을 때 하나님을 간구하며 견뎌 낸 영혼은 행복합니다. 하나님의 품 안에서 겸손하고 공손하게 처신하고, 결코 경솔하지 않게 진심으로 하나님을 묵상하며, 하나님이 계시지 않을 때도 절망하거나 슬픔에 잠기지 않고 인내하며 평온을 유지한 사람은 하나님의 사랑 안에서 지혜롭게 성장해 나갈 것입니다.

움푹한 땅

윌리엄 모리스

그 기사들 중 하나가 말했다.

"플로리안 경, 나한테 화내지 마십시오. 하지만 경은 천국에 갈 생각입니까?"

"성인! 나는 성인이 되고 싶소!"

내가 이렇게 말하자 그의 옆에 서 있던 기사가 그에게 아무 대꾸도 하지 말라고 나지막이 말했다. 그래서 나는 더 큰 목소리로 소리쳤다.

"친구! 나는 이 세상을 가졌지만 모든 게 하찮게 보이오. 그렇다고 화가 나기는커녕 부끄럽기만 할 뿐이오. 그래서 솔직하게 말하는 거요."

"플로리안 경, 어떤 악령이 성직자의 모습을 당신에게 씌워 악마의 이름으로 경에게 세례를 주려 했지만, 하나님이 경에게 자비를 베풀어 그 악령이 거룩한 삼위일체의 이름으로 세례를 줄 수밖에 없었다고들 합니다. 하지만 경은 여느 사람과 마찬가지로 교리를 거의 믿지 않아 결국에는 성모 마리아의 도움을 받지 못하고 빙빙 돌아서야 겨우 천국에 갈 거라는 소문도 있습니다. 또, 경은 다른 기독교인들에게 흔히 일어나는 기적은 물론 환영幻影도 보지 못한다는 말도 있습니다."

나는 빙그레 웃으며 말했다.

"친구, 그렇다고 내가 손해라고 생각지는 않소. 게다가 환영이나 기적을 보는 것과 천국에 가는 것이 무슨 관계가 있겠소?"

하기야 그런 관계가 어떻게 성립한단 말인가? 우리는 차분하고 평온한 마음으로 이런 이야기를 계속하며 걸었다. 그때 매들이 울어대는 소리가 들렸다. 어느덧 바위산이 눈앞에 보였다.

나는 약간 의기소침해졌다. 내 생각이 틀린 이유가 뭐란 말인가. 모든 것이 진실이 되지 못할 이유가 없었다.

그 기사가 다시 말했다.

"플로리안 경, 주변의 모든 것이 겉치레에 불과하다고 생각한다면 싸울 의욕을 어떻게 느끼겠습니까? 이 땅, 바위, 태양, 하늘 등 모든 것이 하찮은 것에 불과하다면 말입니다. 나는 지금 내가 어디에 있는지도 확실히 모릅니다. 지금이 자정이 아니란 것도 모르겠습니다. 내가 지금껏 인간과 싸웠는지 환영하고만 싸웠는지도 모르겠습니다. 하지만 우리 모두가 악마의 덫에 걸렸다는 생각은 지울 수 없습니다. 오, 주님, 저의 죄를 용서해 주소서! 내가 아예 태어나지 않았더라면 좋았을 거란 생각도 해 봅니다."

그러고는 그가 울기 시작했다. 그들 모두가 울었다. 턱수염이 덥수룩한 거친 사내들이 엉엉 울고 콧물까지 흘리는 것을 보자 너무나 이상했다. 눈물이 그들의 갑옷을 적시며 피와 뒤섞였다. 그리고 붉은 빗물처럼 천천히 땅에 떨어져 내렸다.

그러나 내 눈은 말라 버렸는지 눈물이 나지 않았다. 내 마음도 메말라 버린 듯했다. 나는 그렇게 강팍해진 마음이 눈물을 흘리는 것보다 훨씬 나쁘다는 기분이 들었지만, 애써 기운을 내며 밝은 목소리로 말했다.

"친구들, 옛 어른들의 혼령은 지금 어디로 가 버렸습니까? 보시오, 이게 우리가 지은 죄의 벌이 아니겠습니까? 우리 조상이 지은 죄의 벌입니까, 아니면 우리 죄의 벌입니까? 조상이 지은 죄의 벌이라면, 형제들이여, 우리가 이 벌을 꿋꿋이 견뎌 내면 하나님이 우리를 위해 멋진 선물을 내세에 준비해 두실 것입니다. 하지만 우리가 지은 죄에 대한 벌이라면 하나님이 우리를 좋아하실 거라 확신할 수는 없습니다. 하나님은 사악한 사람들에게도 길을 허락하셨기 때문입니다. 형제들이여, 용감한 사람이라는 환영의 주인이 돼야 합니다. 갑시다! 한 번 죽는 것이 그렇게 어렵습니까?"

선택된 자들의 믿음, 그 확실성과 영속성

리처드 후커

사실 우리는 약하고 갈팡질팡하는 존재여서 은총을 받았어도 언제든 은혜를 저버리며 실추할 수 있다. 또 우리는 율법을 지키겠다고 약속하고 그 약속을 틀림없이 지켜야 하지만, 교만에 빠져 율법에 등을 돌린다. 하나님과 결코 헤어지지 않겠다고 진심으로 약속하며 베드로처럼 "주여, 내가 주와 함께 옥에도, 죽는 데에도 가기를 각오하였나이다"[눅 22:33]라고도 생각하지만, 잠시라도 혼자 있게 되면 사소한 어려움에도 얼마나 쉽게 마음을 바꿔 버리는가? 오늘 갈라디아 사람들은 욕구가 채워지면 그리스도의 진리를 가르쳐 준 사람을 위해 눈이라도 뽑아 줄 태세지만, 바로 다음 날엔 그들을 가르친 사람의 눈을 뽑아 버릴 듯이 변해 버린다[갈 4:15-16]. 에베소 교회의 사자[계 2:1]를 사랑하는 마음도 뜨겁게 불타오르다가 금세 사그라진다.

성령의 도움 없이 인간이 순전히 인간으로만 존중받는다면, 본래의 변덕스런 성향에 따라 우리는 밀물처럼 거세게 달려들다가도 썰물처럼 금세 물러나 버린다.

우리의 영적인 적은 지독히 탐욕스럽고 우리 믿음을 단숨에 허물어뜨릴 정도로 강력한 수단을 휘두르기 때문에, 축복받은 사도까지도 두려워 떨면서 그리스도와 정혼한 사람들에게 "내가 하나님의 열심으로 너희를 위하여 열심을 내노니 내가 너희를 정결한 처녀로 한 남편인 그리스도께 드리려고 중매함이로다. 그러나 나는 뱀이 그 간계로 하와를 미혹한 것같이 너희 마음이 그리스도를 향하는 진실함과 깨끗함에서 떠나 부패할까 두려워하노라"[고후 11:2-3]고 쓸 수밖에 없었다. 그리스도를 향한 진실하고 순결한 믿음만이 하나님의 놀라운 약속을 그대로 받아들이며 그 안에서 평안을 구할 수 있다.

계율과 그 밖의 설교

찰스 킹즐리

우리는 정의와 정직을 잘못 판단할 수 없습니다. 정의와 정직은 신성 자체이고, 그 자체로 올바른 것이기 때문입니다. 진정으로 거룩하고 하나님과 꼭 닮은 것이며 하나님의 은총이기 때문입니다.

그렇다면 정의와 정직은 하나님에게서 오는 것이며 하나님의 선물입니다. 우리 마음이 만들어 내는 것이 아닙니다. 이런 이유에서 우리는 기도를 통해 정의롭고 정직한 마음을 간직할 수 있으며, 당연히 그렇게 해야 합니다. 정의와 정직에 대한 정서가 순전히 우리 것이라 생각하면, 그 정서를 오랫동안 잊고 그 정서와 적당히 타협하며 유혹에 빠져 부정하게 행동할 위험이 큽니다. 또한 성 바울이 이미 경고했듯이, 그 소중한 보물을 우리에게 주신 하나님의 성령을 슬프게 할 수도 있습니다[엡 4:30].

그러나 정의의 샘이신 하나님에게서 우리의 모든 정의가 비롯되고 진리의 샘이신 하나님에게서 우리의 모든 진실한 행동이 시작되는 것을 믿는다면, 우리는 이 세상 일로 분주하게 돌아다니면서도 부정과 거짓에 물들지 않게 해 달라고 매일 하나님께 열심히 기도해야 할 것입니다. 또 우리에게서 남모르는 결함을 없애 달라고, 우리 내면에 진실을 알려 달라고, 정의로운 행동 자체인 이웃 사랑으로 우리 마음을 채워 달라고 간구해야 합니다.

비열하고 잔혹한 행위는 하나님의 성령을 배반하는 죄인 줄 알고 두

려워하며, 죄 없이 깨끗한 마음을 유지하고 올바르게 행동하기 위해 성
실하고 진지한 노력을 기울여야 할 것입니다. 이런 마음가짐만이 결국
우리에게 평화를 안겨 주기 때문입니다.

가웨인 경과 초록 기사

작자 미상

그녀는 살며시 일어나 우리의 영웅 곁을 떠났다.

우리의 영웅이 그녀에게 즐거움을 주지 못했기 때문이다.

그녀가 떠나자, 가웨인 경은 곧바로 일어나

화려하고 아름다운 옷을 차려입고

사랑하는 여인의 기념품을 조심스레 챙겨

나중에 쉽게 찾을 수 있는 곳에 감추었다.

그 후 가웨인은 성 안의 예배실을 찾아가

한 사제에게 은밀히 다가가서, 그가 지금껏 어떻게 살았는지

들어 줄 것과, 여행을 다시 시작하려는데

그의 영혼을 구원의 길로 인도해 줄 것을 부탁했다.

그리고 그의 잘못과 크고 작은 죄를

성심껏 털어놓고 하나님의 자비를 구하며,

죄를 용서해 달라고 빌었다.

성직자는 가웨인의 죄를 깨끗이 씻어 주었다.

다음 날이 심판 날이어야 했던 것처럼.

그 후 가웨인은 노래와 이야기로

귀부인들을 즐겁게 해 주었다.

그가 그곳에 머문 뒤 그처럼 즐거운 때가 없었다.

해가 저물고 밤이 되자

귀부인들은 솔직히 말했다.

그가 그처럼 밝게 빛난 적이 없었다고!

그날 그는 환히 빛났다.

9장 하나님 안에서 피난처를 찾으리라
고통

그리스도의 희생

찰스 프랜시스 디그비 묠

성 바울은 자신의 고통이 그리스도의 고난을 완성하는 데 작은 도움
이 되는 것을 기뻐했다. 이 사실은 두 가지를 뜻하는 듯하다. 첫째, 그리
스도인과 그리스도는 어떻게든 연결되어 있기 때문에, 사도들의 경우와
마찬가지로 그리스도인의 고통은 그리스도의 고통에서 한 부분을 나눈
다는 뜻이다. 물론 그리스도 안에 있다는 것도 그리스도의 고통을 함께
나눈다는 뜻이다. 앞으로 우리도 이처럼 고통을 함께 나눠야 한다. 둘
째, 구원을 위한 하나님의 계획이 완성되기 전에 그리스도의 몸인 교회
전체가 맡아야 할 고통의 몫이 있다는 뜻이다. 성 바울은 자신의 몫을
기꺼이 떠안았다. 아니, 자신에게 주어진 몫 이상을 떠맡았다. 따라서
'그리스도의 고난'은 그리스도인이 영적으로 나누어 가진 그리스도의
역사적 고통인 동시에, 인격화corporate된 그리스도, 즉 그리스도인들의
교회의 고난이다. 이런 의미에서 이 둘은 하나다. 메시아의 고난에 대한
유대인의 종말론적 예언을 그리스도인들이 이어받았다는 증거는 많다.
종말이 오기 전에 메시아의 고난에서 치러져야 할 일정한 몫이 있었다.
따라서 인격화된 그리스도, 즉 메시아를 간구하는 공동체의 고통은 완
성을 위해 반드시 필요한 서막이고, 그들의 인내는 훗날의 기쁨을 위한
조건이었다. 그러나 그리스도의 십자가를 함께 진다는 개념에는 한층
신비로운 의미가 담겨 있다.

헌신

존 던

누구도 완전히 고립된 섬이 아니다. 누구나 대륙의 한 부분이고 본토의 한 조각이다. 낭떠러지에서나, 당신 친구나 당신이 소유한 장원에서 흙덩이가 바닷물에 씻겨 나가면 유럽의 크기는 그만큼 줄어든다. 또 나는 인간의 일부이기 때문에 누구든 인간의 죽음은 내게 손해다. 따라서 조종弔鐘이 누구를 위해 울렸는지 알아보고자 사람을 보낼 필요가 없다. 조종은 우리에게 알리려고 울린 것이다. 우리가 충분히 고통스럽지 않기 때문에 고난을 구걸하거나 잠깐 빌리는 것이 아니다. 우리는 이웃의 불행을 떠안으며 이웃집에서 얼마든지 고난거리를 가져올 수 있다. 아무도 고난은 보물이며 보물이 충분하다고 생각지 않기 때문에, 우리가 고난을 탐내더라도 이것은 용서받을 수 있는 욕심이다. 고난으로 원숙해지고 완성되어 하나님께도 합당하게 보일 만큼 고난받은 사람은 없다. 보물을 금괴나 화폐로 주조하여 갖고 다니지 않는다면 여행 시 그 보물은 부담스럽기만 할 뿐이다. 이런 점에서 고난은 보물이지만, 사용할 수 없다는 점에서 화폐는 아니다. 그러나 그 보물로 우리는 하늘의 고향에 조금씩 가까이 다가간다. 어떤 사람이 죽도록 아플 수 있다. 금맥 속의 금처럼 그 고통은 그의 뱃속에 있으면서 그에게 아무런 쓸모가 없을 수 있다. 그러나 그의 고통을 알리는 종소리는 그 금을 파내어 활용하라고 우리에게 말해 준다. 다른 사람의 위험을 이런 식으로 받아들여, 우리의 위험을 점검하고 우리의 유일한 안식처인 하나님께 의지하며 우리의 안전을 도모하라고 말이다.

그리스도를 본받아

토마스 아 켐피스

위안을 얻기 위해 무엇을 원하고 상상하더라도 나는 현세에서 구하지 않고 내세에서 구한다. 나 홀로 세상의 모든 위안거리를 갖고 모든 기쁨을 누리더라도 그런 기쁨과 위안은 오랫동안 지속되지 못하기 때문이다. 내 영혼아, 너는 하나님 안에서만 완전한 위안과 완벽한 기쁨을 누릴 수 있을 뿐이다. 하나님은 가난한 사람을 위로하고 비천한 사람을 도와주시는 분이기 때문이다. 내 영혼아, 조금만 기다려라. 하늘의 약속을 기다려라. 그러면 하늘나라에서 좋은 것으로만 넘치는 풍요를 누릴 수 있을 것이다. 네가 이 땅의 것을 탐욕스레 원한다면 하늘나라에 있는 영원하고 기쁨에 넘치는 것을 놓치고 말 것이다. 세속의 것을 사용하되 영원한 것을 원하라. 너는 세속적이고 일시적인 것을 즐기도록 창조되지 않았으므로 그런 것에서는 어떤 만족도 얻을 수 없을 것이다.

네가 이 땅에서 만들어진 모든 것을 갖더라도 행복하고 즐겁지 않을 것이다. 그 모든 것을 창조하신 하나님 안에단 완전한 행복과 기쁨이 있기 때문이다. 그런 행복은 이 세상을 사랑하는 사람들이 보고 칭송하는 행복이 아니다. 그리스도께 충성하는 선한 종들이 기다리는 행복, 영적이고 순수한 마음으로 하늘나라에 대해 이야기를 나누면서 가끔 미리 맛보는 행복이다.

인간에게서 얻는 위안은 헛되고 순간적이다. 그러나 진리의 하나님에게 얻는 위안은 영원하고 신성하다. 독실한 사람은 어디에서나 예수님과 함께하며 기도드린다. "주 예수님, 언제 어디서나 저와 함께해 주십시오. 그것을 제 위안으로 삼고, 인간에게 구하는 모든 위안을 무시하겠나이다. 주님의 위안이 제게 부족하다면, 주님의 의지와 저에 대한 공정한 심판을 큰 위안으로 삼겠나이다. 주님은 항상 화를 내는 분이 아니시고, 영원히 위협하는 분도 아니시기 때문입니다."

위안이 사라진다고 금세 절망하지 말고, 하늘이 찾아오길 겸손하고 끈기 있게 기다리라. 하나님이 당신에게 더 큰 위안으로 되돌려 주실 것이다.

이 말은 하나님의 방법을 아는 사람에게는 새롭지도 않고 낯선 것도 아니다. 위대한 성인과 옛 선지자들은 그런 운명의 변화를 흔히 겪었다. 은총을 받았을 때 "내가 형통할 때에 말하기를 영원히 흔들리지 아니하리라"[시 30:6]고 외친 자도 있었다. 그러나 은혜가 사라지자 그는 "주의 얼굴을 가리시매 내가 근심하였나이다"[시 30:7]라고 외쳤다. 그래도 절망하지 않았다. 오히려 "여호와여 내가 주께 부르짖고 여호와께 간구하나이다"[시 30:8]라고 말하며 더 열심히 주님께 기도했다. 마침내 기도의 열매를 받았다. 그는 주님이 그의 목소리를 들으신다고 확신하며 "여호와여 들으시고 내게 은혜를 베푸소서. 여호와여 나를 돕는 자가 되소서"[시 30:10]라고 기도했다. 어떤 도움을 받았을까? 그는 고백했다. "주께서 나의 슬픔이 변하여 내게 춤이 되게 하시며 나의 베옷을 벗기고 기쁨으로 띠 띠우셨나이다"[시 30:11].

아이작 월튼의 《조지 허버트의 생애》

조지 허버트

조지 허버트가 병상의 어머니에게 보내는 편지

하지만 우리가 받는 평판과 신망은 보통 사람들보다 높아서 우리는 더 멋지게 살고 있는 듯합니다. 그러나 하나님, 거룩한 성경에서 말하길 축복이 부자에게는 주어지지 않고 가난한 사람에게만 주어진다고 한 것을 생각하면 제가 너무 안이하게 대답한 것 같습니다. "부자에게 복이 있나니", "귀족에게 복이 있나니"라는 말은 성경에서 본 적이 없습니다. "온유한 자는 복이 있나니", "가난한 자는 복이 있나니", "애통하는 자는 복이 있나니 그들이 위로를 받을 것이다"[마 5:3-5]라고 쓰여 있을 뿐입니다. 하지만 하나님! 대부분의 사람들은 축복받기를 원하면서도 두려워하는 것처럼 행동합니다.

어머니, 몸이 괴로우면 하나님의 거룩한 순교자들을 기억하십시오. 그들은 수없이 화형당해 죽었고 온갖 고문을 견뎌야 했습니다. 그들을 언급하는 것만으로도 놀라운 결과가 있을 것입니다. 그들의 시련에도 끝이 있었습니다. 어머니의 시련은 그들의 시련에 비하면 덜하고 오랫동안 계속되지 않을 것입니다. 하나님, 감사합니다! 이런 생각을 하면 어머니의 두려움과 슬픔이 조금이나마 가라앉을 것입니다. 그렇게 해보십시오. 어머니의 시련이 골리앗과 같은 것이라면, 다윗처럼 "나를 사자의 발톱과 곰의 발톱에서 건져내셨은즉 나를 이 블레셋 사람의 손에서도 건져내시리이다"[삼상 17:37]라고 기도해 보십시오.

끝으로 영혼의 고통에 대해서는 하나님께서 영혼을 몸소 머무실 성전으로 삼았기 때문에 슬픔이 들어설 자리를 조금도 허락하지 않으실 거라고 생각하십시오. 어떤 슬픔이 하나님의 능력과 견줄 수 있겠습니까. 또 미래에 대한 걱정이 어머니를 괴롭히면, "네 짐을 여호와께 맡기라. 그가 너를 붙드시고 의인의 요동함을 영원히 허락하지 아니하시리로다"[시 55:22]라고 한 다윗의 말을 기억하십시오.

덧붙여 "너희 염려를 다 주께 맡기라. 이는 그가 너희를 돌보심이라"[벧전 5:7]고 한 베드로의 가르침도 기억하십시오. 감사하게도 하나님이 우리 짐을 대신 짊어지시겠다고 하셨습니다. 우리를 대신해서 모든 걱정거리를 기꺼이 떠안겠다고 하셨습니다. 우리는 조용히 하나님께 기도하면 됩니다.

끝으로 어머니께 한 가지만 더 말씀드리겠습니다. 성 바울은 빌립보서 4장 4절에서 "주 안에서 항상 기뻐하라. 내가 다시 말하노니 기뻐하라"고 말했습니다. "대체 고통을 어떻게 기뻐한단 말인가?"라고 말하는 사람들의 의심을 씻어 주려고 같은 말을 두 번씩이나 했습니다. 저도 어머니께 기뻐하라고 말씀드리고 싶습니다. 사실 이런 상황에서 우리가 기뻐하기는 힘들 것입니다. 그러나 어떤 일이 닥치더라도 우리는 주님 안에서 기뻐해야 합니다. 주님이 우리를 돌봐 주실 것이기 때문입니다. 그래서 다음 절에서 성 바울은 "너희 관용을 모든 사람에게 알게 하라. 주께서 가까우시니라. 아무것도 염려하지 말라"고 했습니다. 이보다 우리에게 위안을 주는 말이 또 있겠습니까?

어머니, 걱정하지 마십시오. 주님이 곧 오셔서 우리를 모든 근심에서 구해 주실 것입니다. 어머니, 어머니께 언제나 순종하는 아들의 무례한 말을 용서하시고, 진심을 받아 주십시오.

어머니의 순종하는 아들

조지 허버트

상징 표기

프랜시스 윌스

어떤 심술궂은 별이 나를 너무 일찍 세상에 내놓았기에

내가 한 순간도 즐겁게 지내지 못하는 걸까?

맨무릎을 마냥 꿇고 앉아, 비굴한 미소를 흘리며

한 푼 동냥을 구하려 하지만 헛일이었다!

변덕스러운 빛에 지치고 지쳐

창백한 입술로 얼마나 밤의 그림자를 애원했던가!

그림자로 채워진 황혼이 사그라들지 않기를

밤마다 얼마나 고통스레 간구했던가!

낮이 밤보다 힘겨웠고, 날이 밝는 것보다 밤을 보내기가 힘들었다.

두려움에 휩싸여 밤을 보내고, 낮은 눈물로 보낸다.

나는 신음하지만 동정받지 못하고, 투덜대지만 위로받지 못한다.

내 슬픔에는 끝도 없고 한계도 없다.

미소 짓는 꽃들은 아침 인사를 건네고, 방해받지 않고

보호받으며 커 간다. 길쌈질도 않고 씨를 뿌리지도 않는다.

아, 내 지루한 삶이 이 꽃과 같다면

슬픔에서 벗어날 수만 있다면, 한 시간으로 끝난다면.

하나님 사랑의 현현

노리치의 줄리안

그리스도의 수난에서 배워야 할 가장 중요한 점은 고통받은 분이 누구인지 생각하고 깨닫는 것이다. 수난을 통해 그리스도는 하나님의 영광과 고결함과 더불어, 삼위일체로 결합된 축복받은 몸의 소중함과 온유함까지 가르쳐 주셨다. 인간이 고통받기를 얼마나 싫어하는지도 알려 주셨다. 그리스도는 온유하고 순수한 만큼 강한 까닭에 고통을 견뎌 내셨다.

그리스도는 모든 인간의 죄를 대신해서 고통받고 우리를 죄에서 구원하셨다. 모든 인간의 슬픔과 설움을 보았고, 자비롭고 사랑하는 마음으로 슬퍼하셨다. 그리스도는 감정이 있는 동안 우리를 대신해 고통받았고 우리를 위해 슬퍼하셨다. 그리고 부활하셨지만 지금도 여전히 우리 곁에서 함께 고통을 나누신다.

나는 그리스도의 은혜로 이 모든 것을 깨달았고, 우리 영혼을 향한 그리스도의 사랑이 너무 커서 그리스도가 우리를 위해 기꺼이 고통받는 길을 택하셨다는 것도 알았다. 그리스도는 기꺼이 고통을 견디셨다. 그리스도가 고통을 견디시는 모습을 바라보는 영혼은 은혜가 더해질 때, 그리스도의 수난이 모든 고통을 넘어선다는 것을 깨닫게 될 것이다. 모든 고통은 그리스도의 수난 덕분에 영원하고 초월적인 기쁨으로 변하게 될 것이다.

탁상 담화

마르틴 루터

성경에 따르면 하나님은 두 가지 제물을 기쁘게 받으신다. 하나는 감사와 찬양의 제물이다. 우리가 하나님의 말씀을 순수하게 가르치고 설교할 때, 하나님의 말씀을 믿음으로 듣고 받아들일 때, 또 하나님의 말씀을 인정하고 그 말씀을 방방곡곡에 전하고자 온갖 노력을 다할 때, 이런 행위 자체가 감사와 찬양의 제물이다. 우리는 하나님을 찬양하고 찬미할 때, 그리스도 안에서 우리에게 주어진 형언할 수 없는 은혜를 충심으로 감사드린다. 시편은 전한다. "감사로 하나님께 제사를 드리라"[시 50:14], "감사로 제사를 드리는 자가 나를 영화롭게 하나니"[시 50:23], "여호와께 감사하라. 그는 선하시며 그 인자하심이 영원함이로다"[시 107:1], "내 영혼아 여호와를 송축하라. 내 속에 있는 것들아 다 그의 거룩한 이름을 송축하라. 내 영혼아 여호와를 송축하며 그의 모든 은택을 잊지 말지어다"[시 103:1-2].

다른 하나는, 온갖 유혹에 넘어가 슬픔에 젖고 혼란에 휩싸인 마음이 하나님 안에서 안식처를 찾고 진실하고 올바른 믿음으로 하나님을 간구할 때 드리는 제물이다. 하나님의 도움을 구하고 인내하며 하나님을 기다릴 때 드리는 제물이기도 하다. 이 제물에 대해서도 시편은 말한다. "내가 고통 중에 여호와께 부르짖었더니 여호와께서 응답하시고 나를 넓은 곳에 세우셨도다"[시 118:5], "여호와는 마음이 상한 자를 가까이하시고 충심으로 통회하는 자를 구원하시는도다"[시 34:18], "하나님께서

구하시는 제사는 상한 심령이라. 하나님이여 상하고 통회하는 마음을 주께서 멸시하지 아니하시리이다"[시 51:17]. 그리고 덧붙인다. "환난 날에 나를 부르라. 내가 너를 건지리니 네가 나를 영화롭게 하리로다"[시 50:15].

던의 설교

존 던

누구나 "나는 고난을 겪은 사람입니다"라고 당당하게 말할 수 있고, 사도 바울처럼 "누가 약해지면 나도 약해지지 않겠습니까? 누가 넘어지면 나도 애타지 않겠습니까?"[고후 11:29, 표준]라고 말하게 된다.

성경에는 아주 강하고 굳센 사람들이 자주 눈에 띈다. 그들은 신체적으로나 정신적으로 굳건해서 어떤 슬픔도 이겨 낼 수 있으리라 생각되지만, 그들도 괴로워하고 가슴 아파한다. 하나님이 지극히 사랑하시는 사람들, 하나님이 교회에서 사용하시는 사람들도 불행에 시달리며 하나님을 올바로 섬기지 못하는 경우가 비일비재하다. 어떤 것도 그들을 사람들 가운데서 그토록 위대하게 만들지 못하고, 어떤 것도 그들을 하나님께 그토록 필요하게 하여 고통에서 벗어날 수 있게 하지 못했다. 고통은 순전히 그분, 주님의 손에 있다.

그리스도조차 고통을 겪으셨다. 그러나 극심한 고통에도 분별력을 잃지 않고 좌절하지 않으셨다. 절망에 빠지면 흔히 그렇듯이, 고통받으면서 고통에 무감각해지지도 않으셨다. 그리스도는 두 눈을 뜨고 고통의 과정을 똑바로 바라보며 위엄을 지키셨다. 당당한 자세를 잃지 않으셨다. 하나님께 영광을 돌리기 위해 굳세게 버티셨고, 우리가 하나님의 징계를 어떻게 견뎌야 하고 하나님의 구원에 어떻게 감사해야 하는지 본을 보여 주셨다.

우리가 겪는 고통이 주님에게서 비롯된다는 사실은 특별한 위안이다.

첫 번째 배신, 즉 아담의 반역에서 하나님의 형벌을 받지 않은 사람이 있었던가? 두 번째 배신, 즉 예수 그리스도를 배신하면서 우리는 모든 죄를 예수께 뒤집어씌웠다. 이 두 배신에서 누구도 면책받지 못했다. 아담을 통한 첫 번째 배신에 따른 벌을 우리는 지금까지도 참고 견뎌야 한다. 이 땅의 고통과 환난을 즐겁게 견디면서, 예수님의 수난을 본받고 몸으로 고통받는 데서 누가 예외일 수 있겠는가?

독일 신학

작자 미상

많은 사람이 마음의 평안도 없고 안식도 없다며 투덜대고, 무수한 시련과 불행, 고통과 슬픔을 어떻게 이겨 내야 하는지도 모른다. 그러나 진리를 인식하고 깨달은 사람은 진정한 평안과 안식이 외적인 것에 있지 않다는 사실을 분명히 안다. 외적인 것에 평안과 안식이 있다면 악령도 모든 일을 자기 뜻대로 움직일 때 평안을 느낄 수 있다. 그러나 이사야가 "내 하나님의 말씀에 악인에게는 평강이 없다 하셨느니라"[사 57:21]고 선포했듯이, 악령에게는 결코 평안이 있을 수 없다. 따라서 그리스도가 "평안을 너희에게 끼치노니 곧 나의 평안을 너희에게 주노라"[요 14:27] 하시며 제자들에게 남긴 그 평안이 무엇인지 우리는 곰곰이 생각해 봐야 한다.

그리스도가 육체적이고 외적인 평안을 뜻하지 않으신 것은 분명하다. 왜냐하면 제자들은 물론이고 그리스도의 친구들과 추종자들까지 처음부터 커다란 고통과 핍박, 때로는 순교까지 당했기 때문이다. 게다가 그리스도는 "세상에서는 너희가 환난을 당할 것"[요 16:33]이라고 말씀하셨다. 결국 그때부터 시작하여 영원히 지속되는 진정한 내면의 평안을 말씀하신 것이다. 그래서 그리스도는 "내가 너희에게 주는 것은 세상이 주는 것과 같지 아니하니라"[요 14:27]고 덧붙이셨다. 이 세상은 거짓이고, 덧없는 선물로 유혹할 뿐이다. 이 세상은 많은 것을 약속하지만 실제로 지켜지는 것은 없다. 더욱이 이 땅에 사는 사람치고 혼란과 시련을 겪지 않고 언제나 평안과 안식을 누리는 사람은 하나도 없다. 세상이 자기 뜻대로 돌아간다고 흡족해하는 사람도 없다. 이 세상은 우리의 기대를 저버리는 고통거리로 넘쳐흐른다. 하나의 공격에서 벗어나기 무섭게 곧바로 두 배의 공격이 가해진다. 그래서 어떤 것도 우리에게서 빼앗아 갈 수 없고 어떤 공격도 이겨 낼 수 있는 진정한 마음의 평안을 구해야 한다.

결론적으로 그리스도는 억압에 따른 시련과 공격, 고통과 불행, 모욕 등을 극복할 수 있는 내면의 평안을 말씀하신 것이다. 내면의 평안을 얻을 때 우리는 그리스도의 제자들과 그를 따른 사람들처럼 진정으로 기뻐하고 인내할 수 있을 것이다.

계율과 그 밖의 설교

찰스 킹즐리

그분께는 시간이 있고, 그분께는 의지가 있습니다. 하찮은 인간이란 없고, 무시해도 좋을 인간의 슬픔은 없습니다. 그러나 그분이 힘만이 아니라 시간과 의지까지 가진 이유는 인간에게 자비를 베푸시기 위함입니다. 그분은 인자人子이시기 때문입니다. 따라서 당신이 어떤 사람이든, 피곤에 지치고 무거운 짐에 시달리는 당신에게서 그분이 등을 돌리면, 바로 그 순간부터 당신 영혼에서 평안이 사라집니다. 그것도 당신에게 가장 적절한 방법으로. 당신을 오랫동안 고통에 내버려 둔 채 그리스도는 당신을 단련시키고 강하게 키워 가십니다. 당신 상처를 싸매 주고, 성령을 더해 향유와 포도주를 부어 주십니다. 그리고 당신을 그분의 피난처에 숨겨 주십니다. 성경에 쓰인 것처럼, 사람들이 당신을 해치려 할 때 그리스도는 피난처에 당신을 몰래 감추고, 비난하는 말에서 당신을 지켜 주십니다. 당신이 어디에 있든 당신을 안전하게 지키기 위해 종들을 보내십니다. 주님이 다시 돌아오실 때 그 종들에게 보상하고, 영원한 안식을 주기 위해 당신을 아버지의 품으로 데려가십니다. 하나님 아버지의 품은 모든 인간의 영혼처럼 처음에 당신이 나온 곳이며, 마지막에 인성의 영을 지닌 모든 인간의 영혼들과 함께 돌아갈 곳입니다. 그 영은 곧 하나님의 영이고 그리스도의 영이며 영원한 생명의 영입니다.

위안의 말씀

존 던

하나님을 양심껏 성실하게 섬긴 사람이 실망하거나 낙담하지 않게 하소서. 하나님을 위한 일로 병들고 시간을 빼앗기며 개인적인 모욕을 겪었더라도 헛된 일을 했다는 생각에 젖지 않게 해 주소서. 하나님을 섬기는 일을 지치도록 했는데도 하나님께 아무런 보상을 받지 못했다고 생각하지 않게 해 주소서. 보상의 가장 큰 몫을 차지하는 것은 시련이고, 시련이야말로 우리의 변치 않는 진정한 재산이기 때문입니다. 선지자 예레미야가 말했습니다. 그의 순위에서 첫째는 시련이라고[애 3:1-20].

앞에서 시련을 겪었다고 이후의 시련이 면제되는 것은 아닙니다. 이미 고통을 당했다고 고통에서 완전히 벗어날 수는 없습니다. 엘리야는 하나님께 "지금 내 생명을 거두시옵소서!"[왕상 19:4]라고 한탄했지만 지나치게 성급한 한탄이었습니다. 하나님이 엘리야를 통해 이루실 일이 아직도 많이 남아 있었습니다. 작년에 열병으로 고생했다고 올해 열병에 걸리지 말라는 법이 없고, 가을에 아팠다고 봄에 아프지 말라는 법이 없습니다. 베어진 숲은 그로부터 십여 년 동안 도끼에서 안전할 수 있지만 사람은 그렇지 않습니다. 우리의 고통은 거지와 비슷합니다. 거지들은 다른 거지에게 선량한 사람에 대해 이야기합니다. 그러면 선량한 사람에게 거지들이 잇따라 몰려듭니다. 질병은 빈곤을 낳고, 빈곤은 경멸을 불러일으키며, 경멸은 낙담으로 이어집니다. 전에 돈을 빌려줬다는 이유로, 완벽한 담보를 갖춘 대출 요구를 거절할 사람은 없습니다. 투덜

대면서 마지못해 견딘 고통은 하나님을 진정으로 섬긴 것이 아니기 때문에, 우리의 고통이 하나님의 진짜 수입에 속하지는 않지만 우리가 하나님께 드리는 기부금쯤은 됩니다. 우리의 고통에서 하나님은 영광을 추가로 얻으십니다. 따라서 하나님이 우리에게 더 많은 고통을 줄수록 우리는 하나님께 더 많은 영광을 드릴 수 있습니다.

도르래

조지 허버트

태초에 하나님이 인간을 창조하실 때
축복의 잔을 곁에 두고 말씀하셨다.
"우리가 줄 수 있는 모든 것을 그에게 주겠노라.
여기저기 흩어진 세상의 부를
그의 손에 모아 주리라."

그래서 먼저 힘이 길을 열어 그의 손에 들어가고
이어서 아름다움, 다음엔 지혜, 명예, 기쁨이 차례로 흘러들었다.
거의 모든 것이 인간에게 전해지고, 모든 보물 중에
안식만이 맨바닥에 홀로 남아 있는 것을 보시고
하나님은 잠시 멈추셨다.

그리고 말씀하셨다. "만약 내가
이 보물마저 인간에게 준다면,
나보다 내 선물들을 더 숭배할 것이며,
자연의 하나님 대신 자연에서 안식할 테니,
그러면 우리 둘 다 패배자가 되리라.

따라서 인간에게 안식을 주겠지만

늘 목마른 불안에 젖게 하리라.

인간을 풍요롭되 지치게 하리라. 그리하여 적어도

선이 그를 인도하지 못하면, 피로에 지쳐 그가

내 품에 달려들 수 있도록."

그리스도를 본받아

토마스 아 켐피스

위안이 거둬지더라도 낙담하지 말고, 겸손한 마음으로 끈기 있게 하나님을 기다리라. 하나님은 당신에게 처음보다 더 큰 은총과 영적 위안을 안겨 주실 수 있기 때문이다. 하나님의 방법을 경험한 사람들에게는 은총이 주어졌다가 거둬지는 현상이 이상하고 새삼스런 것이 아니다. 위대한 성인과 경건한 선지자들에게서 숱하게 확인되는 현상이다. 다윗 역시 "내가 형통할 때에 말하기를 영원히 흔들리지 아니하리라 하였도다"[시 30:6]라고 고백했다. 즉, 영적으로 안전하다는 생각이 든 순간, 그런 위안을 이제는 결코 빼앗기지 않을 거라 확신한다고 주님께 말한 것이다. 그러나 그 후 은총이 사라지자 "주의 얼굴을 가리시매 내가 근심하였나이다"[시 30:7]라며 소리쳤다. "오 주님, 당신이 내게서 영적인 위안을 거두어 가셨습니다. 그래서 혼란스럽고 두렵기만 합니다"라는 뜻이다. 그래도 다윗은 절망하지 않았다. 오히려 "주께 부르짖고 여호와께 간구하면서"[시 30:8] 더 열심히 기도했다. "주님, 제가 더 열심히 주님을 구할 것입니다. 주님의 은총과 위안을 간절히 구할 것입니다"라는 의미다. 곧 다윗은 기도의 열매를 받았고, "주께서 내 기도를 들으시고 내게 은혜를 베푸셨습니다. 영적인 도움과 위안을 내게 다시 주셨습니다"고 증언했다. 그리고 "주께서 슬픔을 기쁨으로 바꾸시고 하늘의 기쁨으로 나를 옷 입히셨습니다"라고 덧붙였다.

10장 말할 수 없는 감미로움
기도와 묵상

존슨 박사의 기도

새뮤얼 존슨

전능하고 자비로우신 하나님, 벌을 줘야 마땅한 사람을 용서하시고 회개하는 사람에게선 분노를 거두시는 하나님, 내 슬픔을 가엾게 굽어 보시고, 주님을 기쁘게 하기 위해 내게 떨어진 시련으로 내 양심을 일깨워 주옵소서. 내가 더 나은 삶을 살겠노라 결심하게 하시고, 주님의 권세와 선함을 굳게 믿게 하옵소서. 오직 주님 안에서만 기쁨을 찾게 하시고, 모든 생각과 말과 행동으로 주님을 기쁘게 해 드리기 위해 노력하게 해 주옵소서. 오 주님, 제가 쓸데없고 헛된 슬픔으로 고통의 나날을 보내지 않게 하시고, 누구의 손에서 선과 악 모두를 받았는지 생각하게 하시며, 지은 죄로 벌을 받지만 회개할 때 위안의 희망이 있다는 것을 기억하게 하옵소서. 오, 자비로우신 주님, 성령의 도움으로 제가 회개하고, 세상이 줄 수 없는 위안과 평화를 얻게 하옵소서. 남은 삶을 겸손한 자세로 즐겁게 순종하며 살게 하시고, 이 땅에서 저를 불러 믿음과 확신으로 주님께 온전히 의탁하게 하시고, 끝으로 영원한 행복과 자비를 얻게 하옵소서. 우리 주 예수 그리스도의 이름으로 기도드립니다. 아멘.

탁상 담화

마르틴 루터

우리 구주 예수 그리스도는 필요한 모든 것을 간결하면서도 탁월하게 주기도문에 집약하셨다. 괴롭고 힘들고 속상할 때가 아니면 기도가 제대로 되지 않는다. 하나님은 "환난 날에 나를 부르라"[시 50:15]고 말씀하셨다. 힘들 때가 아니면 기도는 마음에서 우러나오지 않는 뻔한 객설이기 십상이다. 그래서 "기도하는 법을 가르쳐야 한다"는 말까지 있을 정도다.

교황 제도 옹호자들은 우리가 어떤 식으로 기도해도 하나님이 모두 알아들으신다고 하지만, 성 베르나르의 생각은 달랐다. 그는 "기도하는 사람에게 먼저 들리지 않는 기도는 하나님도 듣지 않으신다"고 분명히 말했다. 교황은 양심을 괴롭히는 고문관일 뿐이다. 탐욕스런 교황의 패거리가 한데 모여 기도하는 소리는 개구리들이 개굴거리는 소리와 조금도 다르지 않아 아무런 신심도 찾아볼 수 없었다. 아무 짝에도 쓸모없는 궤변과 위선에 불과했다. 기도는 교회의 튼튼한 담장이고 성벽이다. 기도는 신실한 그리스도인의 무기다. 은총과 기도의 영을 가진 사람이 아니면 누구도 찾아낼 수 없는 무기다.

우리 주님의 기도에서[마 6:9-13] 처음 세 가지 청원은 너무 신성하고 거룩한 것이어서 인간은 감히 상상조차 하기 힘든 것이었다. 네 번째 청원에는 세속의 지배에 필요한 정치와 경제 등 이 땅에서의 삶에 필요한 모든 것이 집약되어 있다. 다섯 번째 청원은 우리를 지배하는 악한 생각, 그리고 우리의 의식을 괴롭히는 원죄와 현재의 죄를 경계한다. 지혜 자체로 지어진 기도가 아닐 수 없다. 하나님이 아니면 누구도 이것을 해 낼 수 없었다.

사랑의 하나님에 대하여

성 베르나르 드 클레르보

성령께서는 당신에게 영혼까지 하나님의 신부가 되도록 애쓰라고 촉구하신다. 따라서 예레미야 선지자가 말했듯이, "혼자 앉아서 잠잠해야"[애 3:28] 한다. 구태여 몸을 은둔하라는 뜻이 아니다. 마음과 태도, 정신과 기도를 깨끗이 하라는 뜻이다. 그리스도가 성령이시고, 그리스도가 당신에게 원하는 것이 영적인 외로움이기 때문이다. 그렇다고 몸의 은둔이 불필요하다는 뜻이 아니다. 몸의 은둔도 필요할 때가 있다. 특히 기도할 때가 그렇다.

이 점에서 당신에게 주어진 그리스도의 계명은 분명하다. "너는 기도할 때에 네 골방에 들어가 문을 닫고 기도하라"[마 6:6]. 그리스도께서도 설교할 것을 미리 연습하셨다. 기도하며 밤을 하얗게 새우기도 하셨다. 군중에게는 몸을 감추고 가까운 친구들만 옆에 오게 하셨다. 스스로 택하신 죽음이 임박한 최후의 순간에 그리스도께서는 세 제자를 데려가셨지만, 기도할 때는 그들마저도 멀리 떼어 놓으셨다. 당신도 기도할 때 그렇게 해야 한다.

기도를 위해서는 최적의 장소만이 아니라 최적의 시간을 신중히 선택해야 한다. 한가한 때가 가장 적절하고 합당한 때다. 특히, 조용한 밤이면 더욱 좋다. 밤이면 기도가 더 솔직해지고 순수해지기 때문이다. 하나님과, 하늘의 제단에서 하나님을 받아들인 거룩한 천사를 제외하고 누구도 알지 못하는 곳까지 밤의 기도는 담대하게 올라갈 수 있지 않은가!

겸손한 기도는 얼마나 맑고 그분 보시기에 만족스럽겠으며, 기도를 방해하는 소음도 없어 얼마나 평화롭고 평온한지!

성도의 영원한 안식

리처드 백스터

묵상을 위한 최적의 장소가 어디일까? 힘들게 찾을 것 없이 '홀로 머물 수 있는 곳'이면 충분하다. 우리 영혼은 온갖 도움이 필요하므로 모든 방해에서 벗어날 수 있어야 한다. 그리스도께서 우리가 기도할 때 "네 골방에 들어가 문을 닫고 은밀한 중에 계신 네 아버지께 기도하라. 은밀한 중에 보시는 네 아버지께서 갚으시리라"고 말씀하셨듯이, 묵상을 할 때도 똑같이 해야 한다. 그리스도께서도 얼마나 자주 산이나 광야 등 외딴 곳을 홀로 찾으셨던가! 이따금씩 하는 묵상을 위한 조언이 아니다. 규칙적이고 진지한 묵상을 위한 조언이다. 따라서 모든 세상사에서 벗어나라. 심지어 신심이 깊은 사람들의 모임에서도 멀어지라. 그래야 주님과의 교제를 잠시라도 누릴 수 있다. 창의력과 기억력을 키워야 하는 학생이 시장에서 공부할 수 없다면, 마찬가지로 자연을 초월하는 대상에 혼신을 다해 집중해야 하는 우리도 사람들 틈에서 묵상할 수는 없는 노릇이다. 우리는 혼자만의 시간을 자주 갖지 못한 탓에 묵상을 위한 시간마저 거의 잃어버리고 말았다. 하나님이 홀로, 혹은 천사들을 데리고 군중 틈에 섞인 선지자나 성인에게 나타나셨다는 이야기는 읽은 적이 없다. 그들이 홀로 있을 때 하나님은 그들에게 나타나셨다.

하나님의 임재를 경험하는 연습

로렌스 형제

감사하게도 하나님이 우리에게 약간의 시간을 주셨으니, 이제부터라도 진지하게 시작해 봅시다. 잃어버린 시간을 되찾고, 언제라도 사랑의 팔로 우리를 보듬어 주시는 자비로운 아버지께 진심으로 돌아갑시다. 하나님의 사랑을 위해 하나님의 것이 아닌 것은 모두 한마음으로 포기합시다. 그 이상을 드려도 하나님의 은혜에 보답하려면 턱없이 부족합니다. 하나님을 끊임없이 생각하고, 하나님만을 굳게 믿고 또 믿읍시다. 그렇게 한다면 우리는 하나님의 은혜를 넘치도록 받을 거라 믿어 의심치 않습니다. 하나님의 은혜가 있다면 우리는 어떤 일이든 할 수 있을 테지만, 하나님의 은혜가 없다면 죄를 짓는 잘못 외에 어떤 일도 할 수 없을 것입니다.

하나님의 끊임없는 도움이 없다면 우리는 이 세상에 창궐하는 위험에서 벗어날 수 없습니다. 그러므로 하나님께 도움을 달라고 계속 기도합시다. 하나님과 함께하지 않으면서 어떻게 하나님께 기도할 수 있겠습니까? 하나님을 생각지 않으면서 어떻게 하나님과 함께 있을 수 있겠습니까? 경건한 생각을 습관 들이지 않는다면 우리 생각에서 어떻게 하나님을 만날 수 있겠습니까? 물론 내가 똑같은 말을 지겹게 되풀이한다고 투덜거릴 사람도 있을 것입니다. 맞는 말입니다. 하지만 이것은 내가 알고 있는 가장 확실하면서도 쉬운 방법입니다. 저는 다른 방법을 사용하지 않습니다. 그리고 누구에게나 똑같이 말합니다. 먼저 알아야 사랑할 수 있게 마련입니다. 하나님을 알기 위해서는 하나님을 생각해야만 합니다. 우리가 하나님을 사랑하게 될 때 또한 하나님을 자주 생각하게 될 것입니다. 우리 마음이 우리의 보물과 함께 있을 것이기 때문이지요!

존슨 박사의 기도

새뮤얼 존슨

온 인류를 창조하고 지켜 주시는 하나님, 모든 자비의 아버지이신 하나님, 주님의 하찮은 종인 제게 베풀어 주신 사랑과 친절에 보잘것없는 감사를 드립니다. 저를 창조하고 지켜 주시며, 죄에서 구원해 주셔서 감사드립니다. 당신의 아들 예수 그리스도를 알게 해 주시고, 은총을 받는 방법과 영광의 희망을 안겨 주신 것에도 감사드립니다. 어린 시절과 청년 시절, 무지하고 허약하던 저를 위험에서 지켜 주셨습니다. 몸과 마음의 갈등, 생활의 갈등에서 주님은 제 편에 서셨고, 허영과 사악한 생각에 물든 제게 인정을 베풀어 주셨습니다. 오, 자비로운 주님, 제가 주님의 자비를 분명히 깨닫게 해 주옵소서. 회개하는 마음을 심어 주셔서 죄를 진정으로 참회하고, 사악함을 인정하며, 예수 그리스도께 기쁨을 드림으로 용서받게 하옵소서. 오 주님, 나태와 허영과 부도덕으로 헛되이 보낸 시간을 주님의 은총으로 되찾게 하시고, 주님이 주신 재능을 발휘해 주님 이름에 영광을 더하게 하옵소서. 주님을 믿고 두려워하며 사랑하는 마음으로 새로운 삶을 살게 하시고, 끝내는 영생을 얻게 하옵소서. 전능하신 주님, 우리의 거룩하고 축복받은 구주 예수 그리스도를 통해 이 모든 것을 허락하소서. 당신과 성령, 삼위일체 하나님께 모든 영광과 영예와 영원한 세계가 있사옵나이다. 아멘.

완전의 계단

월터 힐턴

성육신하신 그리스도의 온유함을 간절한 마음으로 끊임없이 지켜볼 때 우리는 그리스도의 선함과 신성을 느낄 수 있습니다. 우리의 소망이 새로운 모습을 취하고 세속적인 욕망과 생각에서 해방될 때에야 그럴 수 있습니다. 따라서 성령의 힘으로 우리 마음이 영적인 이해력을 더하여 주님 안에서 기쁨을 누릴 때, 또 끊임없는 기도로 주님과 함께하는 기쁨을 유지할 때, 우리는 세속의 것에 관심을 버리고 걱정도 덜게 됩니다.

이런 정신으로 기도해야 올바른 기도입니다. 우리 마음을 하나님께 드리겠다는 소망, 결국 세속적인 생각에서 멀어지겠다는 소망이 없다면 그런 기도는 헛될 뿐입니다. 따라서 기도는 불에 비유됩니다. 불은 땅을 떠나 위로 올라가려 합니다. 하나님 자신인 성령의 불로 태워진 기도의 욕구도 근원지인 하나님을 향해 이처럼 끝없이 올라가야 합니다.

많은 사람이 '사랑의 불'에 대해 말하지만 그것이 무엇인지 올바로 이해하지 못하는 듯합니다. 저도 정확히 말할 수는 없지만, 사랑의 불이 몸도 아니고 물리적으로 경험되는 것도 아닌 것만은 분명합니다. 영혼은 기도를 통해, 하나님을 향한 헌신을 통해 사랑의 불을 느낄 수 있습니다. 물론 영혼은 몸 안에 있습니다. 그러나 몸이 사랑의 불을 물리적 감각으로 느끼지는 않습니다. 사랑의 불이 영혼에서 활활 타올라 몸이 열기를 느낄 수 있겠지만, 사랑의 불은 본래 물리적으로 느낄 수 있는 것이 아닙니다. 그것은 성령을 갈구하는 영혼에만 존재합니다.

가지, 뿌리, 꽃

코번트리 팻모어

상상력은 믿음의 삶에서 강력한 역할, 어쩌면 가장 실질적이며 필요한 역할을 한다. "우리는 소망으로 구원받았다"고 하지만, 우리가 이해할 수 없고 이해하지 못하는 것을 소망할 수는 없다. 성경에는 "그가 네 마음의 소원을 네게 이루어 주시리로다"[시 37:4], "너희 마음(즉 소망)은 영원히 살지어다"[시 22:26]라고 쓰여 있다. 상상력으로 행복의 구체적인 모습을 명확히 예측할 수는 없지만, 모든 행복은 생각의 수준을 뛰어넘어 우리가 머릿속에 그리는 것보다 훨씬 완벽한 형태로 나타날 것이다. 적어도 믿는 사람들에게 좋은 일은 '그들이 소망하고 상상하는 수준을 초월하여 전개된다.' 아무리 좋은 것이라도 실재하지 않는 것을 소망할 수는 없다. 우리가 영생을 얻는다면 영생의 일부로 이미 정해진 것은 소망할 수 없다. 따라서 우리가 상상하는 행복은 표본인 동시에 약속이다.

묵상하는 삶에서 가장 소중한 시간은 신성한 수확을 거두기 위해 준비하는 시간이다. 씨앗이자 약속인 이런 초기의 영감에서, 진정한 묵상가는 일반인이 평생 동안 거둬들이는 것보다 훨씬 많은 것을 30분 만에 마음과 머리로 받아들인다. 수확은 뿌린 씨의 양에 비례하는 법이다. 따라서 우리가 대담하게 많은 것을 요구할수록 우리의 기도는 하나님을 더 기쁘게 해 드린다. 하나님의 기쁨은 우리에게 주시는 데 있기 때문이다. 하지만 우리에게 담을 그릇이 없으면 하나님은 주실 수 없다. 소망

이 그릇이다. 그렇다고 인간적이고 자연적이지 못한 소망까지 채우려고
힘을 낭비하거나 생각을 쥐어짜서는 안 된다. 하늘나라는 자연적이고
인간적인 것으로만 채워져 있기 때문이다. 또한 하나님은 애써 약속하
시는 것이 아니라 우리의 생각과 노력을 말없이 받아들이며 약속하시기
때문이다.

도덕과 역사 연구

프랜시스 베이컨

"고독을 즐기는 사람은 들짐승이거나 신이다"라는 말보다 더 많은 진실과 거짓을 한마디에 표현하기란 어렵다. 사회를 향한 자연스럽고 비밀스런 증오와 혐오가 야수적인 면을 띤다는 것은 부인할 수 없는 사실이다. 하지만 그런 증오와 혐오가 신성한 성품의 특징이어야 한다면 새빨간 거짓이기 때문이다. 신성한 성품은, 고독에서 얻는 즐거움이 아니라 고상한 대화를 위해 이기적인 욕심을 버린 사랑과 소망에서 비롯된다. 그 성품은 일부 이방인들에게서 거짓된 모습으로……옛 교회의 은둔자들과 지순한 교부들에게서 진정한 모습으로 찾아볼 수 있다. 그러나 고독이 무엇이고, 그 의미가 어디까지 확장되는지 정확히 아는 사람은 극히 드물다. 군중은 뜻을 함께하는 동료가 아니다. 얼굴들은 미술관에 걸려 있는 그림과 다를 바 없다. 대화는 반복해서 울리는 심벌즈 소리에 불과하다. 어디에도 사랑은 없다……. 진정한 친구를 갈구하는 것은 순수하고도 비참한 고독이다. 친구 없는 세상은 황무지에 불과하다. 심지어 이런 의미의 고독에서 볼 때도, 우정을 맺기에 본성과 감정이 적합하지 않은 사람은 야수적 심성에서 고독을 즐기지, 인간다운 면에서 고독을 택하지 않는다.

하나님의 임재를 경험하는 연습

로렌스 형제

제가 가장 흔히 사용하는 방법은 하나님께만 집중하고 열정적으로 몰입하는 것입니다. 그러면 엄마 품에 안긴 어린아이보다 더 큰 포근함과 기쁨을 느낍니다. 따라서 어떤 표현이라도 쓰도록 허락된다면, 이런 상태를 하나님의 품이라 칭하고 싶습니다. 거기서 맛보고 느끼는 포근함은 이루 형언할 수 없기 때문입니다. 간혹 부득이한 이유로 혹은 유혹에 넘어가서 내 생각이 하나님 품에서 떠나면, 곧바로 내면의 감정이 다시 나를 그 품으로 불러들입니다. 말로는 표현할 수 없을 만큼 즐겁고 유쾌한 감정입니다.

저처럼 은혜도 모르는 무가치한 사람에게 하나님이 베풀어 주신 커다란 은혜보다는, 여러분도 잘 알고 있는 내 비참한 신세에 대해 곰곰이 생각해 보기 바랍니다.

제가 정해 놓은 기도 시간은 똑같은 훈련의 연장선일 뿐입니다. 때때로 저는 저 자신을 석공의 손에 들린 돌덩이라고 생각합니다. 그래서 하나님 앞에 설 때마다 저를 하나님과 똑같은 모습으로 만들어 주시고 제 영혼에 하나님의 완벽한 형상을 새겨 달라고 간구합니다.

기도에 전념할 때, 간혹 저는 온 영혼과 마음이 어떤 어려움이나 수고 없이 하늘로 올라가는 듯한 기분을 느낍니다. 이처럼 고조된 기분이 한동안 지속되며 하나님의 중심과 그분의 안식처에 굳게 자리 잡은 듯한 기분을 느낍니다.

물론 이런 상태를 소극적 양상, 착각, 자기애라고 비난하는 사람이 있습니다. 그러나 솔직히 말해서 이런 상태는 고결한 소극성입니다. 이런 상태에서 영혼이 자기애에 빠지면 그것은 행복한 자기애가 됩니다. 영혼이 이처럼 평온한 상태에 있을 때는, 과거에는 익숙했던 까닭에 영혼의 버팀목 역할을 했지만 이제는 영혼을 돕기는커녕 해치기 십상인 자기애와 같은 행동으로 방해받지 않습니다.

저는 이런 상태를 착각이라고 하는 데 조금도 동의할 수 없습니다. 하나님을 즐겁게 경험하는 영혼은 하나님 외에 다른 것은 바라지 않기 때문입니다. 설령 이런 상태가 착각이더라도 하나님이 치유해 주실 것입니다. 하나님, 당신 뜻대로 저를 쓰십시오. 저는 오직 주님을 원하고, 주님께 온전히 헌신하기를 바랍니다. 하지만 제게 당신의 뜻을 알려 주십시오. 주님 뜻에 순종하겠나이다. 온몸으로 주님을 경외하며, 저의 존귀하신 아버지, 우리 주님 안에 당신의 것이 거하기 때문입니다.

선집

리처드 롤

묵상가는 혼자 있기를 좋아한다. 그래야 누구에게도 방해받지 않고 간절히, 원하는 대로 수련할 수 있기 때문이다. 따라서 묵상하는 삶이 분주한 삶보다 가치 있고 칭찬할 만하다고 하는 것이다. 오직 하나님과 함께하는 삶을 사랑하면서, 또 묵상 자체가 즐겁기 때문에, 묵상가는 사랑하는 데 주저하지 않는다.

진정한 묵상가는 보이지 않는 빛을 간절히 지향하기 때문에 주변 사람들에게 어리석다거나 정신 나간 사람이라는 오해를 자주 받는다. 그의 마음이 하나님을 향한 사랑으로 뜨겁게 타올라 태도가 눈에 띄게 변하고, 육신까지 세속의 일에서 벗어나 그를 정신 나간 사람처럼 보이게 하기 때문이다.

독실한 사람이 묵상하는 삶에 열중하며 끝없는 사랑으로 채워지면, 세속의 겉치레를 경멸하고 오직 예수 안에서만 즐거움을 찾으며 자유로워지기를 바란다. 그러나 하늘나라가 아닌 이 땅을 사랑하고 즐기려는 사람들에게 손가락질을 받기 때문에, 그는 세상적 고통으로 상처 받지 않고 천사들과 즐거움을 누릴 수 있게 되기를 뜨겁게 바란다. 우리를 이 낮은 곳에서 올려 하나님께 가까이 다가가게 하는 묵상의 은혜보다 경이롭고 유익한 것은 없다.

묵상의 은혜가 즐거움의 시작이 아니라면 무엇이겠는가? 그 완전한 즐거움이 확인된 은혜가 아니라면 무엇이겠는가? 즐거운 행복과 행복한 즐거움, 끝없이 샘솟는 은총과 영광을 얻고자 한다면, 성자들과 함께 살고 천사들과 함께 지내야 하지 않겠는가?

하나님을 진실로 알고, 하나님을 완벽하게 사랑하는 것이 무엇보다 중요하다. 존엄으로 빛나는 하나님을 보고, 기쁨에 넘쳐 노래와 선율로 하나님을 끝없이 찬양하는 것이 무엇보다 중요하다. 즐거운 마음과 감사의 행위로 하나님을 경배할 때 영원히 영원히 복이 있을지라. 아멘.

하나님을 섬기는 사람

프리드리히 폰 휘겔 남작

종교적 감각은 엄청난 영향력을 행사한다. 그것은 타자他者, 영원불멸함, 선행, 하잘것없는 인간 세계를 계속 유지시키는 인간의 진선미 그 이상에 대한 깊고 섬세하며 집요한 감각과 비슷한 듯하다. 이처럼 엄밀히 보는 단계에서도 종교적 감각의 영향력은 앞서 말한 대로다. 위대한 예술가, 뛰어난 철학자나 과학자, 훌륭한 도덕군자라도 그리거나 조각하거나 작곡하고, 발견하거나 이해하고, 또 경험하려 애쓰는 것이 그저 인간적인 수준을 벗어나지 못하고 그보다 깊은 의미나 온전한 진실에는 다가설 수 없다는 사실을 고백하지 않을 수 없을 것이다.

우리는 성실하고 양심적이어야 한다. 왜 그럴까? 성실과 양심이 우리를 만물의 실체, 특히 하나님의 실체에 한 걸음 더 가까이 다가가게 해 주기 때문이다.

종교에서 가장 중요한 핵심적 행위는 '경배'이다. 즉, 하나님을 느끼는 것이다. 비슷하지만 남다름을, 분리되거나 동떨어진 것은 아니지만 유한한 존재들과 구별되는 그분을 느끼는 것이다. 내가 한 송이 데이지조차 제대로 모르는데 하물며 하나님을 어떻게 완전히 알 수 있겠는가? 한 공의회에서 하나님을 이해할 수 있는 대상이라 주장하는 사람을 파문하기로 결정한 적이 있다. 그러나 우리는 하나님을 온몸으로 느끼며 알 수 있다. 한낱 장미조차 하나님을 느끼는데 우리가 어찌 하나님을 느낄 수 없겠는가? 황송하게도 하나님은 우리에게 자신을 드러내시기 때문이다. 하나님은 대체로 두 가지 방법으로 그렇게 하신다. 애매하지만 강력하게. 삶과 우리의 지식 속에서 다양한 원리와 요건들로 나타나신다. 또 명확하고 구체적으로 나타나신다. 역사적 사건들, 위대한 천재와 계시자, 곧 선지자와 특별히 예수 그리스도를 통하여.

그리스도 안에서의 창조

조지 맥도널드

"하지만 당신이 말한 대로 하나님이 그렇게 선한 분이라면, 우리에게 필요한 것을 하나님도 모두 알고 우리보다 더 잘 아신다면 하나님께 뭔가를 달라고 간구할 필요조차 없는 게 아니겠소?"

저는 반문했습니다. 하나님이 보시기에 우리에게 가장 필요한 것이 기도라면 어쩌겠소? 하나님 생각에 기도의 주된 목적이 우리에게 막중하게 끝없이 필요한 것, 곧 그분 자신을 주는 거라면 어쩌겠소? 또 보다 사소한 것을 필요로 하는 우리의 욕구가 이 부분에서 의미를 지녀 그 작은 욕구들을 통해 하나님께 조금씩 다가가게 되는 거라면 어쩌겠소?

어린아이는 배가 고프면 집으로 달려갑니다. 집에 도착하자마자 밥을 먹게 될지는 확실하지 않지만, 그 아이에게 정작 필요한 것은 밥보다 엄마입니다. 하나님과의 영적 교류는 우리에게 다른 모든 욕구를 넘어서는 욕구입니다. 기도는 이런 영적 교류를 위한 출발점이고, 욕구는 이런 기도의 동기가 됩니다. 우리의 욕구는 우리가 끝없이 원하는 대상인 하나님과의 교제를 시작하기 위한 것입니다.

원하는 것이 채워진 후 곧바로 감사하는 마음과 사랑이 뒤따르거나 우리가 구세주 하나님을 마음에서 우러나 생각한다면, 우리가 원하는 것을 구태여 간구할 필요가 없을 수도 있습니다. 그러나 우리 욕구가 채워지는 것을 당연하게 생각하고, 하나님을 사랑하는 마음과 의지가 아니라 이 땅이나 우리의 사상으로 욕구가 채워지는 것이라 생각한다면,

이제부터라도 생각을 달리해야 합니다. 우리가 진정으로 원하는 것을 조금이라도 느끼도록 변하고, 우리 욕구를 채워 주는 유일한 분이신 하나님을 구하며, 하나님의 모든 선물을 그분의 진심을 향해 있는 창문이라 생각할 수 있어야 합니다.

하나님과의 영적인 교류, 하나님과의 대화, 하나님과의 은밀한 만남은 기도에서 시작합니다. 여기에 기도의 유일한 목적이 있습니다. 그래서 온갖 형태의 기도가 있는 것입니다. 우리는 받을 수 있기를 간구해야 합니다. 그러나 우리의 하찮고 하찮은 욕구를 감안할 때, 우리가 원하는 것을 받는 것이 하나님께서 우리를 기도하게 만드는 목적이 아닙니다. 우리가 간구하지 않아도 하나님은 우리에게 필요한 모든 것을 주실 수 있기 때문입니다. 하나님은 우리를 그분의 품으로 끌어들이기 위해, 우리에게 기도로 간구하게 하시는 것입니다.

성도의 영원한 안식

리처드 백스터

묵상이라는 의무, 즉 영적인 것을 생각하고 명상하는 법을 좀더 구체적으로 설명하는 것도 나쁘지 않을 듯하다. 우리 모두가 묵상을 의무라고 고백해야 하지만, 대부분 묵상을 멀리하는 것이 현실이다. 많은 사람이 다른 의무는 반드시 행하면서도 묵상의 의무는 등한시한다. 설교나 금식, 사람들 앞에서나 혼자서 하는 기도를 빼먹으면 대부분 걱정한다. 하지만 지금까지 평생 한 번도 묵상하지 않았다는 사실에는 별로 개의치 않는다. 다른 의무들을 반드시 행해야 하듯이 묵상도 그런 의무이고, 영혼이 진리를 소화해 양식과 위안으로 삼기 위해서도 묵상은 의무적으로 행해야 한다. 하나님은 여호수아에게 "이 율법책을 네 입에서 떠나지 말게 하며 주야로 그것을 묵상하여 그 안에 기록된 대로 다 지켜 행하라"[수 1:8]고 명령하셨다. 묵상은 우리가 배워 기억하는 진리를 따뜻한 사랑과 단호한 결심, 고결한 친교로 바꿔 준다.

이러한 묵상을 할 때는 영혼의 모든 힘을 활용하게 된다. 묵상은 살아 있는 사람의 일이지, 죽은 사람의 일이 아니다. 묵상은 가장 영적이고 숭고한 일이므로, 육욕적이고 세속적인 마음으로는 온전히 행할 수 없다. 인간이 하늘과 어떤 관계를 맺지 않고서 하늘과 친밀한 교제를 나눌 수는 결코 없다.

믿음

WHAT THE BIRD SAID
EARLY IN THE YEAR

I heard in Addison's Walk a bird sing clear:
This year the summer will come true. This year. This year.

Winds will not strip the blossom from the apple trees
This year nor want of rain destroy the peas.

This year time's nature will no more defeat you,
Nor all the promised moments in their passing cheat you.

This time they will not lead you round and back
To Autumn, one year older by the well-worn track.

This year, this year, as all these flowers foretell,
We shall escape the circle and undo the spell.

Often deceived yet open once again your heart,
Quick, quick, quick, quick! - the gates are drawn apart.

C. S. LEWIS

탁상 담화

마르틴 루터

하나님만이 말씀을 통해 마음을 가르치신다. 그래서 우리 마음이 얼마나 타락했고 사악하며 하나님께 악의적인지 알게 된다. 하나님은 우리에게 하나님이 누구이고, 어떻게 우리가 죄에서 자유로워질 수 있으며, 이 불행하고 덧없는 세상을 살고 나면 어떻게 영원한 생명을 얻을 수 있는지 가르쳐 주신다.

인간의 이성이 지혜롭다고 하지만, 이 세상에서 정직하고 남부끄럽지 않게 사는 법, 집을 짓고 가족을 부양하는 법 등 철학 책과 이교도의 책에서 배울 수 있는 것을 우리에게 가르칠 뿐이다. 그러나 하나님과 하나님의 존귀한 아들 예수 그리스도를 알기 위해, 또 구원받기 위해 무엇을 어떻게 배워야 하는지는 성령만이 하나님의 말씀을 통해 가르칠 수 있다. 철학은 신과 관련한 문제를 전혀 이해하지 못하기 때문이다. 그렇다고 철학을 가르치거나 배울 필요가 없다는 뜻은 아니다. 이런 이유에서 나는 철학이 이성과 절도節度를 넘어서지 않아야 한다고 믿는다.

하나님이 말씀하신 대로 철학은 분수를 지켜야 하며, 우리는 철학을 희극의 한 주인공쯤으로 여겨야 한다. 철학을 신성과 혼동하는 짓은 용납될 수 없다. 믿음을 우연한 사건, 우발적인 사건쯤으로 여기는 것도 인정할 수 없다. 그런 생각은 학교나 세속적인 단체에서 하는 철학적 해석에 불과하기 때문이다. 즉 인간의 감각과 이성으로 이해할 수 있는 수준을 넘어서지 못한 해석이다. 그러나 믿음은 마음속에서 독립적으로

존재하며 의미를 지닌다. 또한 하나님이 주신 것으로, 보고 만지고 느낄
수 있는 물질적인 것이 아니다.

신국론

성 아우구스티누스

순수한 마음에만 보이는 것은 불순한 마음에는 보이지 않는다. 마음이 불순한 사람은 배척당하고 쫓겨난다. "마음이 청결한 자는 복이 있나니 그들이 하나님을 볼 것"[마 5:8]이기 때문이다. 성경이 복 받은 사람들과 복 받은 이유를 열거하면서, 그들이 어떤 일을 하고 어떤 보상을 받았는지 얼마나 자주 말하고 있는가! 하지만 마태복음을 제외하면 "그들이 하나님을 볼 것"이라고 어디에도 언급하지 않았다. "심령이 가난한 자는 복이 있나니 천국이 그들의 것임이요", "온유한 자는 복이 있나니 그들이 땅을 기업으로 받을 것임이요", "애통하는 자는 복이 있나니 그들이 위로를 받을 것임이요"[마 5:3-5]라고는 말하지만 "그들이 하나님을 볼 것"이라고는 말하지 않았다. 우리가 깨끗한 마음을 갖게 될 때 하나님을 볼 것이라는 약속이 이루어진다. 합당한 이유가 없지 않다. 하나님을 보는 눈이 마음에 있기 때문이다. 사도 바울은 이 눈에 대해 말하며 "너희 마음의 눈을 밝히라"[엡 1:18]고 덧붙였다. 처음에 마음의 눈은 그것이 지닌 결점에 적합한 수준만큼 믿음으로 밝아진다. 그 후 그것의 강점에 적합한 정도로 시력으로 밝아질 것이다. "이는 우리가 믿음으로 행하고, 보는 것으로 행하지 아니함이로라"[고후 5:7]. 이제 우리가 믿음을 갖는다면 어떻게 될까? "우리가 지금은 거울로 보는 것같이 희미하나 그때에는 얼굴과 얼굴을 대하여 볼 것이다"[고전 13:12].

믿음의 반석

아서 제임스 밸푸어

누구에게나 마음에 드는 의견을 받아들일 '권리'가 있다. 이 권리를 행사하기 전에, 어떤 의견을 지지하는 이유를 엄밀히 조사하고 제시된 증거와 그 이유가 정확히 일치한다고 얼만큼 확신할 수 있는지 비판적으로 점검해야 할 '의무'가 있다. 따라서 믿음에 대한 합리적인 이유들 사이에 권위는 끼어들 여지가 없다. 권위가 여기에 끼어든다면 조심스레 추적하여 가차 없이 몰아내야 할 훼방꾼이다. 우리는 이성, 오직 이성적 판단에 따라 확신해야 한다. 합리적이라 자처하는 사람이라면 내면의 조언에만 따라야 할 것이다.

이런 식의 논리는 정치·사회 철학에서 흔히 볼 수 있다. 하지만 과학적 관점에서 접근할 때, 이런 식의 논리는 틀렸을 뿐 아니라 불합리한 듯하다. 모든 구성원이 지금까지 받은 교육에서 비롯된 편견을 털어 내려고 애쓰는 공동체가 있다고 가정해 보자. 여기서 모든 구성원은 당연히 순종해 온 도덕적 계율과 실정법의 근거를 비판적으로 점검하는 것을 의무라 생각한다. 그들의 사회적 삶을 가능케 하는 모든 성실한 행위와 세세한 규범들을 분석하고, 각각의 사례에서 그런 절차의 결과가 얼마나 정당화될 수 있는지 면밀하게 따지는 것도 의무라 여긴다. 공동체가 이런 노력 끝에 얻은 결론에 따라 행동한다면 생존 투쟁에서 승리할 가능성이 무척 낮을 것이다. 사실 그런 공동체는 존재조차 못할 가능성이 크다. 기적적으로 그런 공동체가 형성되더라도 십중팔구 곧바로 구성원 하나하나로 분열될 것이다.

탁상 담화

마르틴 루터

세상에서 행해지는 모든 것은 소망에서 비롯한 것이다. 옥수수 낟알을 뿌리면서 그 낟알이 무럭무럭 자라 큼직한 옥수수로 자라기를 소망하지 않는 농부는 어디에도 없을 것이다. 여자와 결혼하면서 자식이 생기지 않기를 바라는 남자도 없을 것이고, 열심히 일하면서 수익이 생기지 않기를 바라는 장사꾼도 없을 것이다. 이럴진대 우리는 영원한 생명과 구원을 얼마나 소망해야겠는가?

믿음의 바탕은 우리 의지이다. 신에게 의지하려는 본능으로 하나님을 붙잡는 것이 믿음의 방식이고, 마음을 깨끗이 하고 하나님의 자녀가 되어 죄를 용서받는 것이 믿음의 궁극적 목적이자 열매이다.

그리스도인이라면 하나님의 말씀으로 무장하고, 하나님의 말씀에 모든 근거를 두어야 한다. 그래야 다른 교리를 받아들이라는 권유를 받을 때 기독교를 옹호하고 지킬 수 있으며 악마와 싸울 수 있다.

하나님 앞에서 우리를 정당화하는 필수 조건은, 아버지의 모든 재산을 상속받는 자격으로 태어난 아들, 광야에서 불쑥 찾아온 것이 아니라 지극히 정상적인 과정을 밟아 우리를 찾아온 아들과 함께하는 것이다. 그러나 아버지는 아들에게 무엇을 하라고 일일이 권고하면서도, 아들을 한층 의지 있게 만들려고 선물을 약속한다. 그래서 "착한 사람이 되려거든 순종하고 부지런히 공부해라. 그러면 멋진 외투를 사 주마. 나에게 오렴. 그럼 사과 하나를 주마" 하는 식으로 아들에게 말한다. 이런 식으로 근면을 가르친다. 물론 모든 재산은 아들에게 상속되지만, 아버지는 약속으로 아들을 유순하게 키우면서도 해야 할 일은 반드시 한다는 의지를 키워 준다.

바로 이처럼 하나님은 우리를 대하신다. 다정하고 정겨운 말로 우리에게 사랑을 쏟으며 영적이고 물질적인 축복을 약속하신다. 장점, 업적, 자격은 보시지 않고 은혜와 자비를 통하여 그리스도를 믿는 사람에게 영생을 거저 주시면서도 말이다.

선택된 자들의 믿음, 그 확실성과 영속성

리처드 후커

믿음으로 어머니의 자녀에서 하나님의 자녀가 된 이에게 영원한 축복이 있으리라. 땅이 요동치고, 세상의 기둥들도 우리 발밑에서 흔들리며, 하늘의 안색은 창백하게 변하고, 태양이 빛을 잃고, 달이 아름다운 자태를 잃으며, 별도 빛을 잃을 수 있다. 하지만 활활 타오르는 불길은 하나님을 믿는 사람의 머리카락 하나도 그슬리지 못하고, 천성적으로 탐욕스럽고 굶주림에 시달린 야수도 독실한 신자의 살을 숭배한다면, 세상 무엇이 그의 마음을 바꿔 놓고 믿음을 포기시키며 하나님을 향한 사랑과 그를 향한 하나님의 사랑을 바꾸겠는가? 내가 이런 믿음의 사람이라면 누가 나와 하나님을 갈라놓을 수 있겠는가? "환난이나 곤고나 박해나 기근이나 적신赤身이나 위험이나 칼이랴"[롬 8:35]. 아니다. 이것들 모두는 물론이고 "사망이나 생명이나 천사들이나 권세자들이나 현재 일이나 장래 일이나 능력이나 높음이나 깊음이나 다른 어떤 피조물이라도 우리를 우리 주 그리스도 예수 안에 있는 하나님의 사랑에서 끊을 수 없으리라"[롬 8:38-39] 확신한다.

"나는 내가 믿는 분을 잘 알고 있다"[딤후 1:12, 표준]. 나는 누가 나를 위해 소중한 피를 흘렸는지 모르지 않는다. 나에게는 온유와 배려와 힘으로 넘치는 목자가 있다. 나는 그 목자에게 모든 것을 맡긴다. 그분의 손가락이 내 가슴 판에 "사탄이 밀처럼 체질하려고 너희를 요구하였다. 그러나 나는 네 믿음이 꺾이지 않도록 너를 위하여 기도하였다"[눅

22:31-32, 표준]라고 써 놓았다. 따라서 나는 그 소망을 죽을 때까지 지키며 보석처럼 간직할 것이다. 노력하고 애쓰면서, 은혜로운 기도를 통해 그 소망을 지킬 것이다.

하나님을 섬기며

시몬 베유

약자가 강자에게 공감하는 것은 당연하다. 약자는 강자의 입장이 되어 상상의 힘을 얻기 때문이다. 반면 강자가 약자에게 공감한다는 가설은 성립되지 않는다.

따라서 약자가 강자에게 갖는 공감이 순수하려면 그 공감이 너그러운 강자에게 받는 것이어야 한다. 이런 공감은 감사하는 마음이며 초자연적인 성격을 띤다. 달리 말하면, 초자연적인 동정을 받은 사람이 되었다는 즐거움을 뜻한다. 초자연적인 동정은 자존심에 조금의 상처도 주지 않는다. 고통을 받으면서도 자존심을 지켰다는 것 자체가 초자연적인 현상이다. 순수한 동정처럼 순수하게 감사하는 마음은 고통을 수용하는 데서 시작된다. 상처 받은 사람과 그에게 은혜를 베푼 사람은 운명적으로 현격하게 다른 위치에 있지만, 고통의 수용을 통해 하나가 된다. 피타고라스 학파[1]의 관점에서 보면, 그 둘 사이에는 우정이 성립되고 논리적으로 설명되지 않는 조화와 평등이 있다.

둘 다 한쪽이 다른 쪽을 다스릴 수 있는 힘을 갖더라도 다스리지 않는 편이 더 낫다는 것을 동시에 인식한다. 이런 생각이 온 영혼을 채우고 우리 행동의 근원인 상상력을 지배하면 진정한 믿음으로 발전할 수 있다. 왜냐하면 이런 생각은 선을 모든 힘의 근원이 있는 이 세상의 밖에 두기 때문이다. 즉 인격의 중심에 존재하며 포기의 원리이기도 한 비밀의 원형으로 선을 인식한다는 뜻이다.

예술과 과학에서도 이류로 평가되는 업적은 잘한 것이든 못한 것이든 자아의 확장인 반면, 진정한 창조라 할 수 있는 뛰어난 업적은 자아 상실을 뜻한다. 우리는 이런 진리를 제대로 이해하지 못한 채 살아간다. 명성이 뛰어난 업적과 혼돈되며 그 업적에 덮여 버리기 때문이다.

이웃 사랑은 창조적 관심으로 이루어지기 때문에 천재적 업적과 유사하다.

1) 기원전 5세기부터 기원전 4세기까지, 피타고라스와 그의 철학을 계승하여 활동했던 학파. 영혼 불멸과 윤리를 믿었고 수數를 만물의 기원으로 보았다.

진실의 종

J. B. 필립스

바울의 짧은 편지들을 번역하기 시작했을 때 그의 믿음에 대한 지나친 확신에 자극을 받기도 했지만 짜증이 나기도 했다. 바울이 실제로 이루어 내고 고통받은 일들을 새롭게 깨닫고 나서야 나는 하나님의 말씀을 단순히 받아쓴 사람이 아니라 순전히 하나님의 영감으로 편지를 쓴 사람을 만나고 있다는 사실을 깨달았다. 결혼에 대해 별로 탐탁지 않게 말하고 여자는 평생 순종하며 살아야 한다고 주장하며 바리새인처럼 생각하는 사울과, "유대인이나 헬라인이나 종이나 자유인이나 남자나 여자나 다 그리스도 안에서 하나"[갈 3:28]라고 쓰라고 바울에게 영감을 주는 하나님의 성령이 갈등을 일으키는 모습이 가끔 눈에 띈다.

그때도 그랬지만 지금도 바울을 비방하는 사람이 적지 않다. 바울이 "내 자랑 같아 말하고 싶지는 않지만……"이라고 하면서 결국에는 자기 자랑을 늘어놓는 사람과 비슷하다고 말하는 사람도 있다. 이런 해석의 잘잘못을 따지기 전에 그가 '자랑한' 목록을 자세히 들여다보자. 고린도후서 11장 23절부터 27절까지만 들추어 봐도 충분하다. 거기 나열된 고통과 모욕의 십 분의 일이라도 겪어 본 사람이 있는가? 그러나 바울은 "이 모든 일에 우리를 사랑하시는 이로 말미암아 우리가 넉넉히 이기느니라"[롬 8:37]고 말할 뿐 아니라, "현재의 고난은 장차 우리에게 나타날 영광과 비교할 수 없다"(롬 8:18)고 생각할 수 있는 사람이었다. 그는 안락의자에서 편안하게 지내는 철학자가 아니었다. 상아탑에 안주하는 학

자도 아니었다. 그는 믿기지 않는 추진력과 용기를 지닌 사람이었고, 인
간이 실제로 겪을 수 있는 온갖 위험과 고난 속에서도 흔들리지 않는 믿
음의 사람이었다.

12장 거룩한 감화
신실한 삶을 살기 위하여

하나님의 임재를 경험하는 연습

로렌스 형제

내가 로렌스 형제를 처음 본 날은 1666년 8월 3일이다. 그는 내게 이렇게 말했다.

하나님과 끊임없이 교감하면서 하나님의 임재를 의식할 수 있어야 합니다. 하찮고 어리석은 생각을 하면서 하나님과 대화하지 않는 것은 부끄러운 일입니다.

하나님의 고결한 생각으로 우리 영혼을 살찌우고 키워 가야 합니다. 우리가 하나님께 헌신할 때 커다란 기쁨을 맛볼 수 있을 테니까요.

우리는 '싱싱해져야' 합니다. 달리 말하면, 우리 믿음에 생기를 불어넣어야 합니다. 하지만 안타깝게도 그러지 못했습니다. 우리는 믿음을 행동 규칙으로 삼지 않고 하찮은 헌신에 만족하며 지냅니다. 그래서 일상의 삶이 변하고 말았습니다. 믿음의 길이 교회의 정신이므로 우리는 완성의 수준을 한층 드높여야 합니다.

우리는 물질적인 것과 영적인 것 모두에서 하나님께 온전히 헌신해야 합니다. 하나님이 우리를 고통으로 인도하든 위안으로 인도하든 하나님의 뜻을 이루는 데서만 만족을 구해야 합니다. 진정으로 순종하는 사람에게는 고통과 위안이 똑같은 것이기 때문입니다. 지금처럼 강퍅하고 무관심하며 진저리나는 시대에는 기도에 한층 힘써야 합니다. 하나님은 자신을 향한 우리의 사랑을 기도로써 가늠하시니까요. 지금은 하나님께 진정으로 순종해야 할 때입니다. 그래야 우리가 남의 힘을 빌리지 않고 서도 영적인 정진을 이뤄 낼 수 있을 것입니다.

저도 이 세상에 팽배한 불행과 죄에 대해 매일 듣습니다. 하지만 조금 도 놀랍지 않습니다. 오히려 사악한 죄인들이 어떤 짓을 할 수 있는지를 감안하면 세상이 더 큰 죄와 불행에 물들지 않은 게 이상합니다. 그들을 위해 기도하고 있습니다. 하지만 그들이 저지른 해악을 하나님이 치유 하실 수 있으리라 확신하기 때문에 별로 걱정하지 않습니다.

하나님이 요구하시는 순종의 수준에 이르려면 추잡한 것에는 물론이 고 영적인 것에도 끼어드는 열정을 면밀히 감시해야 합니다. 진정으로 하나님을 섬기려는 사람에게는 그런 열정을 구분하는 빛을 하나님이 주 실 것입니다.

내가 진정으로 하나님을 섬길 생각이라면 약간 성가시겠지만 그(로렌 스 형제)를 자주 찾아가야 할 듯하다. 내가 그를 더 이상 찾아가지 않는다 면 하나님을 진정으로 섬길 마음이 없다는 뜻일 것이다.

성경의 권위

C. H. 도드

성경에서 언급된 말씀을 특정 상황에 국한하지 않으려는 시도는 보편성을 강조하는 효과보다 본래의 강렬한 의미를 희석시키는 역효과가 클 수 있다.

예를 들어 보자. 복음서에는 '십자가를 지다'라는 말이 여러 번 반복된다. 누가는 각자의 상황에 그 말을 직접 적용할 의도로, 예수님이 제자들에게 "날마다 제 십자가를 지고 나를 따르라"[눅 9:23]고 말씀하셨다고 전한다. 이 말은 어떻게 해석하느냐에 따라 적용 범위가 크게 달라진다. 지금까지는 흔히 자기희생과 자기부인을 뜻한다고 해석되어 왔다. 따라서 자발적으로 내핍하는 수행자들은 날마다 십자가를 지는 삶을 산다고 생각했고, 우리 같은 범속한 사람들은 어쩔 수 없이 견뎌야 하는 달갑지 않은 일을 뜻하는 상징적인 표현으로 축소시켜 해석했다. 예컨대 신경통이나 게으른 하인이 우리가 짊어져야 하는 '십자가'인 것이다. 그러고서 마지못해 하는 일을 자진해서 하는 것처럼 꾸민다. 우리에게 주어진 최초 증거에 따르면, 실제로 예수님은 상당히 무뚝뚝하게 "누구든지 나를 따라오려거든 자기의 교수대를 짊어져야 한다"고 말씀하셨다. '십자가'라는 단어를 가장 의미심장하게 번역한 것이 아닌가 싶다. 달리 말하면, 그것은 죄수가 처형장까지 직접 짊어지고 가서 못이 박힌 채 죽을 때까지 매달려 있어야 하는 교수대를 뜻했다. 예수님은 이 단어를 상징적으로 사용하시지 않았다. 로마에서 십자가 처형은 기존

권력에 도전하는 사람들이 각오해야 할 운명이었다. 예수님은 죽음을 '날마다' 각오해야 한다고 말했지만 제자들은 그 말을 제대로 이해하지 못했다. 예수님은 무모한 도전을 함께 할 지원자를 모집하면서, 그 모험에 동참하는 사람은 죽음을 각오해야 한다는 사실을 그들이 올바로 이해하길 바라셨다. 예수님을 뒤따른다는 것은 죽음을 자초하는 짓이나 다를 바 없었다. 그야말로 비상사태의 선언이었다.

어느 시대에나 일부 그리스도인에게는 비슷한 비상사태가 닥치는 듯하다. 그런 상황에서는 이 말이 원래의 표현과 뜻대로 적용될 수 있지만, 통상적인 상황에서 우리 대부분에게는 이 말이 적용되지 않는다. 그러나 우리는 과거로 돌아가, 이 말에 그리스도가 그 시대에 상징했던 의미가 함축되어 있다고 해석해야 마땅한 듯하다. 이렇게 해석하면, 우리가 치통을 견디거나 사순절에 금식하는 것쯤으로 우리 시대에 그리스도가 요구하시는 것을 만족시키고 있다고는 생각하지 않을 것이다.

시골 목사

조지 허버트

　시골 목사는 변함없이 설교한다. 설교단은 시골 목사에게 기쁨이며 옥좌이다. 어쩌다 설교를 중단하면 그의 건강에 문제가 있거나, 설교보다 더 중요한 축일이 있거나, 다른 설교를 더 집중해서 듣고 싶어 하는 다양한 욕구를 지닌 교구민들을 위하기 때문이다. 그가 설교를 중단하면, 그의 뒤를 따르며 그가 쌓아놓은 것을 허물어뜨리지 않을 유능한 목사의 지원을 받는다. 시골 목사는 믿을 만한 두세 명의 증인들도 동의하는바, 시골 목사 자신이 온갖 노력을 해 보았지만 크게 성공하지 못한 점들에 역점을 두라고 새 목사에게 부탁한다.

　시골 목사는 교구민을 설교에 집중하게 하려고 온갖 기술을 동원한다. 첫째는 진지하게 설교하는 기술이다. 사람들은 흔히 진지한 말에 들을 만한 것이 있다고 생각하기 때문이다. 둘째는 설교를 듣는 교구민의 반응을 부지런히 관찰하면서, 누가 설교에 주목하고 누가 한눈을 파는지 지켜보고 있다는 것을 은근히 알리는 기술이다. 또 설교 내용을 구체화하여 젊은이에게, 노인에게, 가난한 사람에게, 부자에게 번갈아 가며 집중시키는 기술도 필요하다. "이 설교는 나를 두고 하는 말이구나!"라고 교구민이 느끼게 해 주어야 한다. 구체적인 설교가 두루뭉술한 설교보다 훨씬 효과적이고 일깨워 주는 것도 많기 때문이다. 그래서 시골 목사는 옛일, 특히 가까운 과거에 있었거나 그의 교구에서 가까운 곳에 있었던 하나님의 심판을 예로 든다. 사람들은 그런 이야기에 유심히 귀를 기울이며, 하나님이 그처럼 가까이, 바로 그들의 머리 위에 계시니 그렇게 하시는 것이 당연하다고 생각한다. 때로 시골 목사는 설교 내용에 어울리는 자신의 경험이나 다른 사람의 이야기를 교구민에게 들려준다. 그들은 그런 이야기도 마음에 새기고, 일반적인 훈계보다 더 잘 기억한다. 훈계는 진지하기는 하지만 설교에, 특히 시골 사람들에게 거의 먹히지 않는다. 또 훈계는 무겁고 따분해서 뜨거운 열정이나 열의를 끌어올리기 힘들다. 훈계로 시골 사람들에게 믿음의 불길을 지피려면 커다란 산불이 필요하다. 그러나 경험담이나 이야기는 무척 잘 기억한다.

시골 목사는 누구도 교회에 들어갈 때와 똑같은 마음으로 교회에서 나오지 않고 더 좋아지거나 더 나빠지기 마련이라며, 따분한 설교를 위험하다고 지적한다. 그래서 교구민에게 누구도 자신이 받을 심판 앞에서 무심해서는 안 되며, 하나님의 말씀이 우리를 심판하실 거라고 말한다. 시골 목사는 이런저런 수단을 동원해 교구민의 관심을 얻으려 애쓰지만, 그의 설교의 본질은 신성함에 있다. 따라서 그는 재치를 발휘하거나 학구적으로, 또는 웅변조로 하지 않고 경건한 자세로 설교한다.

선집

마이스터 요하네스 에크하르트

하나님의 영향을 민감하게 느낄수록 우리는 더 행복해진다. 준비를 철저히 할수록 행복의 계단을 더 높이 올라갈 수 있다.

그러나 하나님의 기준에 맞출 때만 하나님의 영향을 민감하게 느낄 수 있다. 하나님의 영향을 감지하는 능력은 하나님의 기준에 얼마나 순응하느냐에 비례하기 때문이다. 순응은 하나님께 순종하는 데서 시작된다. 우리는 온갖 피조물로부터 영향을 받기 시작하면서 하나님의 기준에서 조금씩 멀어진다. 그러나 순결하고 사심 없는 마음은 피조물을 멀리하면서 하나님을 끊임없이 경배하며 그분의 원칙에 맞추려 애쓴다. 따라서 하나님의 영향을 민감하게 느끼기 마련이다. 성 바울이 "주 예수 그리스도로 옷 입으라"[롬 13:14]고 말한 것도 이런 맥락이었다. 즉, 그리스도께 순응하라는 뜻이다. 인간의 길을 택하면서 그리스도가 한 사람이 된 것이 아니라 온 인류의 본성을 한 몸에 받아들이셨다는 사실을 기억해야 한다. 따라서 우리가 피조물들을 떨쳐 내고 멀리한다면, 그리스도가 떠안았던 것들이 우리에게 남겨질 것이며 우리는 그리스도라는 옷을 입어야 할 것이다.

누구라도 지극히 사심 없는 마음을 본다면 그리스도가 제자들에게 말씀하신 것을 진지하게 받아들여야 한다. 그리스도는 인간에 대해 "내가 떠나가는 것이 너희에게 유익이라. 내가 떠나가지 아니하면 보혜사가 너희에게로 오시지 아니할 것"[요 16:7]이라고 하셨다. "너희가 내 보이는 몸에서 큰 만족을 구한다면, 성령의 완전한 기쁨을 누리지 못할 것이다"라는 뜻이다. 따라서 우리는 물질적인 것을 포기하고, 형체가 없는 본질을 구해야 한다. 하나님의 영적인 위안은 무척 신비로워서 물리적인 것을 멀리하는 사람만 알아볼 수 있기 때문이다.

자선 학교

이블린 언더힐

성 도마는 그의 앞에 유유히 나타난 신성을 보고 만지고 헤아리며, 그의 표현대로 "나의 주님!"[요 20:28] 하고 말한다. 그리고 그 성스러운 현현을 넘어서 보이지 않고 만져지지 않으며 측량할 길도 없는 존재에게 다가가며, 깨달음을 얻은 영혼이라면 누구라도 입 밖에 내고 싶어 하는 말, "나의 하나님!"이라 말한다. 기독교에서 말하는 계시의 비밀이 이 장면에서 완전히 드러난다.

따라서 진정한 영적 승리는 이 땅에서의 일탈이 아니라 이 땅으로 돌아오는 것이며, 사랑을 표현하기 위한 수단으로 그것의 조건을 기꺼이 활용하는 것이다. 그리스도의 신성함에는 교만이 없다. 빈민가의 집, 길거리, 병원에도 그리스도의 신성함이 있다. 그리스도의 선물은 가장 하찮은 삶의 세계에 나누어진다는 데 그 신비로움이 있다. 적은 물, 작은 빵조각, 한 잔의 포도주면 두 세계의 간격을 좁힐 수 있고, 영혼과 감각을 다하여 영원히 자비로운 분께 떨리는 마음으로 다가갈 수 있다. 지금도 이 세 가지 소산을 만지면 깨끗해지고, 먹으면 살찐다. 겟세마네 동산에 가기 전에 평온하고 차분하게 시작된 피와 살의 나눔은 지금도 계속된다.

따라서 모든 그리스도인은 끝없이 이어지는 회개와 성찬의 사슬에서 하나의 고리에 해당한다. 이 사슬을 통해 하나님의 사랑이 이 땅까지 전해진다. 영적으로 성숙한 사람이 불안하기 그지없는 상황에서도 '평화'

를 말하고, 하찮기 그지없는 인간의 욕구를 만족시키기 위해 큰 꿈을 포기하는 것만큼 영적인 성숙을 확실히 증명해 주는 것은 없다.

시작 詩作

크리스티나 로세티

성도의 슬픔은 단 하루 동안의 슬픔입니다.

성도의 기쁨은 영원한 기쁨입니다.

좁은 길을 따라 하나님을 찬양하려는

그대의 소망과 그대의 의지를 먼저 보내십시오.

육신의 욕심에 마음이 흔들리면 하나님을 더 크게 찬양하십시오.

세상의 압력에 지치면 하나님을 찬미하십시오.

검은 사탄이 으르렁거리고

수많은 영혼이 거짓을 말하면

하나님을 더 크게 찬양하십시오.

악마와 죽음과 하데스hades[1]가 세 겹 밧줄이 되어

쉽게 끊어지지 않으며 그대의 얼굴 앞에 어른거립니다.

열 겹으로 차디찬 얼굴이 그대를 위협합니다.

전쟁을 선포하십시오, 다윗! 절대로 물러서지 마십시오.

몸이나 호흡이나 피가 사라지더라도 은총의 증거입니다.

먼 옛날 주님이 그대를 위해 죽었듯이

이번에는 그대가 주님을 위해 목숨을 내던지십시오.

---

[1] 사람이 죽은 뒤 영혼이 가게 되는 저승. 헬라어 '하데스'는 히브리어 '스올'을 번역한 것으로 '형벌의 처소'를 뜻한다.

아시시의 성 프란체스코

5장 교만하지 말고 주님의 십자가에 영광을 돌리라

주 하나님이 우리에게 얼마나 놀라운 것을 주셨는지 눈여겨보라. 그분은 사랑하는 아들의 몸을 따라 그 "형상대로", 영혼을 따라 그 "모양대로" 우리를 창조하셨다(창 1:26). 하늘 아래 모든 피조물이 우리보다 창조주 하나님을 더 잘 알고, 더 잘 순종한다. 악마조차 주님을 십자가에 못박지 않았지만, 우리는 악마와 손잡고 그분을 십자가에 못박았다. 지금도 우리는 악과 죄에 물들어 주님을 십자가에 못박고 있는 실정이다. 이런 상황에서 우리가 무엇을 자랑할 수 있겠는가? 우리가 뛰어나고 영리해서 "모든 지식"(고전 13:2)을 알고, "각종 방언"(고전 12:28)을 해석할 줄 알며, 하늘의 것을 치밀하게 추적한다고 하지만, 이 모든 것을 자랑으로 여길 수 없기 때문이다. 드높은 지혜를 이해하는 능력을 주님께 받은 사람이 있었다 하더라도, 한 마귀가 먼 옛날 하늘의 것을 알았고 이제는 어떤 인간보다 지상의 것까지 잘 알게 된 까닭이다. 따라서 그대가 누구보다 잘생기고 부유하며 심지어 마귀를 물리치는 기적을 행하더라도 그 모든 것은 그대에게 해로울 뿐이다. 그 어떤 것도 그대에게 속한 것이 아니며 그대는 그것들을 자랑할 수 없기 때문이다. 그러나 우리는 우리의 "약한 것들"(고후 12:5) 안에서, 또 주 예수 그리스도의 십자가를 날마다 짊어지는 것으로(눅 14:27) 자랑할 수 있다.

6장 주님을 본받아

모든 수도자들이여, 자신의 양을 구하기 위해 십자가의 수난을 견디
신 선한 목자를 본받으라. 주님의 양들은 환란과 박해, 핍박과 굶주림,
헐벗음과 유혹 등 온갖 것을 겪으며 주님을 따랐고, 그 때문에 주님께 영
생을 얻었다. 따라서 하나님의 종인 우리가 행함이 없이 성자들의 기록
을 읽고 암송함으로 영광과 영예를 구한다면 너무도 부끄러운 일이다.

당신의 하나님은 너무 작습니다

존 버트럼 필립스

종교를 불문하고 도덕주의자들은 근래 들어 우리의 도덕의식이 크게 떨어졌다고 지적해 왔다. 기독교의 이상에 몰두하는 열의가 크게 떨어진 데 거의 전적인 원인이 있다는 견해는 논쟁의 여지가 없지 않다. 진정한 기독교 사상은 일반 시민에게 도덕심을 교육시키는 과정에서 지금껏 필적할 만한 경쟁 상대가 없었다.

그러나 양심이 건전하지 못한 방향으로 발전해서 비참한 지경에 빠져버린 사람이 많다. 심지어 신앙을 고백한 그리스도인들도 그렇게 빗나간 양심을 하나님의 목소리로 착각하는 지경이다. 또 많은 주부들이 완벽함을 요구하는 내면의 목소리에 귀를 기울이려 애쓰지만, 그 목소리는 자신의 욕망이나 어린 시절의 유물이기 쉽고, 우주를 주관하시는 하나님의 목소리일 가능성은 거의 없다.

반면 중년의 기업가들은 양심을 규칙에 따르도록 길들인 지 오래여서, 제대로 살아가고 있다고 확신한다. 심지어 양심에 어긋나는 짓을 결코 하지 않을 거라고 교만하게 말하기도 한다. 그러나 그가 양심이라 칭하는 것의 흐릿한 목소리가 정말 하나님의 목소리라고 믿기는 어렵다.

광적으로 발전한 양심이나 잘못 길들여진 양심, 빈사 상태에 빠진 양심은 하나님, 아니 하나님의 일부로도 여겨질 수 없다. 만약 그런 양심이 하나님으로 여겨진다면, 예민한 사람에게는 하나님이 지나치게 까다로운 폭군으로 생각되고, 무감각한 사람에게는 쾌락을 좇는데도 아무런 참견을 하지 않는 편안하고 융통성 있는 '내면의 목소리'로 여겨질 수 있다.

종교론

루돌프 오토

이사야가 요구한 성결, 따라서 성경이 인간의 이상으로 요구한 성결, 또한 복음서에서 말하는 "더 나은 의"[마 5:20]는 그 본성상 관심과 의지와 감정이 총체적으로 지향해야 할 고유한 방향이다. 그 방향이 어떤 것인지 정의할 수는 없지만, '이 세상에 속하지 않은 것', 세속적인 것이 아니라 '영적인 것', '성령의 지배를 받는 것'이라고 상징적으로 말할 수 있다. 이런 '영성'이라는 이상은 이사야서에서 확연히 눈에 띄며, 이런 이상을 반대하는 사람들, 특히 순수 도덕주의자들이 집요하게 거부하는 특징이 있다. 이사야서에서 영성의 뜻은 세속적인 사람들이 소중히 여기는 것에 대한 반감에서 어렵지 않게 읽을 수 있다. 그런 반감은 언제나 영적인 사람의 고유한 특징으로 반복해서 나타나기 때문이다. 우리가 마음속에 담고 있는 반감, 즉 영성이라는 이상의 본질을 반영하는 반감의 구체적인 형태는 요즘 들어 유행이나 근대성이라 칭해지는 것에 대한 이사야의 신랄한 독설에서 찾을 수 있다. 이사야는 유행을 따른 옷, 근대적인 장신구, 이집트 하프를 본떠 만든 큼직한 하프, 상아 침대틀, 이집트에서 수입한 말을 증오했다. 궁정의 야비한 정치와 술책, 매사를 타협하려는 이스라엘 민족의 성향, 강자에게 아첨하는 비겁한 태도를 혐오했다. 이런 세속적인 것들이 사람들을 타락하게 만들고, 하나님의 권세와 '생기'보다 인간의 힘에 의지하게 만들기 때문이었다. 또 그런 모든 것이 '육신'에 속하기 때문이며, 이사야 자신마저 영적인 자세를 유지하며 세속적인 것에서 초연한 마음을 지키지 못하고 다른 사람들처럼 행동하고 싶은 유혹을 받았기 때문이다.

이사야는 우리에게 '성결'을 요구한다. 성결은 주로 사회적 도덕률의 실천이라는 형태로 나타난다. 그러나 사회적 도덕률의 실천 자체가 목적이 아니다. '야훼의 뜻'을 실천하고 하나님의 영광을 드높이는 것이 목적이다. 결국 야훼의 백성, 전적으로 야훼에 속한 사람, 세속적인 것을 멀리하고 신성으로 정화된 사람이 된다는 한층 높은 이상을 실현하겠다는 뜻이다. 따라서 인간의 이상은 "너희가 내게 대하여 제사장 나라가 되며 거룩한 백성이 되리라"고 한 출애굽기 19장 6절 말씀에 따라, 한층 높은 상태, 신성의 상태, 모든 사람을 포용하며 세속적인 것들로부터 분리된 나실인[1]들의 이상화된 질서로 들어가게 되는 것이다.

[1] 하나님이 마련해 주신 특별한 서약(민 6:2)을 통해 자신을 거룩하게 구별하여 헌신하기로 결심한 사람.

경건한 삶을 위한 엄숙한 부르심

윌리엄 로

하나님을 기쁘게 해 드리려는 사람이 어떻게 사치품을 사는 데 돈을 쓸 수 있겠는가? 이런 일은 말로는 하나님을 기쁘게 해 드린다면서 거짓 맹세로 사람들의 비위를 맞추는 것만큼이나 있을 수 없는 일이다. 낭비와 불합리한 지출은 의식적으로 행해질 뿐이다.

성결하지 않은 삶의 문제를 의도라는 관점에서 설명해 보겠다. 그러면 성결하지 않은 삶이 무엇인지 명백히 드러나기 때문이다. 피고용인이 자신의 행동으로 고용인을 기쁘게 해 주려 하는지 판단하기란 쉽다. 이와 마찬가지로, 그리스도인이 삶으로 하나님을 기쁘게 해 드리려 하는지 어렵지 않게 판단할 수 있다.

예컨대 규칙적으로 기도하는 사람과 그렇지 않은 사람이 있다고 하자. 한 사람은 기도를 할 만큼 육체적으로 건강하고 다른 사람은 그렇지 못하다는 데 두 사람의 차이가 있는 것이 아니다. 한 사람은 기도로 하나님을 기쁘게 해 드리려는 의도가 있고, 다른 사람은 그렇지 않다는 차이가 있을 뿐이다.

한 사람은 무익한 일들에 시간과 돈을 허비하는 반면, 다른 사람은 매 순간을 소중히 생각하며 남을 돕는 데 돈을 쓴다. 여기서도 한 사람은 시간과 돈을 제멋대로 사용하고 다른 사람은 그렇지 않다는 데 차이가 있는 것이 아니다. 한 사람은 하나님을 기쁘게 해 드리려 애쓰고, 다른 사람은 그렇지 않다는 차이가 있을 뿐이다.

성결하지 않은 삶의 문제는 우리가 돈과 시간을 현명하게 사용하고 싶어 하지 않는다는 점에서 시작되는 것이 아니다. 오히려 인간의 본질적 약점에서 그 원인을 찾을 수 있다. 결국 우리가 책임 있고 경건하게 살려 하지 않는다는 점이 문제다.

그렇다고 인간의 의도가 신의 은총을 대신할 수 있다는 뜻은 아니다. 순수한 의도를 통해 우리가 완벽해질 수 있다고 말하려는 것은 더더욱 아니다. 하나님을 기쁘게 해 드리려는 의도가 없을 때, 은총이 있다면 충분히 피할 수 있을 부정한 짓을 저지르게 된다고 말하려는 것뿐이다.

경건생활 입문서

성 프랑수아 드 살

하나님이 그대에게 확실하게 주려는 영원한 영광이 하나님의 이름으로 몰수될 수 있을까? 지금까지 그대를 많은 시간 헛되게 보내게 한 하찮은 쾌락이 다시 그대를 유혹하며 옛날의 즐거웠던 시간으로 돌아가라고 속삭인다. 이처럼 기만적인 사소한 것을 위해 그대는 영원한 행복을 단호히 거부할 수 있는가? 그대가 인내한 끝에 지극히 즐겁고 달콤한 위안을 얻어, 꿀에 비교하면 세상이 쓴 쓸개즙에 불과하고 하루의 헌신이 천 날의 세속적 삶보다 좋다는 사실을 깨닫게 될 때, 내 말에 수긍할 수 있을 것이다.

그리스도인이 지향하는 완전함은 산처럼 높아 "오 하나님, 제가 어떻게 저곳까지 오를 수 있단 말입니까?" 하고 그대는 한탄한다. 필로디아[1]여, 용기를 가져라! 어린 벌은 형태를 갖추기 시작할 때 애벌레라 불린다. 애벌레는 아직 꽃과 산과 들을 날아다니며 꿀을 채취할 수 없다. 어른 벌들이 준비해 준 꿀을 먹으며 애벌레는 날개가 생기고 점점 강해져서, 나중에는 온 천지를 날아다니며 먹을 것을 구한다. 그대라고 다를 바가 없다. 헌신의 차원에서 볼 때 그대는 어린 벌에 불과해 높이 날 수 없다. 우리 목표는 그리스도인이 지향하는 완벽함의 정상에 도달하는 것이다. 그러나 우리 소망과 결심이 형태를 갖추기 시작하고 날개가 자라기 시작할 때, 우리는 언젠가 영적인 벌이 되어 높이 날 수 있으리라 소망한다. 그때까지 우리는 독실한 옛 어른들이 우리를 위해 남겨 둔 업적에서 꿀을 찾고 힘을 길러야 한다. 현재의 삶에서도 높이 날 수 있도록, 그리고 곧 다가올 영원의 세계에서 안식을 찾기 위해 우리는 하나님께 "비둘기와 같은 날개"[시 55:6]를 달라고 기도해야 한다.

1) Philothea, '하나님을 사랑하는 자'라는 뜻.

그리스도 안에 거하는 삶

앤드류 머레이

그리스도인이라면, 우리를 거룩하게 해 주겠다는 하나님의 약속이 사실이라고 당당하게 말할 수 있어야 한다. 애초부터 타락한 존재여서 거룩해질 수 없다는 말에 우리는 귀를 닫아 버려야 한다. 우리의 육신 안에는 선한 것이 없고, 그 육신은 그리스도와 함께 십자가에 못박혔지만 아직 죽지 않았다. 육신은 지금도 여전히 빈틈을 노리며 우리를 악의 길로 끌어가려 한다. 그러나 하나님 아버지는 농부이시다. 하나님은 그리스도의 삶을 우리 삶에 접붙이셨다. 그 거룩한 삶이 우리의 악한 삶보다 훨씬 강하다. 농부이신 하나님의 사려 깊은 보살핌을 받아, 그 새로운 생명이 우리 안에서 꿈틀대는 악한 생명의 기운을 억누른다. 하지만 악한 본성은 사라지지 않아 언제라도 빈틈이 생기면 튀쳐나오려 한다. 그러나 새로운 본성, 즉 살아 계신 그리스도도 거기 계신다. 그리스도를 통해 우리의 힘이 정화되고 영생을 얻고 열매를 맺어 아버지께 영광을 돌린다.

이제라도 거룩한 삶을 살고자 한다면 그리스도 안에 거하라. 하나님의 거룩함을 우리에게 알리기 위해 인간의 모습으로 이 땅에 오신 그리스도를 거룩하신 하나님의 독생자로 받아들여야 한다. 이제는 그리스도 안에서 새사람이 되어 하나님의 모습처럼 선하고 거룩하게 살아가라고 가르치는 성경 말씀에 귀 기울여야 한다. 옛 본성이 악한 짓을 하게 마련인 만큼, 우리 안에 있는 그 거룩한 본성만이 거룩한 삶을 살고 거룩한 의무를 행하는 데 합당한 것임을 기억하라.

거룩한 삶

제레미 테일러

하나님은 그리스도인의 마음에 성령으로 특별히 존재하신다. 실제로 경건한 사람의 마음은 진리 안에서 성전과 같고, 그 됨됨이와 영향은 하늘에 버금간다. 하나님이 신실한 종의 마음을 지배하시기 때문이다. 그들의 마음이 곧 하나님의 왕국이다. 은총의 힘은 모든 적을 압도하여 그들 마음에 하나님의 힘이 깃든다. 신실한 종들은 하나님을 밤낮으로 섬기며 감사와 찬송을 드린다. 이것이 곧 하나님의 영광이다. 성전에는 하나님의 종교와 경배가 있으므로 인간의 마음이 곧 성전 자체다. 그리스도가 대제사장으로 그곳에서 기도의 향을 피우고 그들과 함께 하나님께 나아가신다. 성령님도 거기에 함께하며 기도와 예배를 정화하신다. 하나님은 믿음으로 우리 마음에 계시고, 그리스도는 그분의 성령으로 우리 마음에 계시며, 성령님은 지극한 순결함으로 우리 마음에 계신다. 따라서 우리는 불가사의한 삼위일체를 떠받치는 내각의 일원이다. 우리 마음, 이 하늘나라의 축소판을 뭐라고 말할 수 있을까? 아직 성숙기에 이르지 못한 유아다. 우리 삶의 상태가 그렇다는 것이지 우리 나이가 그렇다는 것이 아니다. 우리 마음은 거울에 희미하게 비친 하늘나라다. 그러나 진리와 아름다운 영혼들, 하나님의 은총과 영원한 영광이 어른거리는 하늘나라다.

경건한 삶을 위한 엄숙한 부르심

윌리엄 로

삶이 불안하고 힘든 것은 기독교 정신 때문이 아니라, 기독교 정신이 부족하기 때문이다.

기독교 교리에 지나치게 충실하지 말고 적당히 따라야 충만한 삶을 살 수 있다고 믿는 사람이 많다. 목표 의식이 지나치면 나쁘고 적당하면 좋다고 생각하기 때문이다. 사람들이 지나친 고통은 상처를 주지만 적당한 고통은 기분 좋게 느껴진다고 하는 것은 당연한 일이다.

거룩한 삶을 방해하는 또 하나의 문젯거리는 이 세상에 좋은 것이 너무 많다는 점이다. 하나님이 창조하신 것들은 사용되어야 마땅하지만, 우리가 그것들에 지나치게 빠지지 않도록 엄격한 기준을 두어야 한다.

사실 기독교 교리는 우리에게 이 세상을 올바로 사는 법을 가르쳐 준다. 구체적으로 말하면, 무엇을 어떻게 먹고 마시며, 어떻게 옷 입고 집을 지으며, 어떻게 사람을 고용해야 하는지 가르쳐 준다. 다른 곳에서 더 이상 기대할 것이 없을 정도로 우리는 기독교 교리에서 많은 것을 배운다.

성경의 가르침에 따르면, 이 세상이 우리의 물리적 욕구를 채워 주지만 이곳에서의 짧은 삶이 끝날 때 우리를 위해 준비된 것, 즉 우리가 하늘나라에서 누리게 될 것이 훨씬 많다. 기독교에서는 이런 지복至福의 세계가 기다린다고 가르친다. 그리고 그 기다림의 대상은 금가루에 연연하지 않고 금가루 섞인 자갈도 먹지 않으며 세상 것에 얽매이지 않는 사람,

달리 말해서 만물을 올바로 정의롭게 사용하는 사람이라고 말한다.

기독교 교리가 우리에게 늘 조심하며 기도하는 삶을 살라고 촉구하는 이유는 우리가 적들에게 에워싸여 있어 언제나 하나님의 도움이 필요하기 때문이다. 우리가 죄를 고백해야 하는 이유는, 무거운 짐을 어깨에서 내려놓듯이 죄를 고백할 때 마음의 짐을 덜고 평안을 되찾을 수 있기 때문이다.

기도가 중요하지 않다면 우리는 끊임없이 기도해야 한다는 말을 듣지 않았을 것이다. 기도 외에 우리가 하는 일들이 거의 전적으로 몸을 위한 것이라 생각한다면, 기도에 더욱 힘써야 한다. 기도는 우리에게 하찮은 근심거리를 털어 내고 하늘의 것에 마음 문을 열게 해 주기 때문이다.

철저히 헌신하는 삶은 우둔한 짓이고 그것으로 위안도 얻지 못한다고 생각하는 무지한 사람들이 너무 많다. 그러나 그런 삶이 아니면 어디서도 위안과 기쁨을 얻지 못할 것이다!

13장 하나님이 가장 기뻐하시는 제물
순종과 의지

전하지 않은 설교

조지 맥도널드

하나님에 대한 믿을 만한 이론을 찾아낸 후에야 하나님께 순종하겠다는 말은, 여러 치료법을 연구하면서 반드시 먹어야 할 약을 한쪽에 밀어두는 것이나 마찬가지입니다. 여러분은 그리스도가 우리에게 요구하는 것이 옳다고 생각합니다. 적어도 그 대부분이 옳다고 믿습니다. 그러면 하나님이 "그렇게 하라"고 말씀하셨든 안 하셨든 순종하는 것이 우리 의무입니다. 당신이 진리에 대해 알고 있는 대로 행동하지 않고 그 이유를 지적으로 따진다고 이상할 것은 없습니다. 밀턴이 말한 대로, 타락한 천사들은 그런 논리적 탐색에서 위안을 얻기 때문입니다. 그러나 그런 탐색에서 얻은 결론을 '진리'로 착각해서는 안 됩니다. 우리가 의무라고 고백하면서도 행하지 않는 일을 오로지 좋아서 행하는 사람을, 진실하지 못한 우리가 무슨 자격으로 판단할 수 있겠습니까? 먼저 진리에 순종하십시오. 그러면 이론은 뒤따르기 마련입니다. 삶에서 이론이 만들어지는 것이지, 이론에 따라 삶을 사는 것이 아닙니다.

산상수훈

찰스 고어

그리스도께서 제자들에게 중요한 질문을 던지자 베드로가 영원히 잊혀지지 않을 대답을 했다. "주는 그리스도시요 살아 계신 하나님의 아들이시니이다"[마 16:16]. 그러자 우리 주님은 안도의 한숨을 내쉬고 베드로를 돌아보며 큰 축복을 내리셨고, 아직 그분의 손에 준비되지는 않았지만 그분께 예정된 것을 약속하셨다. 이렇게 우리 주님은 가르쳐야 할 것을 몸소 설명하셨다. 사람들로 하여금 바위를 파서 그곳에 영적인 집을 짓게 할 거라고. 따라서 그 바위는 그리스도 자신이며 그리스도의 말씀이다. 그리스도의 가르침을 듣고도 그 가르침을 받아들여 실천하지 않는다면, 다시 말해 이 세상과 뒤섞여 살면서 명목상의 그리스도인에 그친다면 모래 위에 집을 짓는 것이나 마찬가지이다.

영적인 집은 거칠고 험한 시련을 겪으며 시험받는다. 요즘처럼 졸속한 솜씨가 판치는 시대, 즉 철저한 기초 작업과 묵묵한 준비를 경멸하는 시대에 던지는 중대한 교훈이 아닐 수 없다. 따라서 우리 개인의 삶이라는 영적인 집과, 또 우리가 참여하는 모든 영적인 일에 관련한 중요한 질문 하나가 제기된다. 바위를 충분히 파고 튼튼한 기초를 마련했는가, 아니면 튼튼한 기초보다 신속한 결과를 원했는가? 그리스도의 말씀을 현실에 적용하기가 불가능하다고 생각하며, 그리스도 없이도 만족하며 살아가고 있지는 않은가? 그렇다면 그 일의 결과는 암울할 수밖에 없다. 계속 지속될 수 없다. 비바람과 폭풍을 견디지 못할 것이다.

도날 그랜트

조지 맥도널드

"그는 좋은 사람이지만 엄청난 착각을 하고 있어. 성경이 '믿으라'고 말했지 '행하라'고는 말하지 않았잖아."

그녀는 혼잣말로 중얼거렸다. 그 불쌍한 여자는 성경을 열심히 읽었지만 사소한 것들에 한눈이 팔려, 성경에서 말하고자 하는 것을 제대로 파악하지 못했다. 정말 중요한 가르침들은 아무런 그림자도 던지지 못한 채 무의미한 말처럼 그녀의 머릿속에서 빠져나갔고, 그녀가 배운 교리를 떠받쳐 주지 못했다. 그리스도의 이야기와 생명의 말씀을 다루던 사람들의 호소에는, 하나님이 인간을 구원하기 위해 어떤 일을 하셨는지 알리기 위한 목적 외에 또 하나의 목적이 있었다. 하나님은 우리를 살게 하셨다. 우리가 살아 있다면, 하나님 외의 어떤 지식도 우리를 살게 할 수 없다는 것을 결국 알게 될 수밖에 없기 때문이다. 순종은 모든 것으로 통하는 길이다. 우리가 성장하여 하나님을 믿게 되는 유일한 길이다. 사랑과 믿음과 순종은 하나라고 해도 과언이 아니다.

성경의 권위

찰스 해럴드 도드

선지자들이 가르치고 신명기에 기계처럼 정밀하고 엄격하게 규정된 대로, 이 땅에서 행한 선은 보상받고 악은 벌을 받게 된다는 교리를 시편 기자들이 받아들이면서, 그들의 윤리관은 공리적이고 신중한 경향을 띠게 되었다. 그들은 선한 행동이 지금과 같은 세상에서 유일하게 현명한 길이라 확신하며, 죄인은 바보라고 생각한다. '지혜'는 모든 것을 포괄하는 미덕이며, "여호와를 경외하는 것이 지혜의 근본"[잠 9:10]이다. 우리가 보기에 선지자들은 지적인 통찰력과 판단을 높이 평가했기 때문에, '지혜로운 사람'이 그들의 진정한 추종자인 듯하다. 광신과 미신에 일정한 거리를 두고 합리적 윤리관에 따라 종교를 평가하는 것은 훌륭한 접근 태도였다. 선지자들의 가르침이 도덕적 상식을 강조한다고 해서 그 때문에 더 나빠질 것은 없다. 도덕주의자는 변하지 않는 인간의 본성을 주로 다루기 때문에 도덕적 상식을 무시할 수 없다. 따라서 도덕주의자가 친절과 정직, 근면과 냉정, 절제와 순결, 성실과 겸양 등과 같은 기본적인 미덕을 권장하고, 그와 반대되는 악습을 비난하는 것은 당연하다.

이런 흐름은 '지혜'를 다루는 작가들의 글에서 흔히 발견되는 현상이기도 하다. 그들은 확신과 폭넓은 경험을 바탕으로 참신한 관점에서 미덕을 생동감 있게 다룬다. 삶에 대한 그들의 비판은 냉정하고 해학적인 관찰을 바탕으로 하여 매섭기도 하지만, 재치가 넘치고 화려하기도 하다. 지혜를 향한 찬사는 때로 위대한 시로도 표현된다. 그러나 그들의 윤리관에는 한계가 있어서 자기희생과 용서라는 이상적 수준까지는 좀처럼 이르지 못한다. 그래도 가끔 지혜의 길에서 아주 먼 곳까지 가는 사람들이 없지 않다.

교구민을 위한 평이한 설교집

존 헨리 뉴먼

"두려워하지 말라." 이 말이 때로는 마음의 고통처럼 느껴질 것입니다. 하지만 자신의 눈과의 언약[욥 31:1], 광야에서의 금식, 차분하고 신중한 행동, 순종하려는 진심 어린 노력 등은 보람될 것입니다. 하나님은 지극히 자비로운 분이고, 우리를 조금씩 이루어 가십니다. 하나님은 우리를 어디로 인도하는지 미리 보여 주시지 않습니다. 하지만 우리가 그 전체 계획을 알게 될 때 틀림없이 놀랄 것입니다. 오늘 하루에 만족하는 것은 그 자체로 악행입니다. 하나님의 계획을 따르십시오. 걱정스레 위를 쳐다보지 말고 '길에서 벗어나지 않도록' 지금 내딛는 발을 내려다보십시오. 미래를 지레짐작하지 마십시오.

여러분이 결코 포기할 수 없으며 지금의 여러분을 지탱해 주는 소망이 있는 줄로 압니다. 여러분의 소망이 성취되느냐 그렇지 않느냐는 전적으로 하나님 뜻입니다. 하나님은 기쁜 마음으로 여러분 마음의 소원을 들어주실 것입니다. 그러면 하나님의 자비에 깊이 감사드리십시오. 여러분이 선하면 어떤 일이든 이루어진다는 것과, "네가 사는 날을 따라서 능력이 있으리로다. 여수룬이여 하나님 같은 이가 없도다. 그가 너를 도우시려고 하늘을 타고 궁창에서 위엄을 나타내시는도다. 영원하신 하나님이 네 처소가 되시니 그의 영원하신 팔이 네 아래에 있도다"[신 33:25-27] 하신 것을 확신하십시오. 하나님은 변덕스럽지 않으시고 뒤돌아서지도 않으십니다. 우리는 영적인 유아기를 벗어나면서, 눈에 띄지는 않지만 하나님을 닮아 가려 애씁니다. 외관상 하나님께는 유년이나 노년도, 열정도, 희망도 없으며, 두려움도 없지만, 하나님은 진리와 정결과 자비를 사랑하십니다. 하나님은 지극히 거룩한 분이기에 지극히 신성한 분이십니다.

따라서 하나님을 생각할 때는 열심을 다해 실천해야 함을 잊지 마십시오. 일하지 않고, 꿈을 꾸며, 대담해야 할 때 까다롭게 따지는 천박한 믿음과 사랑에 만족하지 않도록 주의하십시오. 그것은 영적인 유아기에서 벗어나지 못한 모습니다. 성령님은 선한 일을 적극적으로 하시는 분인 까닭에, 하나님이 가장 기뻐하시는 제물로서 지극히 하찮은 일에도 순종하기를 바라시기 때문입니다.

세기들

토마스 트러헌

오, 고결하고 신성한 관계여! 하나님의 보물은 당신의 보물이고, 당신의 보물은 하나님의 보물이 아닙니까? 당신의 영혼과 몸은 하나님의 영혼과 몸이며, 하나님의 삶과 행복은 당신의 삶이고 행복이지 않습니까? 하나님의 소망은 당신의 소망이 아닙니까? 하나님의 의지는 당신의 의지가 아닙니까? 만일 그렇다면, 하나님이 이루시는 일은 결국 당신이 이루는 일이며, 모든 것의 목적은 당신의 완전함에 있게 됩니다. 당신은 하나님처럼 무한히 풍요롭고, 하나님처럼 모든 것에 기뻐하게 됩니다. 하나님의 뜻이 당신의 뜻이라면, 당신의 뜻은 하나님의 뜻입니다. 그래야 하나님이 뜻하는 바를 당신이 뜻할 테고, 그 뜻은 진정으로 지혜롭고 선하며 거룩할 것이기 때문입니다. 하나님이 감동하신 것에서 당신이 똑같은 이유로 기뻐할 때, 당신은 하나님의 뜻을 알게 됩니다.

하나님은 창조를 결심하셨습니다. 그래서 하나님은 나타나실 수도 있고 존재하실 수도 있습니다. 바로 여기에 하나님의 아들이 영원히 태어나신다는 신비가 있습니다. 하나님처럼 당신도 뜻한 바를 해야 합니다. 그래야 당신도 하나님처럼 영광으로 빛날 것이기 때문입니다. 하나님은 인간과 천사가 행복하길 바라셨습니다. 그래서 하나님은 나타나실 뿐 아니라 선하고 지혜롭고 영광으로 빛나실 수 있는 것입니다. 무한한 소망을 안고 그렇게 하고자 하신 것입니다. 그래서 하나님은 무한히 선하십니다. 그분 자신 안에서 그러하며, 우리 안에서 무한히 기뻐하십니다. 하나님이 그러신 것처럼 당신도 인간과 천사가 행복하기를 바라십시오. 그러면 당신도 선해질 것이고 하나님 안에서 무한히 행복할 것입니다. 그들의 모든 행복이 하나님의 행복인 것처럼 당신의 행복이 될 것입니다. 하나님은 어느 세상에나 기쁨이 넘치기를 바라셨습니다. 모든 왕국을 지배하고 모든 왕국이 번영하기를 바라셨습니다. 가장 높은 지품천사[1]가 행복하기를 바라셨습니다. 당신도 하나님처럼 당신의 뜻을 크게 넓히십시오. 그러면 하나님처럼 이 모든 것들에 관심을 갖고 기쁨을 누리게 될 것입니다. 하나님은 모든 인류를 죄에서 구원하기로 결심하셨습니다. 그래서 하나님의 아들, 예수 그리스도는 무한한 보물인 것입니다.

---

[1] 가톨릭에서 말하는 구품천사 가운데 상급에 속하는 천사.

교구민을 위한 평이한 설교집

존 헨리 뉴먼

모름지기 사람이라면 기도하는 법을 배우길 갈망하고 배우는 데 힘써야 합니다. 기도하면서 실수를 거듭한다고 하나님께 미움 받지 않습니다. 그런 사람이 올바른 방향을 잡지 못하고 방황하더라도 자신에게 실망하지 말고, 자신이 위선자라는 것을 알아도 놀라지 말며, 하나님이 주신 명예로운 직함에 주눅 들지 말며, 인내하며 기도하는 법을 깨달아 가도록 도우십시오. 물론 그는 자신의 약점과 나태하고 부주의한 태도를 부끄러워하고, 불경하고 부주의한 태도로 인해 기도할 때마다 일말의 죄책감을 느낄 것입니다. 하지만 그런 이유로 기도를 중단해서는 안 됩니다. 오히려 구세주 그리스도께 계속 의지해야 합니다. 그가 진지한 자세로 자신의 생각을 다스리도록 돕고, 거듭되는 실수로 생긴 죄책감을 주님의 피로 씻어 내도록 도와주십시오. 그가 자신의 처지에 만족하지 않도록 하고, 순종하려는 노력을 게을리하지 않도록 하십시오. 원칙은 간단합니다. 집중하기 위해서는 집중하려고 노력해야 합니다! 하지만 이 간단한 원칙이 흔히 무시됩니다. 말하자면, 우리는 고의적으로 노력하지 않습니다. 우리는 실패하더라도 거듭 시도해야 한다는 점을 강조하지 않습니다. 이따금 시도할 뿐입니다. 가장 헌신을 다할 때는, 반복되든 그렇지 않든 어떤 우연한 일로 우리 마음이 자극받았을 때가 고작입니다.

전하지 않은 설교

조지 맥도널드

기독교적 틀 안에서 교육받은 솔직한 젊은이는 어떤 모습일지 충분히 상상할 수 있습니다. 그는 논리적으로 다음과 같이 생각할 것입니다. "주님은 '네가 완전해지길 원한다면 가서 네가 가진 것을 다 팔아라'[눅 18:22] 하고 말씀하셨다. 나는 완전해질 가능성이 없어. 그러니까 하나님이 내게 그런 것까지 바라시지 않을 거야." 아니면 더 솔직하게 "나는 완전해지고 싶지 않아. 구원받은 걸로 만족하겠어"라고 말할 수도 있습니다. 이런 사람은 하늘나라의 아버지처럼 완전해지기를 바라지 않지만 구원받기는 바랍니다. 그들은 완전하지 않고는 구원도 없다고는 생각지 않습니다. 그러나 완전해지는 것이 구원이며, 그 둘은 하나입니다.

그런 젊은이와 대화를 나눌 기회가 주어진다면 나는 주저하지 않고 진리라는 것을 설명할 것입니다. 그렇다고 자유의 법칙까지 무시하고 집요하게 설득하지는 않을 것입니다. 내 설득이 먹히지 않으면 저는 입을 다물 것입니다. 첨단 지적 능력을 지닌 사람들을 가르치려고 땀을 흘리지도 않을 것입니다. 오히려 나 자신을 위해 배울 것입니다. 마음과 의지와 행동을 설득하는 일은 우리가 온힘을 쏟을 만한 가치가 있습니다. 우리의 힘은 무엇보다 우리 자신을 위한 것이고, 이웃은 그 다음입니다. 우리는 자신의 눈에서 먼저 들보를 뽑아내야 합니다. 형제의 눈에 낀 티끌이 자신의 눈에 박힌 들보보다 크더라도, 형제의 눈에서 티끌을 뽑아내는 일은 그 다음입니다. 누군가를 종달새처럼 행복하게 해 주는 것은 그에게 지독히 나쁜 짓을 하는 것일 수 있습니다. 누군가를 깨워서 일으키고 하늘을 쳐다보게 만들어 회심시키는 일은 예수 그리스도의 삶과 죽음에 버금가는 가치가 있습니다.

어린 시절의 회복

알프레드 세실 하우드

인간이 도덕적으로 성숙하지 못한데도 지식을 무기로 엄청난 힘을 갖게 됐다는 사실이 요즘처럼 분명하게 드러난 때가 없다. 이런 비극적인 사실은 우리 시대를 책임지는 사람들의 발언에서도 읽을 수 있다. 예컨대 영국학술협회 회장은 최근 취임 연설에서 인류의 '병폐'를 아주 흥미롭게 진단했다. 그의 진단에 따르면 인간의 지식은 상속되어 이전 세대가 남긴 것으로 다음 세대가 시작하지만, 도덕은 상속되지 않아 모두가 처음부터 다시 시작해야 하는 현실이 인간의 문제이다. 요컨대 우리는 조상보다 훨씬 많이 알지만, 더 낫지는 않은 것이다.

유감스럽게도 이런 현실이 자유로운 인간에게 주어진 조건이다. 우리가 부모에게 미덕을 물려받는다면, 이 사실단으로도 우리는 도덕적이어야 한다. 이 부분에서는 자유의지를 과시할 필요가 없다. 하지만 거의 무한정한 권력이 무책임한 사람들의 손에 쥐어졌다는 소름끼치는 장면에 우리는 눈감을 수 없다.

교구민을 위한 평이한 설교집

존 헨리 뉴먼

하늘나라에 들어가려면 뭔가 특징 있는 정신 곧 특정 상태의 마음과 사랑이 필요하지만, 우리 행동도 구원에 적합해야 합니다. 우리가 그런 정신을 지녔다는 것을 행동으로 입증해 보여야 한다는 뜻입니다. 이른바 '선한 행위'가 필요합니다. 선한 행위가 그 자체로 장점을 지녀서 우리 죄를 대신해 하나님의 분노를 가라앉혀 주거나 하늘나라로 들어가는 입장권을 구해 주기 때문이 아니라, 하나님이 우리 가슴에 심어 주신 거룩한 원리를 강화시키고 보여 주는 수단이 되기 때문입니다. 성경에서 말하듯이, 그 거룩한 원리가 없다면 우리는 하나님을 보지 못합니다. 우리가 자제하고 인내하며 착한 행동을 거듭하면, 우리 마음도 자제하고 인내하며 착한 행동을 하는 성격으로 길들여져 갈 것입니다. 기도를 계속하고 겸손하려 애쓰며 인내하면, 또 그리스도의 가르침대로 매일 행동하면, 그 거룩한 행위들은 하나님과의 교감을 통해 우리 마음을 거룩하게 키워 가고 언제나 하나님과 만날 날을 대비하는 수단이 될 것입니다. 원칙에 따라 행동하면 내면의 습관은 저절로 생깁니다. 거듭 말하지만, 하나님의 뜻에 순종하는 행동 즉 선한 행위는 우리에게 유익해서 이 물질적인 세상에서 우리를 구해 주고 우리 마음에 하늘의 모습을 심어 줄 것입니다.

전하지 않은 설교

조지 맥도널드

하나님은 우리에게 결정한 대로 행동하는 의지와 그 의지를 사용할 수 있는 힘을 주십니다. 그리고 필요한 경우에는 그 힘을 지원하는 도움까지 주십니다. 하지만 우리는 진리를 원해야 합니다. 주님은 그때를, 즉 아버지 하나님이 그분 자녀의 마음에서 승리할 날을 기다리십니다. 그 마음에서만 하나님은 영혼의 산고를 보실 수 있으며 또 만족하실 수 있습니다.

이 일은 하나님의 몫이지만, 우리도 여기에 자유의지를 발휘해야 합니다. 우리 안에서 꽃이 필 때, 그 꽃이 클수록 하나님의 꽃도 커집니다. 하나님의 가장 고결한 창조물인 우리는 아버지 하나님과 아들 예수 그리스도처럼 옳은 것을 자유의지로 해낼 수 있는 존재이기 때문입니다. 고통과 슬픔, 꽃과 기쁨은 하나님 아버지의 것인 동시에 예수 그리스도의 것이며, 우리의 것이기도 합니다. 의지, 즉 뭔가를 하려는 힘은 창조될created 수 있지만, 뭔가를 하려는 의도는 태어나는begotten 것입니다. 하나님이 먼저 하고자 하시기 때문에 우리도 하고자 하는 것입니다.

하나님이 나라는 존재를 불러 살게 하시고 생각하게 하시고 고통을 견디고 기뻐하게 하셨으니, 완전히 순종함으로써 내 존재를 하나님께 돌려드려야 하지 않겠습니까. 따라서 내 존재를 하나님의 손에 의식적으로 맡길 때부터 나는 숨을 쉬며 하나님과 함께 살아갑니다. 나는 진실하기 때문에, 달리 말하면 하나님 아버지와 하나이기 때문에 자유롭습

니다. 자유는 자유롭다는 것을 스스로 압니다. 따라서 진실하다면 지옥
에 있더라도 비참하지 않을 것입니다.

새뮤얼 존슨 선집

새뮤얼 존슨

영국군과 프랑스군의 특징을 비교한 학자들에 따르면, 프랑스군은 병사들이 뒤따르려 하면 장교들이 이끌어 가는 반면 영국군은 장교들이 이끌려 하면 병사들이 뒤따른다.

정곡을 찌르는 말들은 간결하다는 특성 때문에 정확성이 약간 떨어지기 마련이다. 이 비교에서도 영국군에서는 장교보다 병사가 조금이나마 유리한 듯하다. 사실, 영국군 장교가 프랑스군 장교보다 솔선수범하는 데 덜 적극적이라고 가정해야 할 어떤 이유도 나는 모른다. 하지만 프랑스군 병사에 비해 영국군 병사들이 장교의 명령을 적극적으로 따른다는 것은 보편적으로 인정되는 사실이다. 세상의 어떤 국가보다 우리나라는 계급을 불문하고 상하 모두가 전염병에 걸린 듯 똑같이 발휘하는 용기를 자랑할 만하다. 농부와 어릿광대로 군대를 채워도, 그들은 장군에 필적하는 용기를 보여 준다.

보이지 않는 것을 입증하기 위하여

조지 맥도널드

당신에게 꼭 알려 주고 싶은 것이 있습니다. 유일하고도 진정한 자유는 순종에 있다는 사실입니다. 이 말을 이해할 수 있겠습니까?

예수 그리스도가 하늘에 계신 아버지의 뜻에 절대적으로 헌신하지 않았더라면 한순간이라도 자유롭다고 느꼈을 거라 생각하십니까? 예수 그리스도가 아버지 하나님께 덜 헌신할 수도 있었다고 가정해 봅시다. 그랬더라도 예수 그리스도가 자유롭다고 느꼈을 거라 생각하나요?

이런 연유로 악마가 생겨났다고 생각하지는 않습니까? 악마도 자유롭다고 생각하며 "나는 나다. 나는 누구의 노예도 되지 않을 것이다. 나를 만든 하나님의 노예도 되지 않겠다"고 말했습니다. 그래서 악이 이 세상에 끼어들고 모든 것이 타락합니다. 악은 악마이지, 더 이상 대천사가 아닙니다. 우리를 들어 올릴 수 있다는 교만을 부릴 수조차 없음을 스스로 알기에 우리 모두를 지옥으로 끌어내리려는 악마, 비열한 악마입니다.

우리는 태생적으로 예수 그리스도의 종입니다. 그러나 예수님은 자유의 화신이시며 우리는 고결하고 진실하며 정의로운 창조물이어야 하기에, 우리가 우리 정신을 한 가닥의 실로라도 옭아매는 일을 하기는커녕 생각지도 않기를 그분은 바라십니다. 또한 우리가 어디엔가 얽매여 있다는 기분조차 느끼지 않기를 바라십니다. 예수님은 우리가 자유롭기를 바라십니다. 그 자유는 바람처럼 우왕좌왕하는 자유가 아닙니다. 법이 없는 사람들의 자유가 아닙니다. 우리가 진심으로 하나님의 법에 순종하고 하나님의 진리를 실천함으로 얻는 자유입니다. 법이 일방적이라는 것을 깨닫고 저항하거나, 그 법을 피해 다른 길을 간다고 그게 진정한 자유이겠습니까? 우리 존재의 본질은 우리 존재를 신성하게 만드는 현재의 조건에 저항하는 데 있지 않고 순응하는 데 있습니다. 왜 그럴까요? 하나님은 우리를 자신의 형상대로 만드셨기 때문입니다.

우리가 하나님처럼 행동할 때, 즉 하나님의 마음과 본성에 따라 행동할 때 우리는 내면의 깊은 자아에 따라 행동하는 것입니다. 그 자아가 하나님의 뜻이고 법이기 때문입니다.

그러나 좀더 깊이 생각해 봅시다. 당신이 예수 그리스도께 순종하기 시작하고 예수 그리스도의 종이 되었다고 해서, 자유가 무슨 뜻인지 깨달았다는 의미는 아닙니다.

우리는 뭐가 올바른 것인지 알지만 그대로 행동하고 실천하지 않습니다. 반면 뭐가 옳지 못한 것인지 알지만 그 잘못된 행동을 무람없이 합니다. 그러나 자유의 법, 곧 예수 그리스도의 뜻이 찾아올 때, 우리는 옳은 줄 알면서도 하지 않던 일을 하게 될 것이고, 잘못인 줄 알면서도 하던 일을 중단하게 될 것입니다.

창조자의 정신

도로시 L. 세이어즈

'희생'은 오해하기 쉬운 단어다. 일반적으로 희생은 고결하고 존경받아 마땅한 행위로 여겨진다. 더구나 자신을 기꺼이 희생하는 사람들에게는 더욱 그렇게 느껴질 것이다. 그런데 현실에서는 정반대다. 희생을 의식적으로 자기희생이라 느끼는 것은 사랑의 실패라 할 수 있다. 필요에 의해, 혹은 의무로 마지못해 일할 때 그 사람은 일을 힘들고 고통스럽게 생각하면서 "이 일을 하느라 희생이 이만저만이 아니야"라고 투덜거리기 십상이다. 하지만 사랑의 일을 할 때는 이상하게도 희생이 즐겁게 느껴질 것이다.

도덕주의자들의 주장에 따르면 전자의 희생이 후자의 희생보다 훨씬 값지다. 도덕주의자는 사랑보다 자존심을 더 소중하게 생각하기 때문이다. 행위자에게 불만을 주는 행위가 즐거움을 주는 행위보다 실제로 더 가치 있다는 청교도적 사고방식은 이처럼 자존심을 지나치게 중시하는 가치관에 뿌리를 둔다. 그렇다고 내가 의무감에 할 수 없이 하는 일을 숭고하게 생각하지 않는다는 것은 아니다. 다만 순수한 사랑으로 즐겁게 일하는 것이 더 숭고하게 여겨진다는 뜻이다. 청교도들은 흔히 이렇게 생각한다. "물론 어떤 사람은 아주 열심히 일하고 이러저런 이유로 많은 것을 포기했다. 하지만 아무런 이득도 없다. 그저 그 일을 즐길 뿐이다." 하지만 일하는 데서 얻은 즐거움이 이득이며, 그가 그런 일을 하면서 즐거워하는 사람이라는 데 고결함이 있는 것이다.

그리스도를 본받아

토마스 아 켐피스

하늘나라를 사랑하고 소망하는 사람은 많지만, 예수 그리스도와 함께 십자가를 지려는 사람은 거의 없다. 많은 사람이 예수님께 위안을 바라지만, 그분의 시련을 원하는 사람은 거의 없다. 많은 사람이 예수님과 식탁에 앉기를 바라지만, 그분과 함께 금식하려는 사람은 손가락으로 꼽을 지경이다. 모두가 예수님과 기쁨을 나누기를 바라지만, 그분 때문에 기꺼이 고통을 감수하려는 사람은 거의 없다.

많은 사람이 빵 조각을 얻기 위해 예수님을 따르지만, 그분과 함께 수난의 쓴 잔을 마시려는 사람은 좀처럼 없다. 예수님의 기적을 경외하지만, 십자가의 모욕을 따르는 사람은 거의 없다. 모든 일이 제대로 풀릴 때는 예수님을 사랑하고 은혜를 받을 때면 그분을 찬양하지만, 주님이 몸을 감추고 잠시라도 떠나면 불평을 터뜨리거나 의기소침해진다.

자신을 위해서가 아니라 순전히 예수님만을 위해 그분을 사랑하는 사람은 위로받을 때는 물론이고 환난과 곤경을 당할 때도 예수 그리스도를 찬양한다. 예수님이 위안을 주지 않을 때도 그분을 찬양하며 감사 기도를 드린다.

이기심과 자기애를 떨쳐 내고 예수님만을 사랑하는 마음, 얼마나 가상한가! 자기 이익만 생각하는 사람이라면 그리스도보다 자기를 더 사랑하는 사람이 아니겠는가? 그런 사람이 보상을 바라는 마음을 버리고 어떻게 하나님을 온전히 섬길 수 있겠는가?

모든 물질적인 욕심을 기꺼이 떨쳐 낸 영적인 사람을 만나기는 무척 어렵다. 마음이 진정으로 가난한 사람, 물질에 대한 모든 애착을 버린 사람을 어디서 찾을 수 있을까? 그런 사람은 먼 곳에서 구해 와야 할 진귀한 보물이다(잠 31:14).[1]

---

[1] 누가 현숙한 여인을 찾아 얻겠느냐. 그의 값은 진주보다 더하느니라……그는 양털과 삼을 구하여 부지런히 손으로 일하며 상인의 배와 같아서 먼 데서 양식을 가져 오며(잠 31:10-14).

14장 더 큰 선물을 받을 자격
겸손

신국론

성 아우구스티누스

따라서 겸손에는 마음의 품격을 높이는 뭔가가 있고, 교만에는 마음의 품격을 떨어뜨리는 뭔가가 있다. 사실, 지위가 높은 것이 품격을 떨어뜨리고 지위가 낮은 것이 품격을 높인다는 말은 모순되게 들리는 듯하다. 그러나 진정으로 겸손할 때 우리는 위에 있는 것에 순종할 수 있다. 우리 위에 하나님보다 높은 것은 없다. 따라서 겸손은 우리를 하나님께 순종하게 함으로써 우리를 높여 준다. 그러나 교만은 천성적인 결함인 까닭에 지극히 높은 하나님께 순종하지 않고 반항하며 낮은 단계로 떨어진다. 성경은 "그들이 스스로 높였을 때 당신은 그들을 파멸에 던지셨다"고 전한다. 이 말씀을 눈여겨봐야 한다. 그들이 먼저 높임을 받은 후에 버려진 것처럼 "그들이 높임받았다"고 하지 않았다. "그들이 스스로 높였을 때", 바로 그때 내던져졌다. 말하자면, 스스로 높이는 행위는 이미 추락의 시작을 뜻한다.

따라서 하나님의 도시가 이 땅에 임할 때 겸손은 하나님의 도시에서 특별히 권장되고, 특히 그곳의 왕인 그리스도의 사람에게서 나타난다. 반면 성경의 증언에 따르면, 교만이라는 악은 그리스도의 적인 악마의 품성이다. 우리가 말하는 두 도시는 각자의 편에 속해 있는 천사들과 관계를 맺고 있는데, 즉 믿음이 깊은 사람들의 도시와 믿음이 없는 사람들의 도시를 구분 짓는 가장 큰 차이가 바로 교만이다. 겸손의 도시는 하나님의 사랑으로 인도되지만, 교만의 도시는 자아의 사랑으로 세워진다.

따라서 인간이 자기만을 위한 삶을 시작하지 않았더라면, 하나님이 금지하신 것을 행하는 공공연하고도 명백한 죄 속에서 악마가 인간을 유혹하지 않았을 것이다. 이 때문에 "너희도 하나님처럼 될 것"[창 3:5]이라는 유혹을 달콤하게 받아들인 것이다. 교만하고 이기적으로 살지 않고 궁극적 목적인 진리에 순종했더라면 훨씬 쉽게 그 꿈을 이룰 수 있었을 텐데……. 만들어진 신은 진리의 하나님께 귀의歸依할 때 신이 되는 것이지, 그 자체의 힘으로는 신이 되지 못하기 때문이다. 더 많은 것을 탐낸 까닭에 인간은 더 초라한 존재로 전락하고 말았다. 스스로면 족하다는 마음에 불을 지핀 까닭에 인간은 그들을 위해 희생하신 하나님에게서 멀어지고 말았다.

그리스도를 본받아

토마스 아 켐피스

늘 가장 낮은 곳에 있으라. 그러면 가장 높은 곳이 주어질 것이다. 높은 곳은 낮은 곳이 없이는 존재할 수 없기 때문이다. 하나님이 보시기에 가장 높은 곳에 있는 성인들도 그들 자신이 보기에는 가장 보잘것없는 사람들이다. 따라서 그들은 영광을 받을수록 마음으로는 더욱 겸손해지고 진리와 하늘의 기쁨으로 가득하며 헛된 영광을 탐내지 않는다.

하나님을 근거로 삼고 굳게 믿는 까닭에 성인들은 조금도 교만하지 않다. 그들은 무엇을 받든 좋은 것이면 하나님의 은혜로 생각하며, 서로에게서 영광을 구하지 않고 오직 하나님에게서만 영광을 구한다. 그들은 하나님이 하나님 자신과 그분의 모든 성인들 안에서 찬양받으시기를 원한다. 그들은 오로지 이 목적을 간구한다.

따라서 작은 선물에도 감사하라. 그러면 응당 더 큰 선물을 받게 될 것이다.

산상수훈

찰스 고어

교회와 세상에서 도덕적 질서를 지키기 위해 자기주장을 해야 할 때가 있다. 그러나 우리가 충분한 권위를 갖고 "당신들은 하나님을 오해하고 있다. 당신들은 사회를 잘못된 길로 이끌고 있다. 하나님과 사회를 지키는 것이 나의 의무다. 당신들은 나를 흔들지 못할 것이다"라고 말할 수 있는 위치에 있게 될 때까지 누구도 진정한 평화를 얻지도, 만물의 근원에도 이르지 못한다. 이런 위치는 우리 모두가 성취해야 할 최고의 목표다. 또한 우리가 어떤 대우를 받을 만한지 아는 우리, 삶의 전반에서 부당하게 고통받고 있음을 좀처럼 느낄 수 없는 우리와 같은 죄인에게 어울리는 순종적 자세이자, 죄 없고 정의로운 사람의 순종적 모습이기도 하다.

이런 자기주장이 없기 때문에, 우리는 하나님이 최후에 끝까지 구체적으로 보여 주지 않으실 부분에 대해 주장할 수 없는 것이다. 주님께서 시편을 인용해 "온유한 자는 복이 있나니 그들이 땅을 기업으로 받을 것"[마 5:5]이라고 말씀하셨다. 상속자는 어떤 사람일까? 정의로운 위치에 올라서는 사람이다. 그는 누군가 달려와 쫓아낼까 두려워하지 않는다. 그는 자신에게 속한 것들 사이에서 편하게 돌아다닌다. 그가 물려받은 것은 진정으로 그의 것이기 때문이다. 더 나은 주장을 하는 사람도 그를 쫓아낼 수 없다. 하나님이 허락하지 않는 것을 사회에 주장하고 하나님이 우리에게 견디라고 하신 명령을 거부하는 세상이 된다면, 진정

한 주인이 몸소 나타날 날이 곧 올 것이며 그때 우리는 한없이 부끄러워
해야 할 것이다. 지금껏 우리는 하나님이 허락하지 않은 주장을 일삼았
고, 하나님이 우리에게 어떤 권리도 허락하지 않은 부분에서 거침없이
목소리를 높여 왔다. 언젠가 우리는 그 권리를 빼앗길 것이다. 하지만
언제나 정의롭게 판단하시는 하나님에게 현신해 온 온유한 사람들은 두
려워할 것이 없다.

경건한 삶을 위한 엄숙한 부르심

윌리엄 로

겸손은 우리가 마땅히 받아야 평판보다 우리 자신을 낮게 평가하라는 뜻이 아니라, 자신의 약점과 죄를 똑바로 인식하라는 뜻이다. 우리는 너무 약해서 아무것도 못한다. 그저 존재할 뿐이다. 우리가 뭔가를 할 수 있는 것은 순전히 하나님의 힘 덕분이다. 하나님께 가까이 다가가는 것조차 그러하다. 따라서 교만은 하나님의 영광을 자신에게 돌리는 짓이기 때문에 도적질과 같다.

묵상하는 동안 겸손의 미덕을 키우려면 자신의 삶을 돌이켜보면 된다. 우리의 모든 생각이 갑자기 세상에 투명하게 비쳐 보인다고 가정해 보자. 어떤 비밀스런 동기로 우리의 가장 고결한 행동까지 타락한다는 것을 안다면 누구도 선한 행동을 했다고 존중받기를 기대할 수 없을 것이다.

죄의 본질이 얼마나 부끄럽고, 죄를 씻어 내는 데 필요한 속죄가 얼마나 숭고한지 생각해 보라. 하나님의 아들, 예수 그리스도의 고통과 죽음까지 필요했다. 우리가 이와 같은 속죄에 조금이라도 함께한다면 교만이 끼어들 여지가 있겠는가?

우리 모두가 겸손한 사람을 좋아하고 교만한 사람을 싫어한다.

하늘을 쳐다보며 우리가 천사와 얼마나 다른지 생각해 보라. 천사들은 자신의 완벽함을 자랑하지 않지만 모두가 똑같이 즐거워한다. 숭고한 천사들이 모든 영광을 하나님께만 드리는 반면, 죄인인 우리가 존중

받는 위치를 누린다면 얼마나 부당한 일인가. 자신에게만 기뻐하는 인
간들이여, 처형당한 온유하신 구세주와 그대들을 비교하며, 십자가에
못박힌 채 매달린 은총의 주님을 묵상하라.

아시시의 성 프란체스코

G. K. 체스터턴

앞에서 말했듯이, 성 프란체스코는 나무를 보려고 일부러 숲을 보지는 않았다. 더구나 인간을 볼 생각에서 군중을 보지도 않았다. 진정한 만민평등론자는 누구도 기만하지 않고 군중의 요구라는 환상에 현혹되지도 않는다는 점에서 순전한 선동가와 다르다. 그가 괴물도 좋아했다고 하지만, 눈앞에서 머리 여럿 달린 야수를 본 것은 아니었다. 그는 하나님의 형상을 단 하나가 아니라 다양하게 보았을 뿐이다. 그에게 인간은 언제나 인간이었고, 인간이 사막에 있다고 사라지지 않듯 무수한 군중 속에서도 사라지지 않는 존재였다.

그는 모든 인간을 공경했다. 달리 말하면, 어떤 인간이나 사랑하고 존중했다. 교황부터 거지까지, 대형 천막에서 기거하는 시리아의 술탄부터 숲에서 기어 나오는 남루한 도둑까지, 뭇사람의 타오르는 갈색 눈동자를 들여다본 사람이라면 누구라도 프란체스코 베르나도네Francesco Bernardone[1]가 자신에게, 그리고 요람에서 무덤까지의 내면의 삶에 지극한 관심을 기울인다고 확신할 수 있었다. 또한 그가 소중한 존재로서 진지하게 여겨진다는 것과, 어떤 사회 정책의 폐물 혹은 어떤 자료에 단순히 이름이 추가되는 존재가 아니라고도 확신할 수 있었다.

바로 여기에 성 프란체스코의 남다른 힘이 있다. 이 특별한 도덕적이고도 종교적인 이상의 실천을 위해서는 공손함이 절대적으로 필요하다. 훈계는 공손의 표현이 아니다. 공손은 추상적 열정이 아니기 때문이다.

자선도 공손의 표현이 아니다. 공손은 단순한 연민이 아니기 때문이다. 공손은 '예절'이라 칭할 수 있는 어떤 고매한 방법에 의해서만 드러날 수 있다. 꾸밈없이 지극히 소박하고 단순한 삶을 살았던 성 프란체스코지만 하나의 사치품은 손에서 놓지 않았다고 할 수 있다. 바로 궁중 예절이다. 그러나 궁중에는 한 명의 왕과 많은 조신이 있는 반면, 성 프란체스코의 이야기에는 많은 왕을 섬기는 한 경의 조신이 있었다. 성 프란체스코는 모든 인간을 왕처럼 섬겼기 때문이다. 예절은 인간이 참으로 지녀야 할 것이라고 그가 호소하고 싶었던 유일한 마음가짐이었다.

1) 성 프란체스코의 본명.

무지의 구름

작자 미상

겸손은 우리 자신을 있는 그대로 알고 받아들이는 것이다. 자신의 실제 위치를 가감없이 깨닫고 느끼는 사람이라면 진실로 겸손할 것이기 때문이다. 우리는 두 가지 이유에서 겸손해야 한다. 하나는 죄를 짓고 추락해 버린 인간의 타락과 사악함과 나약함 때문이다. 우리가 아무리 성결하다 할지라도 이 땅에 사는 동안에는 이 사실을 잊어서는 안 된다. 다른 하나는 하나님의 넘치는 사랑과 은혜 때문이다. 하나님의 사랑에 산천초목이 부들부들 떠는 것을 바라볼 때 모든 학자는 바보가 되고 모든 성자와 천사는 눈이 먼다.

이 두 번째 원인은 '완전한' 것이어서 영원하다. 첫 번째 원인은 '불완전'해서 일시적이기도 하지만, (하나님이 바라시는 한) 하나님의 은총에 우리의 열망이 커져 갈 것이기에 이 유한한 육신 속 영혼이 갑자기 자신을 완전히 망각해 버리지는 않는다.

내가 '불완전한' 겸손이라 칭하기는 하지만, 이 정도라도 겸손할 때 내가 정말 누구인지 훨씬 깊이 깨닫고 알게 된다. 하늘의 모든 친구들, 성자와 천사, 이 땅의 성스런 교회와 더불어 모든 남녀, 종교인과 세속인 모두가 처한 환경이 다르더라도 '완전한' 겸손을 이루기 위해 힘을 합하고 "내가 완전한 겸손에 이르게 하소서!"라고 하나님께 기도한다면 조금이라도 빨리 완전한 겸손의 미덕에 이를 수 있으리라 생각한다. 그렇다. 죄인은 이렇게 힘을 합하지 않으면 완전한 겸손에 이르지 못하며 완전한 겸손을 유지할 수 없다.

　따라서 온갖 방법을 동원해 온 신경을 곤두세우고 우리가 정말 어떤 존재인지 깨닫고 경험해 봐야 한다. 그러면 오래지 않아 하나님이 어떤 분인지 깨닫고 경험할 수 있을 것이다. 물론 하나님이 우리에게 손을 뻗지 않으실 때는 불가능한 일이다. 하나님의 도우심 없이 어떻게 하나님을 알 수 있겠는가! 또 우리가 육신과 영혼 모두에서 하늘나라에 있더라도 반드시 하나님을 알고 경험할 수 있는 것은 아니다. 육신 안의 겸손한 영혼은 하나님이 허락하시는 만큼만 하나님을 알고 경험할 수 있을 뿐이다.

완전의 척도

월터 힐턴

묵상으로 하나님을 경배하고 사랑하는 시간은 큰 위안을 주고 우리 영혼을 하늘로 강력하면서도 편안하게 들어 올려, 우리 영혼이 천상의 기쁨을 누리며 그 안에서 편히 쉬게 해 줍니다. 그렇다고 묵상이 이것을 목표로 삼는 것은 아닙니다. 이런 상태를 경험한 사람은 칭찬이나 비난, 명예나 모욕에 연연하지 않습니다. 주변 사람들의 경멸로 그가 겸손해지면 그것만으로도 기뻐하며, 사람들의 존경과 칭찬이 없다고 아쉬워하지 않습니다. 오히려 칭찬이나 경멸을 모두 잊고 하나님만 생각하며 겸손하려 애씁니다. 이런 자세야말로 우리가 겸손에 이를 수 있는 가장 확실한 방법입니다. "내 눈이 항상 여호와를 바라봄은 내 발을 그물에서 벗어나게 하실 것임이로다"(시 25:15). 이렇게 행동할 때 우리는 우리 자신을 완전히 버리고 하나님께 온전히 의지하게 됩니다. 그때에야 진리의 방패가 우리를 완전히 보호할 것이고, 우리가 그 방패 뒤에서 지내는 한 교만의 씨가 우리를 해치지 못할 것이기에 안전할 것입니다. 우리가 모든 것을 버리고 진리만 바라본다면, 진리가 우리를 방패처럼 지켜 줄 것입니다. 그때 우리는 밤의 어둠이 무섭지 않을 것입니다. 밤이든 낮이든 교만의 악령이 찾아오더라도 두렵지 않을 것입니다.

선집

리처드 롤

이 땅에 살면서 죄의 사악함을 씻어 내는 구원의 능력을 끊임없이 추구하는 사람은, 다음 생에서는 모든 고통에서 자유로워지고 축복받은 삶을 영원히 누릴 수 있을 것이다. 따라서 이런 유형流刑의 삶에서도 그는 하나님의 사랑이라는 기쁨을 누릴 수 있을 것이다.

그러므로 자발적인 가난부터 시작하라. 이 땅에서 어떤 것도 원하지 않을 때 우리는 하나님과 인간 앞에서 부끄럽지 않으며 순결하고 온유하게 살아갈 수 있다.

무소유가 때로 필수품의 문제를 제기하지만, 아무것도 소유하지 않겠다는 소망은 그 자체로 커다란 미덕이다. 그러나 우리가 많은 것을 소유하고 있더라도 그것이 필요해서가 아니라 욕심 때문이라면 그것들을 소유하지 않기를 바랄 수 있다. 따라서 이런 의기에서 아무것도 갖지 않은 사람은 많은 것을 바랄 수 있다. 가장 완전한 사람이 필요한 것을 받아들이는 것은 당연하다. 살아가는 데 필요한 것조차 갖지 않겠다고 거부하는 사람이라면 결코 완전한 사람이 아닐 것이기 때문이다.

완전한 사람이 되는 길은 하나님을 위해 모든 세속적인 것을 포기하지만 먹고 입을 것은 취하는 것이다. 그것마저 부족하더라도 하나님을 찬양하고, 불필요한 것을 최대한 거부하는 것이다.

우리 몸이 영원히 꺼지지 않는 빛의 열기로 따뜻해질 때 우리는 어떤 역경에서도 온유한 마음을 지켜 갈 수 있을 것이다. 겉으로만 꾸미는 것이 아니라 진정으로 온유한 사람은 모욕과 비난으로 손가락질받아도 분노하지 않는다. 따라서 부지런히 묵상하며 겸손하려 애쓰는 사람에게는 하늘나라의 것을 보는 은혜가 주어지고, 육신이 고통받아 마음의 눈이 맑아지는 사람에게는 내면의 기쁨으로 감미롭고 즐겁게 노래하는 은혜가 주어진다. 그는 세상의 것을 구하러 갈 때도 교만의 발걸음으로 나아가지 않고, 하나님의 달콤한 사랑에 취하여 한없이 기쁜 마음으로 나아간다. 이런 경이로운 사랑에 취한 까닭에 그는 늘 즐거워하고 기뻐한다.

성 프란체스코의 작은 꽃들

아시시의 성 프란체스코

하지만 우리가 시련을 잘 견디지 못한다면 결코 영원한 위안에 이르지 못할 것이다. 백 명의 가난한 사람을 먹이고 끊임없이 금식하는 것보다 하나님의 사랑을 위하여 불평하지 않고 비난과 모욕을 끈기 있게 견디는 것이 훨씬 축복받고 칭찬받을 일이다. 이웃이 낸 조그만 상처조차 견디지 못한다면 금식하고 철야기도를 하고 금욕적인 삶을 살면서 몸을 학대한들 무슨 이득이 있겠는가? 자진해서 자신을 학대하는 고통보다 이웃의 모욕을 견디는 것에서 훨씬 큰 보상을 얻고 공덕을 쌓을 수 있을 것이다. 이웃의 모욕과 비난을 겸손한 자세로 불평하지 않으면서 견뎌 낼 때, 우리는 수많은 눈물샘을 통해서 더 빨리 우리 죄를 씻어 낼 수 있을 것이기 때문이다.

마음의 눈 앞에서 늘 죄를 기억하고 하나님의 은혜에 감사하는 사람은 복된 사람이다. 그런 사람은 어떤 시련과 역경도 끈기 있게 견디며 크나큰 위안이 있으리라 확신한다. 진정으로 겸손한 사람은 하나님께 어떤 보상도 기대하지 않고, 하나님께 큰 빚을 졌다는 것을 알기 때문에 오로지 모든 것으로 하나님을 기쁘게 해 드리고자 애쓴다. 또 그가 가진 모든 좋은 것은 한없는 자비로 하나님이 아낌없이 주신 것이라 인정하고, 그에게 닥친 모든 시련은 자신의 죄에서 비롯한 것일 뿐이라고 생각한다.

진리, 변증, 기독교 정신

성 토마스 아퀴나스

G. K. 체스터턴

하나님을 묵상하는 그리스도인이든, 무無를 묵상하는 동양인이든 묵상가는 묵상에 몰입한다. 성 토마스 아퀴나스는 불교적 신비주의자가 아니다. 그렇다고 그의 몰입이 그리스도교적 신비주의자의 몰입도 아니었던 것 같다. 진정한 그리스도교 신비주의에서 흔히 확인되는 기쁨을 그가 경험했다면, 그런 기쁨을 다른 사람들이 식사하는 자리에서는 드러내지 않도록 주의했을 것이다. 따라서 토마스 성자가 약간은 흐릿한 몰입, 말하자면 완전한 신비주의자가 아닌 현실적인 사람이 경험하는 몰입에 빠졌던 것으로 여겨진다. 그는 활동하는 삶과 묵상하는 삶을 구분하는 일반적 기준을 사용했지만, 적어도 이 부분에서는 그의 묵상하는 삶이 활동하는 삶이었다고 판단된다. 달리 말하면 그 삶은 신성하기까지 했던 한층 고결한 그의 삶과 아무런 관계도 없었다. 오히려 나폴레옹이 오페라를 지겹게 생각하기 시작하면서, 결국에는 쾰른에 주둔한 두 군단과 합류하기 위해 프랑크푸르트에 주둔한 세 군단과 합류할 방법을 생각했다고 고백한 경우를 떠올리게 한다. 따라서 토마스 아퀴나스의 경우, 그의 몽상이 꿈이었다면 그야말로 백일몽이었고, 전투를 치르는 백일몽이었다. 그가 혼잣말을 했다면 꿈속에서 누군가와 논쟁을 벌였기 때문이다.

인류 타락의 비밀을 밝히다

C. W. 폼비

인류의 타락을 믿지 않는 것이 영성의 약화를 초래하는 근원인지 시험해 보고 싶다면, 개인을 집중적으로 관찰하고 그 지적인 현대인의 곤경과 입장을 면밀히 조사하면 된다. 대화가 이런저런 이유로 막힌다면, 기독교 교리에 대한 그들의 견해가 처음부터 잘못된 것이라는 사실을 어렵지 않게 확인할 수 있다. 그들은 인간을 타락한 존재로 생각하지 않는다. 따라서 구원과 은총이 절실히 필요한 존재라고도 생각하지 않는다. 인간에 대한 그들의 생각은 매우 현실적인 모습을 담아 낸 그림이지만, 인류의 타락이라는 면은 철저히 배제된다. 결국 그들의 생각은 "당신들이 죄라 칭하는 것은 그다지 큰 잘못이 아니라 아주 자연스런 현상이다", "왜 구원이 꼭 필요한 것인지 모르겠다. 잘못을 범하는 현상은 아직 성숙하지 못했다는 뜻일 뿐이다"라는 말로 요약할 수 있다. 따라서 곧바로 치명적 결함이 분명하게 드러난다. 인류의 타락이라는 근본적 사실이 그들의 머릿속에서 실질적으로 지워져 버렸다. 이런 사실을 인정하지 않는데 기독교 진리를 어떻게 이해할 수 있겠는가! 그들에게 기독교 진리는 극단적인 환상으로 여겨질 뿐이다.

오소독시|Orthodoxy

G. K. 체스터턴

불교도나 동양의 숙명론자에게 실존은 어떤 식으로든 반드시 끝이 나는 계획이나 과학입니다. 그러나 그리스도인에게 실존은 자칫하면 끝날 수도 있는 '이야기'입니다. (순전히 그리스도교적 산물인) 손에 땀을 쥐게 하는 이야기에서, 주인공은 식인종에게 잡아먹히지 않습니다. 그러나 긴장감을 유지하려면 잡아먹힐 수도 있다는 가능성이 지속되어야 합니다. 말하자면, 주인공은 잡아먹힐 수 있는 주인공입니다. 따라서 그리스도교 윤리는 인간에게 영혼을 잃지 말라고, 영혼을 잃지 않도록 조심해야 한다고 가르쳐 왔습니다. 요컨대 그리스도교 윤리에서는 인간에게 '저주받았다'고 말하는 것은 나쁘지만, 인간을 저주받을 만하다고 칭하는 것은 종교적으로나 철학적으로 틀리지 않습니다.

그리스도교 교리는 갈림길에 있는 사람에게 집중됩니다. 반면에 방대하지만 얕은 철학, 덧없는 주장은 한결같이 시대와 진화 및 궁극적 발전에 대해 말합니다. 진정한 철학이라면 순간을 다루어야 합니다. 이 길을 택할 것인가, 저 길을 택할 것인가? 당신이 생각하길 좋아한다면, 이것이야말로 유일한 문제입니다. 영겁永劫에 대해 생각하기란 어렵지 않습니다. 누구나 이에 대해 생각할 수 있습니다. 그러나 순간은 무척 까다롭습니다. 순간이 문학에서는 전투로, 신학에서는 지옥으로 다루어지는 이유가 무엇일까요? 우리의 종교가 순간을 그만큼 중요하게 느끼기 때문입니다. 순간은 어린아이의 책처럼 위험으로 가득합니다. 순간은 언제나 위기에 처해 있습니다. 이런 점에서 서구인의 종교와 인기 소설은 무척 유사합니다. 인기 소설이 통속적이고 천박하다고 한다면, 세상을 따분하게 지내는 박식한 사람들이 가톨릭교회의 인상에 대해 말하는 것과 다를 바 없습니다. 신앙에서 정의하는 삶은 "다음 편에 계속됩니다"라고 약속 혹은 위협하면서 끝난다는 점에서, 잡지에 연재되는 소설과 무척 유사합니다. 안타깝게도 우리 삶은 고결한 통속성을 띠지만, 연재물을 모방하며 극적인 순간에 끝납니다. 죽음은 누가 뭐라 해도 확실하게 극적인 순간이기 때문입니다.

주여, 내가 주님을 믿나이다

오스틴 패러

우리의 신경信經은 만물의 진리를 가르쳐 준다. 하지만 우리는 신경에 드러난 진리에 언제 눈을 돌리는가? 세상의 삶은 무시무시한 음모의 연속이다. 믿음이 보여 주는 면을 침묵하는 것이 아니라 그런 면 자체를 보려 하지 않는 음모이다. 우리는 음모로 태어났고, 음모로 양육됐다. 따라서 음모가 제2의 천성이 됐다. 따라서 우리가 잠에서 깨어 있는 동안에는 기독교 정신이 음모에 맞서 거의 진전을 보지 못하지만, 방에 들어가 문을 닫으면 우리 머릿속에서 회전하는, 세상의 근심이라는 수레바퀴를 강력한 힘이 멈춰 세우고 우리 마음을 가라앉혀 준다. 우리는 통찰력이나 사랑 없이 가까스로 신경을 기억해 내고 그 빛으로 세상의 한 구석을 다시 그려 본다. 그러고 나서 우리는 예수께서 죽음을 택하고 부활하면서 말씀하신 진리를 깨닫고 실천하는 방향으로 행해 왔다. …… 기도는 믿음을 훈련하고 실천하는 적극적인 방법이다. 신경은 그 세상의 윤곽을 그리고, 믿음은 그 윤곽에 맞춰 눈을 훈련시킨다. 진부한 말이기는 하다. 하지만 사람들이 기도하며 구하지 않는 교리는 교리라 할 수 없으며, 그 교리를 기도하며 구하지 않는 기독교인은 교리를 받을 자격이 없다.

영원한 사람

G. K. 체스터턴

다신론은 점점 주변으로 밀려나 동화나 야만인의 기억에나 남아 있습니다. 엄중한 유일신론자들이 주장하는 것처럼 다신교는 일신교와 분명히 다릅니다. 일신교는 한 아이가 태어나고 한 도시가 구원받는 순간처럼 그 자체로 고결하고 고양된 순간에 숭고한 이름을 부르고 고결한 기억을 찾고 싶어 하는 욕망을 채워 줍니다. 그러나 그 이름은 너무나 많은 사람의 입에 오르내려 무수한 이름 중 하나가 되어 버렸습니다. 결국 그 이름은 인간의 깊은 내면에 자리 잡은 어떤 것을 미지의 힘의 몫으로 넘겨주고, 포도주를 땅에 붓고 반지를 바다에 던져 버려야 한다는 생각, 한마디로 희생이라는 생각을 완성시켰습니다. 적어도 부분적으로는 완성시켰습니다. 우리의 이득을 전적으로 취하지 않고 교만으로 불안한 마음을 안정시키기 위해 무언가를 넣어 균형을 잡으며, 우리 땅을 위해 자연에 십 분의 일을 돌려준다는 생각은 현명하고 바람직한 생각입니다. 분수를 모르는 교만은 위험하다는 이 심오한 진리는 그리스 비극에서도 언급되며, 그래서 그리스 비극이 위대하게 여겨집니다. 그러나 신들의 진정한 성격을 알 수 없어 신들을 달랠 수 없다는 수수께끼 같은 불가지론이 그 진리와 경쟁을 벌입니다. 위대한 그리스인들이 보여 주었듯이, 포기의 행위가 찬란히 빛나는 곳에서는 신이 황소를 취하여 좋아질 거라는 주장보다 인간이 황소를 잃어 좋아질 거라는 주장이 더 많습니다. 물론 전반적인 표현에서 신이 정말로 제물을 먹는다고 암시하는 듯한 행동들이 있기는 합니다. 그러나 이런 사실은 내가 신화에 대한 글에서 처음 지적한 오류에 의해 왜곡된 것입니다. 그것은 몽상의 심리를 잘못 해석한 것입니다. 속이 빈 나무에 심술궂은 꼬마 요정이 산다고 믿는 아이라면 그것을 위해 과자를 남겨 놓는 유치하고 물질적인 행위를 할 것입니다. 시인이라면 신에게 꽃과 과일을 바치며 한결 품위 있고 우아한 행위를 할 것입니다. 그러나 두 행위에서 '진지함'의 정도는 똑같거나 무시할 정도의 차이밖에 없다고 할 수 있습니다. 유치한 환상이 신경이 될 수 없듯이, 우아한 환상이라고 신경이 될 수는 없습니다. 다신론자는 그리스도인처럼 믿지 않지만, 무신론자처럼 불신하지도 않습니다. 다신론자는 자신이 추측하고 만들어 낸 힘의 존재를 느낍니다. 사도 바울은 그리스인들이 제단을 만들어 놓고 미지의 신을 섬긴다고 말했습니다. 그러나 사실 그들의 신은 모두 정체불명이었습니다. 사도 바울이 그들에게 알지 못하는 신을 섬겼다고 선포했을 때 역사는 완전히 새롭게 다시 시작되었습니다.

새뮤얼 존슨의 편지

새뮤얼 존슨

윌리엄 드러먼드 님께

안녕하십니까?

기독교를 알리기 위해 모인 집회에서, 종교에 무지한 종족을 교화해야 하는지, 또 그런 가르침을 그들의 언어로 번역한 성경을 통해 전해야 하는지에 대한 문제가 새삼스레 거론될 줄은 예상하지 못했습니다. 하나님 뜻에 순종하는 것이 행복을 위해 필요하고 하나님 뜻을 아는 것이 순종을 위해 필요하다면, 하나님의 뜻을 전하려는 노력을 미루거나 못하게 하는 사람이 어떻게 자기 몸처럼 이웃을 사랑한다고 할 수 있는지 모르겠습니다. 일부러 무지를 조장하는 사람은 무지에서 비롯한 범죄의 원흉이라 할 수 있습니다. 이것은 등대의 불을 끈 사람에게 난파라는 재앙의 책임을 돌리는 것과 다를 바 없습니다. 기독교 정신은 인류애의 정수입니다. 이웃이 잘 되기를 바라지 않는 사람이 선할 수 없듯이, 가장 선한 모습에 다다르기 위한 최선의 방법을 이웃이 갖추길 바라지 않는 사람이 어떻게 지극히 선할 수 있겠습니까? 기독교를 전하는 데 가장 효율적인 방법을, 현세에서 끝나는 모든 계획처럼 일 년 아니 하루라도 미룬다면 이 세상에서 예를 찾아볼 수 없는 범죄가 될 것입니다. 누구도 닮고 싶어 하지 않는 집단인 미국의 농장주들의 행태를 제외한다면 말입니다.

교황 제도를 옹호하는 사람들은 평신도들이 성경을 읽는 것을 줄곧 거부해 왔습니다. 이런 금지가 엄격하게 시행되는 곳이 지금은 거의 없는데도 영혼을 돌본다는 핑계로 명맥을 유지하고 있습니다. 개혁주의자라면 순전히 정치적인 이유로 계시의 빛을 가리는 행위를 삼가야 할 것입니다. 로마 가톨릭의 캄캄한 밤은 분명 그런 개혁을 위한 정오의 햇살일 테니까요.

오소독시

G. K. 체스터턴

다신교는 균형에 미덕이 있다고 주장했지만, 그리스도교는 갈등에 미덕이 있다고 주장했습니다. 겉보기에 대립되는 두 열정의 충돌에 미덕이 있다는 뜻입니다. 물론 두 열정이 완전히 모순 관계에 있지는 않지만 무척 달라서 둘을 동시에 취하기는 어렵습니다. 순교와 자살의 과정을 추적해 봅시다. 특히 용기라는 면을 생각해 봅시다. 용기라는 속성만큼 우리 머리를 쥐어짜게 만들고 합리적인 현인들이 정의하기 어려워한 속성은 없었습니다. 용기는 그 자체로 모순된 단어입니다. 용기는 언제든지 죽을 각오로 사는 강렬한 욕망을 뜻합니다. "자기 목숨을 잃는 자는 얻으리라"[마 10:39]는 말은 성인과 영웅에게나 적용되는 신비로운 말이 아닙니다. 선원이나 등산가에게도 적용되는 일상적인 교훈으로, 높은 산의 안내판이나 훈련 교범에도 쓰여 있습니다. 이런 모순이 용기의 원리입니다. 지극히 세속적이고 야만적인 용기의 경우도 마찬가지입니다. 바다에 고립된 사람은 절체절명의 상황에서 목숨의 위험을 무릅써야 목숨을 구할 가능성을 엿볼 수 있습니다.

위험에 처한 사람은 죽을 각오로 끊임없이 움직여야 죽음에서 벗어날 수 있습니다. 적에게 포위당한 군인이 탈출할 길을 찾고자 한다면 살려는 열망과 죽겠다는 각오를 적절히 결합시켜야 합니다. 살겠다는 데만 집착해서는 안 됩니다. 그럴 경우엔 겁쟁이가 되어 포위망을 탈출하지 못합니다. 또 죽음만을 기다려서도 안 됩니다. 그러면 자살의 길을 택해

탈출하지 못합니다. 죽음에 철저히 무관심한 자세로 목숨을 구할 방법을 찾아야 합니다. 물을 찾듯 목숨을 바라고, 포도주를 마시듯 죽음을 마셔야 합니다. 어떤 철학자도 이처럼 낭만적인 수수께끼를 적절하게 풀어 주지 못했다. 물론 저도 그 수수께끼를 명쾌하게 풀지 못했습니다. 그러나 그리스도교의 가르침은 상당히 명쾌하게 설명하고 있는 듯합니다. 그리스도교는 살기 위해 죽는 사람과 죽기 위해 죽는 사람의 차이를 명백히 보여 주면서, 자살자와 영웅의 죽음이 어떻게 다른지 명백히 드러냈습니다. 그 이후 유럽에서는 창槍에 기사도 정신을 뜻하는 신비로운 깃발이 나부끼게 되었습니다. 삶을 경멸하는 중국인의 용기가 아니라 죽음을 경멸하는 그리스도인의 용기를 뜻하는 깃발이었습니다.

선집

플로티노스

영원과 시간과 관련하여 우리는 이 둘이 다르다고 말한다. 영원은 결코 변하지 않는 속성에 관한 것이고, 시간은 생성되는 것에 관한 것이라 말한다. 의식의 차원에서 이를테면 지적으로 차분하게 해석할 때도 이 둘을 분명히 다르게 인식한다고 생각한다. 그래서 이 둘을 언제 어디서나 똑같은 이름으로 부른다. 하지만 자세히 살펴보면, 즉 이 둘에 좀더 가까이 접근해 보면 우리는 다시 의혹에 싸이며 옛 학자들의 결정에서 어떤 부분은 받아들이고 어떤 부분은 받아들이지 않게 된다. 때로는 똑같은 결정을 다르게 받아들이기도 한다. 따라서 옛 학자들의 결정을 받아들이고 충분히 생각해서, 영원과 시간에 관한 질문을 받을 때 옛 학자들의 의견을 능숙하게 이야기할 수 있다면 우리는 그에 대한 연구의 부담에서 벗어난다. 따라서 축복받은 옛 철학자들 중 일부가 진리를 발견했다고 생각해야 한다. 그러나 그 진리를 얻은 철학자가 어떤 사람이고, 우리는 어떤 과정을 통해 그 문제에 대해 같은 결론에 이를 수 있는지 고려해야 온당하다.

성 토마스 아퀴나스

G. K. 체스터턴

철학의 역사에서 잘못된 단절이 있었다면, 성 토마스 아퀴나스 이전이나 중세사 초기는 아니었다. 그것은 토마스 성자 이후였고 근대사의 초기였다. 피타고라스와 플라톤으로부터 우리에게 전해진 위대한 지적 전통은 로마의 약탈, 아틸라Attila[1]의 승리, 암흑시대에 있던 야만족의 침략 등과 같은 사소한 사건으로 중단되거나 사라지지 않았다. 인쇄 기술이 발명되고 아메리카 대륙이 발견된 후, 또한 영국 학술원이 창립되고 르네상스를 재현하려는 계몽시대와 현대 세계가 도래하면서 위대한 지적 전통이 사라지고 말았다. 먼 옛날부터 내려온 길고 가느다란 끈이 그때 사라지기는 했어도, 그 끈을 놓치지 않으려는 초조한 노력이 있었다. 인간의 특별한 취미, 즉 생각하는 습관이라는 끈이었다. 18세기, 아니 17세기가 끝난 후에야 새로운 철학자의 이름이 책에 등장하기 시작했다는 사실에서 그런 단절이 입증된다. 그러나 로마제국이 몰락한 시기, 암흑시대, 중세 초기에는 (플라톤 철학에 반론을 제기하는 철학을 무시하려는 많은 시도가 있었지만) 철학이 완전히 무시되지는 않았다. 이런 점에서 성 토마스도 다른 독창적인 이론가와 마찬가지로 길고도 분명한 계보를 갖는다. 실제로 성 토마스는 성 아우구스티누스에서 성 안셀무스까지, 또 성 안셀무스에서 성 알베르투스까지 끊임없이 언급한다. 그들과 의견이 다를 때도 성 토마스는 그들에게 경의를 표했다.

1) 로마제국을 침략한 훈족의 왕(434~453년 재위).

평론집

이블린 언더힐

영적인 현실과 겉으로 드러난 상황의 간격, 즉 하나님의 원대한 비전과, 우리를 가르치시는 주님의 일상적인 일의 차이는 너무 커서, 예배를 통해 성령을 꾸준히 느끼고 겸손하고 기쁜 마음으로 완전하신 분을 늘 경배하며 영적 체험을 굳건히 해야 우리는 보이지 않는 실체와 친교를 유지할 수 있는 듯하다. 얼마 전 아이오나 섬을 처음 방문한 여행자가 스코틀랜드의 늙은 정원사에게 언제쯤에나 본토로 돌아갈 것이냐는 질문을 받았다. 그 여행자가 대답하자 늙은 정원사는 "아! 아이오나 섬은 무척 얇은 땅이죠!"라고 말했다. 여행자가 '얇은 땅'이 무슨 뜻인지 묻자 정원사는 "아이오나 섬과 주님 사이에 간격이 거의 없다는 뜻이오!"라고 대답했다.

인간적 관점에서 어떤 곳이 다른 곳에 비해 얇다는 사실을 결코 부인하지 않는다. 그러나 예배의 관점에서는 보이는 세계 전체가 얇은 곳이다. 전혀 그럴 가능성이 없을 듯한 곳도 다를 바가 없다.

이런 식으로 세상을 보는 것이 바로 기독교적 관점이다. 기독교인은 영원의 세계와 시간의 세계에서 동등한 믿음으로 헌신하기 때문이다. 기독교는 교회와 예배당에서 나와서, 즉 삶의 중심지에서 멀리 뻗어나가 실존을 위한 완전한 철학으로 승화되어야 한다. 물리적이고 사회적인 삶, 정신적이고 영적인 삶 등 모든 차원의 존재를 아름답게 가꾸고 풍요롭게 하며, 하나님과 인간에 대한 진리를 널리 전하고, 인간이 살아야 하는 세계 전체를 바꾸어 가는 빛이 되어야 한다.

영어로 쓰인 작품선

토마스 모어 경

하지만 그들은 성경을 한 언어에서 다른 언어로 번역하기가 어렵고, 특히 그들이 상스럽고 야만적인 언어라 칭하는 우리말로 번역하기는 더더욱 어렵다고 말한다. ……하지만 왜 성경을 영어로 번역하기가 쉽지 않은지는 지금껏 한마디도 듣지 못했다. 어떤 이유가 제기되든 처음에는 불쾌하고 달갑지 않게 들리겠지만, 그 이유들을 면밀히 검토해 보면, 성경을 히브리어로 쓴 성결한 기자들, 그리스어로 쓴 축복받은 복음주의자들, 이 두 언어에서 라틴어로 번역한 사람들, 그리고 라틴어 성경을 영어로 충실히 번역하는 책임을 떠안은 거룩한 사람들과 사실상 부딪치는 것이 아닌가 싶다. 우리의 언어가 야만적이라 칭해지는 것은 공상에 불과하다. 모든 학자가 알고 있듯이, 낯선 언어는 누구에게나 야만적으로 여겨지기 때문이다. 그들이 영어에 어휘가 부족하다고 한다면 변명의 여지가 없지만, 우리가 영어로 말을 주고받을 때 우리 생각을 표현하는 데는 조금도 부족하지 않다. 이제 번역자가 충실하고 정확히 표현하려 할 때 겪는 어려움에 관한 것인데, 그는 원본의 문장이나 그 문장에 담긴 우아한 멋을 때때로 축소하기도 한다. 이런 점은 성경을 그리스어에서 라틴어로 번역하고, 히브리어에서 그리스어나 라틴어로 번역한 사람들의 관점에서 확인된다. 우리가 이미 읽은 많은 번역본에서 알게 되듯이.

영문학에서 길버트 체스터턴의 위치에 대하여

일레르 벨록

여기서 우리는 길버트 체스터턴의 삶과 작품에서 중요한 위치를 차지하는 것, 즉 그의 종교관에 대해 살펴보려 한다. 이 부분의 평가는 문학의 양식에 대한 평가와는 사뭇 다른 과제일 수밖에 없다. 한 사람의 행동은 그의 종교 혹은 철학에서 비롯된다. 그가 그 관계를 의식하든 안 하든 간에 말이다. 길버트 체스터턴의 경우, 그의 말과 행동 전부는 삶에서 받아들인 종교에 대한 이야기였다. 그 관계는 그 자신만이 아니라 주변 사람들, 심지어 일반 대중의 눈에도 명백히 드러났다. 요즘 영국인들은 종교가 지극히 개인적인 문제이며 외적인 영향이 거의 없다고 배웠다. 영국 국민은 다른 어떤 나라보다 종교에 대해 생각이 일치하고, 종교의 다양하고 다채로운 행위에는 익숙하지 않은 편이다. 그러나 길버트 체스터턴을 조금이라도 아는 사람, 심지어 그의 이름밖에 모르는 사람도, 그를 하나님께로 향하게 하고 결국 그가 하나님과 완전히 교감할 수 있었던 결정적 사건(혹은 계획)에 대해 알고 있다.

그는 가톨릭교회에 조금씩, 그러나 곧장 다가갔다. 처음에는 멀리서 그 도시를 보았고, 그 후 흥미를 갖고 접근해 결국 들어갔다. 우리 역사에서 위대한 회심이 그처럼 신중하고 계획적으로 이루어진 적은 거의 없었다. 우리는 그런 회심을 너무 가까이에서 겪어 냉정하게 판단하기 어렵다. 따라서 이 사건의 중대성에 대한 판단은 후손의 몫인 듯하다. 영국은 유럽을 만든 신경에서 현재 간직하고 있는 일부까지 조만간 상실해 버릴 분위기다. 그러나 유럽을 지금도 지탱해 주는 신경을 그대로 지켜 간다면 정반대의 길도 있을 수 있다. 그렇게 된다면 영국은 위기를 돌파하고 이 문제에서 전환점을 마련할 수 있다. 그리고 운명의 수레바퀴가 거꾸로 돌면서, 영국을 탄생시킨 힘과 영국이 극단적인 반감을 보이며 저항했던 힘을 회복시킬 수 있다.

이런 일은 미래의 것인데 인간이 어찌 알겠는가.

신학대전

토마스 아퀴나스

인간의 행복을 위해서는 이성이 추구하는 철학적 탐구 외에 하나님이 드러내시는 부분에 대해서도 공부해야 한다.

무엇보다 하나님이 우리를 위해 이성으로는 가늠할 수 없는 목적을 정해 두셨기 때문이다. 이사야는 "하나님, 당신이 계시지 않는다면 당신을 사랑하는 사람들을 위해 직접 예비하신 것을 우리 눈이 보지 못합니다"라고 말했다. 이제 우리는 뻗어나가며 진력하기 전에 그 목적을 깨달아야 한다. 따라서 우리가 행복하려면 이성을 초월하는 신의 진리가 신의 계시를 통해 우리에게 나타나야 한다.

우리는 인간의 이성으로 탐구할 수 있는 종교적 문제에서도 신의 계시로 가르침 받아야 한다. 소수의 사람들만이 하나님에 대한 합리적 진리에 이르게 되는데, 그것도 오랜 시간을 투자하고 많은 시행착오를 거듭한 끝에야 이를 수 있기 때문이다. 그런데 우리의 행복은 하나님 안에 있으므로 하나님을 알아야 우리는 행복할 수 있다. 이런 상황에서 신적인 영역을 신의 계시로 인간에게 알려 주는 것은 조금이라도 걱정을 덜게 하고 인간을 폭넓게 구원하기 위함이었다.

이런 이유에서 합리적 과학의 발견을 넘어서는 계시를 통해 우리에게 전해진 신성한 교리를 꼭 끌어안아야 하는 것이다.

따라서 인간의 지적 한계를 넘어서는 지극히 높은 부분까지 이성으로 따져 보겠다고 덤벼서는 안 된다. 그 부분이 하나님의 계시로 드러날 때 믿음으로 흔쾌히 받아들여야 하는 것이다. 그래서 이사야는 "인간이 이해할 수 없는 많은 것이 너희에게 보여졌다"고 덧붙여 말한 것이다. 기독교의 가르침은 이런 믿음에서 시작한다.

오소독시

G. K. 체스터턴

현대인의 정신을 지배하는 무지막지한 물질주의는 궁극적으로 하나의 가정, 곧 잘못된 가정에서 출발합니다. 예컨대 어떤 물건이 똑같은 일을 계속 반복하면 시계 부품처럼 죽게 된다는 가정입니다. 우주가 개인이라면 변덕스러울 것이고 태양이 살아 있다면 춤을 출 거라고 우리는 생각합니다. 물론, 알려진 사실에 비추어 보면 이런 생각은 틀린 것입니다. 인간사에서 변화는 삶 때문이 아니라 죽음 때문에 오는 것입니다. 죽어가고, 힘과 욕망을 잃어 가기 때문에 변화가 생기는 것입니다. 우리는 실패와 피로라는 작은 요인 때문에 움직임에 변화를 줍니다. 걷는 데 질려서 버스를 타고, 가만히 앉아 있기가 지겨워서 걷습니다. 그러나 우리의 삶과 기쁨이 주체할 수 없을 정도로 커서 이즐링턴[1]에 가는 것이 조금도 지겹지 않으면, 템스 강이 시어네스[2]까지 흘러가듯이 우리는 이즐링턴을 틈나는 대로 찾을 것입니다. 그때 우리 삶의 속도와 환희는 죽음처럼 고요해질 것입니다. 태양은 매일 아침 떠오르지만 나는 아침마다 일어나지는 않습니다. 그러나 이런 변화는 내 행동에서 비롯한 것이 아니라 내 게으름이 원인입니다. 다른 식으로 풀어 말하면, 태양은 아침에 일어나는 것을 조금도 지겨워하지 않기 때문에 매일 떠오르는 것일지도 모릅니다. 우리의 판에 박힌 일상은 삶에 활기가 없어서가 아니라, 바쁜 삶에서 비롯합니다. 이런 현상은 특별히 재미있는 놀이를 찾아낸 어린아이에게서도 쉽게 확인됩니다. 가령 아이가 반복해서 발길질

을 한다면, 무기력해서가 아니라 생기가 넘쳐서 그러는 것입니다. 어린
아이는 워낙 활기가 넘치고 또 발랄하며 자유로이 생각하기 때문에, 어
떤 일이든 그대로 반복하고 싶어 합니다. 그래서 아이들은 언제나 "다
시 해 봐"라고 말하고, 어른들은 그것을 죽도록 지겨워합니다. 어른들은
단조로운 것에서 기쁨을 찾을 정도로 활력이 넘치지 못하기 때문입니
다. 그러나 하나님은 단조로운 것에도 크게 기뻐할 만큼 정력적인 분이
신 듯합니다. 하나님은 매일 아침 태양에게 "다시 해 봐라" 하고 말씀하
시고, 저녁이면 달에게 "다시 해 봐라" 하고 말씀하십니다. 습관적인 필
요로 데이지 꽃을 똑같이 만드신 것이 아닙니다. 그것은 하나님이 데이
지 꽃을 일일이 만들면서도 조금도 지겹게 생각하지 않으셨기 때문입니
다. 그래서 하나님은 늘 유년기를 좋아하시는 듯합니다. 우리는 죄를 지
었고 하루하루 늙어 가지만, 하나님은 우리보다 젊기 때문입니다. 자연
에서의 반복은 단순한 되풀이가 아닙니다. 연극에 비유하자면 '앙코르'
인 것입니다.

1) 런던의 한 행정구역.
2) 템스 강 어귀에 있는 항구 도시.

기독교 진리

리처드 백스터

우리는 어떤 소망이나 위안이 있는가? 하지만 무엇이 복음의 진리에 의존하고 있는가? 이 반가운 소식이 우리 기대를 저버린다면, 어떤 것인들 우리를 실망시키지 않겠는가? 복음이 아니면 우리에게 미래의 행복을 보장해 줄 것이 있을까? 복음이 없다면 우리는 극도로 비참하고 비천한 창조물에 불과하다. 그 목적에 다다를 때까지 삶이 존중받고 보호받지 않는다면 우리 삶의 전 과정이 얼마나 저급하고 하찮겠는가! 복음의 진리를 부인하는 눈먼 불신자라도 복음이 약속한 행복에 감사해야 한다. 그가 두려움에 질려 몸을 감추지 않는다면 그 약속이 사실이기를 바라는 이유를 깨달아야 한다.

이쯤 되면, 복음이 인간의 귀에 찾아온 가장 반가운 소식이고, 우리 안에 있는 증인이 우리에게 입증해 준 최고의 소식이라고 확신하게 된다. 우리가 희망을 품고 평화롭고 즐겁게 살 수 있는 이유, 축복받은 영생을 확신하면서 희망을 품고 평온하고 즐겁게 죽을 수 있는 이유가 바로 복음에 있다. 그리스도의 부활에서 입증되었듯이, 하나님은 우리가 죽음에서 부활할 거라고 약속해 주셨다. 이 약속이 진리이기를 그저 바랄 뿐이라고 말할 사람도 있겠지만, 우리는 이 약속이 지켜지는 것을 마음으로 보았다. 그 약속의 증인과 동행하는 것은 끝없는 기쁨과 동행하는 것이다. 우리 죄를 씻어 주신 그리스도 곧 성령님은 적어도 우리 안에서 위안에 적당한 요소와 토대를 유지해 주심으로 우리의 위로자가 되신다. 이처럼 우리 뒤에서 "이 길이 그 길이다. 이 길을 걸어라" 하고 말씀하시는 목소리와, 그 목소리가 하나님의 목소리라며 그 길을 끝까지 가면 어디에 이를 수 있는지 말해 주는 증인들과 함께하는 우리는 얼마나 행복한 존재인가! 이런 진리를 받아들이는 사람의 삶은 향연의 연속이며, 이방인들은 손대지조차 못하는 특별한 증거를 가진 것처럼 특별한 기쁨을 누릴 거란 사실은 의심의 여지가 없다.

영원한 사람

G. K. 체스터턴

사실 교회는 처음부터, 특히 초창기에는 공국公國이 아니라 세계의 군주에게 저항하는 혁명 세력이었습니다. 계몽을 안락과 동일시한 낙관주의자는 세계가 그 혁명 세력에게 정복당하고 그 세력의 수중에 떨어졌다는 생각에 크게 한탄했고 비웃기도 했습니다. 그러나 '좋은 소식'을 정말로 좋고 새롭게 만든 도전의 전율과 아름다운 위험은 그 생각에서 나온 것이었습니다. 혁명 세력은 무의식적으로 저질러지는 거대한 약탈에 맞서 혁명을 일으켰습니다. 물론, 처음에는 존재조차 희미한 혁명이었습니다. 수많은 거대한 형상을 띤 부동의 구름처럼 올림푸스 산은 여전히 하늘을 차지했습니다. 철학은 여전히 높은 자리, 심지어 왕의 옥좌에 군림하고 있었습니다. 동굴에서 그리스도가 태어나고 지하 납골당에서 기독교가 시작되던 때입니다.

두 경우에서 똑같이 혁명의 모순이 발견됩니다. 경멸의 대상이 되기도 하고 두려움의 대상이 되기도 하는 것이지요. 동굴은 버림받은 사람들이 쓰레기처럼 밀려가는 구멍이나 구석입니다. 그러나 폭군이 찾아 헤매는 소중한 보물을 감춰 두는 곳이라는 다른 의미도 있습니다. 어떤 의미에서는 동굴 주인이 그들을 기억조차 하지 않기 때문에 그들이 거기에 있는 것입니다. 반대로 왕은 그들을 결코 잊지 않기 때문에 그들이 거기에 숨어 있는 것입니다. 이런 모순이 초대교회에서도 나타난다는 사실을 우리는 앞에서 지적했습니다. 이 모순은 중요하지만 아직 큰 의미를 갖지 못했습니다. 분명 아직은 무력했습니다. 이 모순은 다만 견딜 수 없기 때문에 중요한 것이었습니다. 이런 의미에서 이 모순은 편협하기 때문에 견딜 수 없다고 말하는 것이 옳습니다. 이 모순은 분개의 대상이 되었습니다. 이 모순이 조용히, 거의 비밀리에 전쟁을 선포했기 때문입니다. 이 모순은 이교도의 하늘과 땅을 허물어뜨리기 위해 일어났습니다. 황금과 대리석으로 된 모든 창조물을 파괴하려 하지는 않았습니다. 대신 그런 창조물이 없는 세상을 계획했습니다. 황금과 대리석이 유리인 양 그것들을 보고도 못 본 척했습니다. 그리스도인들이 로마를 횃불로 불태웠다고 비난하는 사람들은 중상모략자였습니다. 그러나 그리스도인들은 윤리적 사회의 일원이며, 사람들에게 이웃을 사랑할 의무가 있다고 말한 대가로 맥없이 죽어갔으며, 온유하고 온순하기 때문에 약간 미움 받을 뿐이라고 우리에게 말하는 요즘 사람들보다는 하다못해 그 중상모략자들이 그리스도교의 본질에 훨씬 더 가까웠습니다.

기독교 사회의 사상

T. S. 엘리엇

지난 수년 동안 우리가 몰두해 온 외교 정책은 양심에 비춘 끊임없는 자기 점검보다는 피상적인 자기만족에 그친 듯하다. 또 우리가 여기저기서 원만하게 개혁을 진행시키고 있으므로, 외국 정부가 규칙을 위반하고 다른 게임을 하려고 고집부리지 않는다면 우리가 지금보다 훨씬 나아질 거라 확신하기까지 한다. 하지만 외국의 성공을 바라보는 우리의 두려움이나 질시가 우리나라의 건전성에 대한 경고일 수 있다는 생각에 가슴이 무겁기만 하다. 이런 불안감을 통해서도 우리는 인구 감소, 영양 부족, 도덕적 타락, 농업의 쇠퇴 등과 같은 암울한 현상을 충분히 엿볼 수 있다.

더구나 가장 불안한 것은, 기독교의 가르침이 진리이기 때문이 아니라 뭔가 혜택을 줄 것이기 때문에 기독교를 옹호하는 분위기다. 1938년 말경, 어리석은 광기가 정당이나 종교 집단의 전유물이 아니며 히스테리가 교육받지 못한 사람에게만 있는 특유의 증세도 아니라고 가르치는 '신앙 회복 운동'이 있었다. 지금까지 드러난 기독교 정신은 애매모호했고, 종교적 열의는 민주주의를 향한 것이었다. 이런 열의는 겉만 번지르르한 민족주의보다 나을 것이 없는 종교적 형태를 낳을 뿐이고, 우리가 혐오한다고 말해 온 이교도적인 믿음을 가속화할 뿐이다. 기독교의 진리로부터 기독교 윤리의 필요성을 입증하는 대신 기독교가 윤리의 근간을 제시하기 때문이라는 식으로 기독교를 정당화하려 한다면, 매우 위험한 전도轉倒가 아닐 수 없다. 전체주의 극가들이, 민주사회에는 좀처럼 없는 확고한 목표 의식을 갖고서 국민어게 도덕심을 심어 주려고 엄청난 노력을 기울인다는 사실을 생각해 보면 된다. 하지만 안타깝게도 그 도덕의 대부분이 잘못된 것이라는 데 문제가 있다. 결국 기독교 사회를 이교 사회와 구분 짓는 것은 열의가 아니라 교리이다.

산 위의 연기

조이 데이비드먼

우리 시대에는 '사회'라는 종교가 잘 조직화된 숭배의 대상이 되었다. 여기서는 사회학자가 성직자이고, 정신분석학자가 선지자 노릇을 한다. 이 종교에서 '반사회적 행동'은 죄이고, '반사회적인 사람' 즉 반항적이고 인습에 얽매이지 않는 사람은 곧바로 '정신적 불온분자'로 낙인찍힌다. 그는 그릇된 생각, 이단이라 불리던 생각을 하는 사람이 된다. 우리는 이단자를 감금하고, 그가 잘못을 인정하고서 우리처럼 공동선을 위해 노력하겠다고 서명할 때까지 전기 충격이나 3급 정신장애 등 교묘한 방법으로 고문을 가한다. 스페인의 종교재판처럼 이 모든 것이 선의에서 비롯된 고육지책이다. 모든 선이 하나님의 사랑에 있고 하나님이 우선이라는 사실을 우리가 잊는다면, '공동선'은 무수한 사람을 제물로 요구하는 몰록Moloch[1]으로 전락할 수 있다.

다른 야만적인 신들도 있다. 그런 신들은 인간이 창조해 내는 만큼 있기 마련이다. 그런 신들은 신전에서 다툼을 벌이며 신전을 도둑의 소굴로 전락시킨다. 또 온갖 모순된 조언을 앞다투어 내놓아 우리가 어떤 방향을 택하더라도 제대로 나아갈 수 없게 한다. 결국 우리는 그런 지경에 머물 수 없어, 살든 죽든 어떤 신 하나를 주인으로 선택해야 한다. 다행히 아직은 우리에게 선택권이 있다. 하지만 완전히 뒤로 미끄러지는 사람은 아직 출발하지 않은 사람보다 더 처참한 상황에 빠진다는 사실을 명심해야 한다. 과거의 다신론자들은 단순한 원시 상태에 있었다. 그래서 앞으로 성장할 수 있다는 밝은 미래가 있었다. 그러나 이상한 신들을 숭배하는 현대인은 퇴폐적인 타락자이며, 그들 앞에는 타 버린 세계의 먼지와 재밖에 없다. 하지만 그리스도가 오신 때는 원시시대가 아니라, 우리가 감당할 수 없을 정도로 썩고 부패한 시대였다. 퇴폐적인 타락자, 곧 법으로 살지 않았던 까닭에 이제 자신의 실패를 인정하는 사람을 그리스도께 인도하기 위해서는 법이 선생 역할을 해야 할지도 모른다. 따라서 20세기의 자기숭배자만이 첫 번째 계명의 완전한 의미를 터득하게 될지도 모른다.

첫 번째 계명을 지키라. 그러면 마음속의 야수는 아무 힘도 쓰지 못할 테니까. 현재의 혼돈과 미래의 두려움도 사라질 것이다. 죽음은 천국에 들어가는 문일 뿐이다.

"너는 나 외에는 다른 신들을 네게 두지 말라"[출 20:3].

이 계명은 생명과 행복과 용기를 주는 계명이다. 용기의 근원이신 하나님이 우리 옆에 서서 우리가 용기 있게 살도록 도와주신다. 하나님이 모든 것보다 우선이라는 것을 기억하지 않는다면, 우리가 원하는 것과 사랑하는 것은 사해死海의 과일2)에 불과할 것이다.

---

1) 셈족이 섬기던 신으로 몰렉이라고도 한다. 보통 제사를 지낼 때 어린아이를 제물로 바쳤다. 레위기 18장 21절 참조.
2) 사해 연안에서 나는 열매로, 겉모양은 예쁘지만 만지기만 하면 재가 되었고 한다. '실망의 근원' 내지 '헛된 기쁨'을 뜻하며 '사해의 사과', '소돔의 사과'라고도 부른다. 신명기 32장 32절 참조.

16장 잘 지어낸 이야기
환상과 상상

어린 시절의 회복

알프레드 세실 하우드

지식인은 반복하는 것을 좋아하지 않는다. 종교에서 낡은 관례를 철폐하고 설교와 즉흥적인 기도로 대체한 것도 지식인 세대였다. 오늘날 모든 극본은 구성이 새로워야 하고, 모든 탐정소설은 참신하고 기발한 속임수를 제시해야 한다. 그러나 이전 시대의 것은 여전히 어린아이들의 세계에서 살아 숨 쉬고 있다. 계절이 바뀔 때마다 예전의 축제와 노래와 연극이 반복된다. 해가 바뀌면 아이들은 똑같은 행사가 돌아올 날을 손꼽아 기다린다. 크리스마스가 되면 똑같은 캐럴을 부르고 똑같은 연극을 한다. 마구간에서 예수가 탄생한다는 이야기는 언제나 똑같지만 늘 새롭다. 어린아이들은 오랜 세월 이어져 내려온 그들만의 행동 양식을 잃지만, 구슬치기, 팽이, 굴렁쇠, 연 등 계절별 놀이는 그대로였다. 구슬치기를 할 때는 팽이는 거들떠보지도 않고, 연을 날릴 때는 굴렁쇠를 찾지 않았다.

나는 구름처럼 외로이 헤맸네

윌리엄 워즈워스

산골짜기 위에 높이 떠 있는

구름은 외로이 떠돌고

그 많은 꽃들 속에서

황금빛 수선화는

호숫가 나무 밑에서

미풍에 흔들리며 춤추고 있었네.

은하수에서 반짝이는

빛나는 별들처럼

호숫가를 따라 돌며

끝없이 끝없이 피어 있었네.

수만 꽃송이가 한눈에 들어오네,

머리를 까딱대며 흥겹게 춤추는 모습이.

반짝이는 물결처럼 춤추듯

꽃들의 흥거움 한결 더하며,

이처럼 유쾌한 무리와 어울려

시인인들 즐겁지 않았으랴.

평소에는 몰랐지만 이제야 보네,

이 광경이 얼마나 값진 것을 내게 주는지.

지금도 가끔 긴 의자에 누워
생각에 잠길 때면
고독의 축복인 마음의 눈에
그 수선화들 문득 스치면
내 가슴 기쁨으로 가득 차
수선화와 흔들흔들 춤을 춘다네.

아르크투루스[1]로의 여행

데이비드 린지

그는 놀라운 광경을 목격했다. 온몸을 활짝 펼친 식동물plant-animal이 텅 빈 공간에서 갑자기 눈앞에 나타났다. 자신의 눈을 믿을 수 없었다. 넋 나간 표정으로 그 생물을 오랫동안 쳐다보았다. 그것은 느릿하게 움직이며 그의 앞을 지나갔다. 마치 몸 안에 생명체를 지닌 듯했다. 매스컬은 그 수수께끼 같은 생물을 내버려 두고, 다시 계곡의 바위들을 성큼성큼 건너뛰었다. 그때 소리 없이, 아무 예고도 없이 똑같은 현상이 다시 벌어졌다. 그는 불가사의한 현상을 목격하고 있었다. 자연이 번식이라는 중간 과정을 거치지 않고 그 형체를 세상에 내뱉고 있었다. ……이 의문을 풀 방법이 없었다.

시냇물도 그 특성이 바뀌었다. 초록빛 물에서 찬연한 빛이 떨리면서 솟구쳤다. 어딘가에 갇혀 있던 힘이 공중으로 터져 나오는 듯했다. 매스컬은 시냇물에 감히 발을 내딛지 못했다. 얼마 후에야 물이 어떻게 변했는지 알아보려고 가만히 발을 내밀었다. 새로운 생명이 발끝에서부터 위로 그의 몸에 파고드는 기분이었다. 단순한 열기가 아니라 달콤한 과일 주스가 몸 안에 천천히 흐르는 듯했다. 여태껏 경험하지 못한 새로운 느낌이었다. 하지만 본능적으로 그것이 무엇인지 알았다. 시냇물이 발산한 그 에너지는 친구도 아니고 적도 아닌 존재처럼 몸을 기어올라 왔다. 그의 몸이 다른 어떤 목표를 향해 가는 지름길인 것처럼. 그 에너지는 어떤 적의도 없었지만, 거친 여행자인 듯했다. 매스컬은 그 에너지가 지나가면서 그의 몸을 변형시킬 것만 같았다. 그런 변화를 막으려면 어떤 조치를 내려야 했다. 그래서 재빨리 물에서 발을 빼고 바위에 기댔다. 그리고 바싹 긴장해서 임박한 위협에 맞설 자세를 취했다. 바로 그때 얼룩무늬가 그의 시야를 다시 공격했다. 그가 얼룩무늬의 공격에 맞서는 동안, 이마가 갑자기 팽창하면서 새로운 눈들로 뻗어 갔다. 손을 들어 헤아려 보니 전에 있던 눈까지 더해 여섯이었다.

1) Arcturus, 북반구 별자리인 목자자리에서 가장 밝은 별로 오렌지 색을 띤다.

캔터베리 이야기

조프리 초서

옛날엔 아르모리카였고 지금은 브르타뉴인 곳에

사랑으로 온 힘을 다하는 기사가 있었다. 그는

어떤 귀부인을 극진히 섬기기 위해 애썼다.

수고를 아끼지 않고 어떤 모험도 감수하면서

그녀를 위해 일했고, 그녀의 마음을 얻곤 했다.

태양 아래서 그녀가 가장 아름다웠고

게다가 몹시 고귀한 혈통의 자손이어서

기사는 두려운 마음에

고뇌와 고통과 슬픔을 그녀에 털어놓지 못했다.

그러나 그의 덕망에

특히 온유한 순종 때문에

마침내 그녀는 그를 크게 연민하며

남편이자 주군으로 받아들이기로,

남자가 여자에게 갖는 그런 주권을

그와 비밀리에 합의하게 되었다.

그는 자유의지로, 기사로서 그녀에게 맹세했다.

살아 있는 동안 밤이나 낮이나

그녀의 뜻을 거스르면서 주인의 권리를

결코 행사하지 않을 것이며, 그녀에게 질투를 보이지 않겠다고.

사랑하는 사람이라면 당연한 일이라며

어떤 일에서나 그녀의 뜻에 순종하겠다고.

선집

존 드라이든

멀리서 반짝이는 햇살에 양지바른 언덕이

불타는 듯 보였고, 그 아래 초원에서는

황금처럼 빛나는 시냇물이 흘렀다.

마침내 그들은 어리석은 쿠코가 노래하는 소리를 들었다.

그 음률이 봄의 축일을 알리자

모든 것이 의심을 떨쳐 내고 날아갈 준비를 갖춘다.

예부터 전해지는 하늘을 되찾기 위해.

제비가 아니고서 누가 홀로 승리를 거둘까?

하늘의 덮개가 온전히 제비의 것인데.

어린 제비가 보금자리로 향하고

습지를 따라 비행하며 하늘을 미끄러지듯 달린다.

자줏빛을 띤 샘에서 벌레를 쪼아 물고

강물을 스치며 날개를 적신다.

식탁 좌담

새뮤얼 테일러 콜리지

햄릿의 성격은 실리적이지 않다. 오히려 추상화하고 일반화하는 습관이 있다. 햄릿은 용기와 기술, 의지와 기회 등을 원하지 않는다. 이런저런 사건이 터지면서 햄릿도 하는 수 없이 생각에 잠긴다. 따라서 연극 전체에서 무척 이성적인 인물로 비치는 햄릿이 사소한 사건 때문에 자신의 목적을 이루어 내겠다고 압박감을 느끼는 것은 이상하면서도 당연하게 여겨진다. 어쩌면 내가 햄릿처럼 살고 있는지도 모르겠다.

무시무시하게 사소한 일

G. K. 체스터턴

나는 커다란 나무 아래 앉아 있다. 우듬지 부근에서는 거센 바람이 큰 파도처럼 몰아친다. 나뭇잎들이 환희와 동시에 고뇌에 빠진 듯 흔들리며 요란한 소리를 낸다. 나는 마치 닻과 밧줄에만 의지해 바다 한가운데 앉아 있는 듯하다. 황혼의 초록빛으로 물든 수면 위에 파도가 머리 위로 끝없이 넘실대며, 커다란 배들이 부딪치며 난파할 듯하다. 바람에 나무가 뿌리째 뽑힐 듯 휘청거린다. 바람의 엄청난 힘에 필사적으로 맞서기 위해 나무들은 꼬리를 묶은 용들처럼 사납고 맹렬하게 요동친다.

머리가 큰 거인들이 보이지 않는 무자비한 마법으로 고통받는 모습을 보고 있을 때, 어떤 이야기가 머릿속에 떠오른다. 내가 알고 지내던 한 아이가 지금처럼 하늘이 찢어지고 나무가 몸부림치는 날, 배터시 공원을 걷고 있었다. 그 아이는 바람을 좋아하지 않았다. 하지만 바람은 아이의 얼굴을 사정없이 때렸고, 아이는 눈을 감을 수밖에 없었다. 모자까지 날아가 버렸다. 아이가 몹시 자랑하던 모자였는데! 내 기억이 맞는다면, 그 아이는 그때 겨우 네 살이었다. 아이는 고약한 날씨를 계속 불평하더니 마침내 엄마에게 말했다. "엄마, 왜 나무를 뽑아 버리지 않는 거죠. 그럼 바람도 불지 않을 텐데."

이런 생각만큼 지적이고 당연하게 여겨지는 착각이 또 있을까? 나무를 처음 보는 사람이라면 나무를 어마어마하게 큰 부채라 생각하며 살짝만 흔들어도 수킬로미터까지 공기가 요동친다고 착각할 수 있다. 바람을 만드는 것이 나무라고 믿는 것만큼 인간적이고 용서할 수 있는 착각도 없는 듯하다. 사실 이런 믿음은 너무 인간적이고 충분히 용서할 수 있는 것이어서, 우리가 살고 있는 이 위대한 시대의 철학자, 개혁론자, 사회학자, 정치인의 99퍼센트가 갖는 믿음이기도 하다. 이런 점에서 내 꼬마 친구는 현대 사상가들과 무척 비슷했다. 아니, 그들보다 훨씬 나았다.

수석 사제의 세속적 생각

윌리엄 랠프 잉

독서의 즐거움에 대해 많은 문인이 말해 왔다. 작가는 일반적으로 대단한 독서가이므로 전문가적 입장에서 글 읽는 습관을 장려하는 데 관심을 두기 마련이다. 내게도 책은 삶의 모든 기쁨 중에서 결코 빼놓을 수 없는 것이다. 예부터 전하는 노래 하나가 책에 대한 내 생각을 그대로 말해 준다.

집 안에서나 밖에서나
책 한 권 들고 그늘진 구석에 있으면,
초록빛 잎사귀들이 머리 위에서 속삭이고
길에서는 온갖 소음이 들려도
어디서나 나는 편히 읽는다.
옛 책과 새 책을.
좋은 책을 보는 것이
내게 황금보다 즐겁기 때문이다.

나는 거의 모든 책에서 즐거움을 찾을 수 있다. 시시한 소설책, 시대에 뒤떨어진 신학책, 법률책, 수렵을 다룬 책(사냥꾼이 들짐승에게 쫓기는 이야기는 예외다), 또 내가 도무지 이해할 수 없는 수학책이 아니라면.

역사는 중요하지 않은 사건과 결코 일어나지 않았을 법한 사건으로 나뉠 수 있다. 그래도 역사는 언제나 흥미진진한 주제다. 역사책은 적어도 그 책을 쓴 역사학자에 대해 많은 것을 말해 준다. 대부분의 역사학자는 괜찮은 사람들이다. 나는 시를 그리 많이 읽지 않는다. 굳이 시를 선택할 때는 살아 있는 개보다는 죽은 사자를 선택한다.

쿠빌라이 칸[1]

새뮤얼 테일러 콜리지

쿠빌라이 칸은 도원경에

장대한 환락궁을 지으라고 명령했다.

그곳에는 신성한 앨프 강이

인간으로서는 측량할 수 없는 동굴을 통하여

햇빛 없는 바다로 흐르고 있었다.

8킬로미터의 두 배나 되는 비옥한 땅이

성벽과 탑들로 둘러싸여 있었다.

그리고 거기엔 구불구불 흐르는 시냇물로 빛나는

정원이 있고, 많은 향나무들이 꽃 피어 있었다.

숲은 언덕만큼이나 오래 묵었고

양지 바른 녹지를 에워싸고 있었다.

그러나 오! 삼나무 숲을 가로질러

푸른 산 아래로 기울어진 저 깊은 대지의

갈라진 틈! 황량한 곳! 하현달 아래 언제나

요괴 연인을 찾아 울부짖는 여인이 드나들던 곳과 같이

신성하고 마력을 지닌 곳!

끊임없는 격동이 들끓는 갈라진 틈으로부터

마치 이 대지가 가쁜 숨을 쉬듯

거대한 분수가 시시각각 분출되었다.

그 빠르고 끊겼다가 이어지는 분출 속에
튀는 우박처럼
혹은 타작하는 사람의 도리깨에 맞은 겨 많은
곡식알처럼 거대한 암석 파편들이 튀었다.
이 춤추는 바위들 속에 단번에 그리고 끊임없이
그 대지는 시시각각 거룩한 강을 던져 올렸다.
미로와 같이 구불구불한 8킬로미터를
거룩한 강은 숲과 골짜기를 따라 흘러가다가
인간으로서는 측량할 수 없는 동굴에 이르러
생명 없는 대양으로 요란하게 가라앉았다.
이 소란 속에서 쿠빌라이는 멀리서 들었다.
전쟁을 예언하는 조상들의 목소리를!

환락궁의 그림자가
물결 한가운데 떠서 흘렀다.
거기 분수와 동굴로부터
혼합된 가락이 들려 왔다.
그것은 진기한 기적이었다.
얼음 동굴이 있는 양지바른 환락궁!
덜시머[2]를 든 한 소녀를
환상 중에 보았다.
아비시니아[3] 아가씨,
그녀는 덜시머를 켜며

아보라 산을 노래했다.

내 마음속에 그녀의 연주와

노래를 되살릴 수만 있다면,

너무도 깊은 환희에 잠겨

큰 소리로 오랫동안 울려퍼지는 음악으로

나는 지으리라. 공중에 저 궁전을,

저 양지바른 궁전을! 저 얼음 동굴들을!

음악을 들은 모든 사람은 거기서 그걸 보고

외쳤다. 주의하라! 주의하라!

그의 번쩍이는 눈, 나부끼는 머리칼!

그의 주위를 세 차례 돌고

거룩한 두려움을 느끼며 두 눈을 감아라.

그는 감로甘露를 먹고

낙원의 우유를 마셨으니.

1) 1215~1294년. 몽고 제국의 제5대 황제이자 중국 원나라의 시조.
2) 기타와 비슷한 미국 민속 악기.
3) '에티오피아'의 옛 이름.

서곡序曲

윌리엄 워즈워스

상상—여기선 그 힘을 이렇게 부른다.
인간 언어의 서글픈 무능 때문에
마음의 심연에서 일어난 그 무서운 힘이
출처를 알 수 없는 증기처럼 한 외로운 나그네를
감싼다. 나는 길을 잃었다.
그러나 내 의식의 영혼에게 나는 말한다.
"네 영광을 보노라." 그 강렬한
강탈에, 감각의 빛이
사라지나, 보이지 않는 세계를 드러난
밝은 빛에 위대함이 깃들고
거기에 머문다. 우리가 젊으나 늙으나
우리 운명, 우리 존재의 심장과 고향은
무한과 함께 있고, 오로지 거기에만 있다.
희망, 결코 사그라지지 않는 희망과 함께라면
노력과 기대와 소망이 있다.
영원히 존재하려는 뭔가가 있다.
투지가 넘치는 그런 깃발 아래, 영혼은
전리품을 구하지 않고
약탈거리를 위해 싸우지 않는다.

그것들은 영혼의 용기를 입증해 줄 수 있겠지만

행복한 생각이면 이것으로 완전하고 보상이 된다.

불사조와 양탄자

에디스 네스빗

"안녕, 잘 있어. 안녕, 안녕."

불사조가 아득한 목소리로 말했다.

모두가 눈물을 글썽이며 한목소리로 말했다.

"안녕, 잘 가."

불사조는 눈부시게 빛나는 날개를 퍼덕이며 방을 일곱 번 빙빙 날고, 활활 타오르는 뜨거운 불 위에 내려앉았다. 향긋한 아교와 향료와 나무가 불사조 주위에서 확 타오르다가 차츰 꺼져 갔다. 하지만 불사조의 황금 깃털은 타지 않았다. 불사조의 심장까지 새빨갛게 달아오르는 듯하더니, 그 친구들의 여덟 개의 눈 앞에서 불사조는 갑자기 쓰러지며 하얀 잿더미로 변했다. 그리고 삼나무 연필과 백단향 상자에 붙은 불길이 그 위에서 하나로 합해졌다.

다음날 엄마가 물었다.

"양탄자를 갖고 뭘 한 거니?"

"그 양탄자를 무척 갖고 싶어 하는 사람한테 줬어요. 이름이 P로 시작했어요."

제인이 대답하자, 다른 아이들이 제인에게 대답하지 말라는 신호를 다급히 보냈다.

"그래, 2펜스도 안 되는 것이었지."

엄마가 말을 끝내기도 전에 제인이 말했다.

"이름이 P로 시작하는 사람이 우리한테 손해 보지는 않을 거라고 했어요."

엄마가 웃으면서 말했다.

"맞는 말이야."

그런데 그날 저녁, 커다란 상자 하나가 아이들 모두의 이름으로 배달되었다. 엘리자는 그 상자를 배달한 사람의 이름을 기억하지 못했다. 카터 패터슨Paterson도, 소화물 배달회사가 배달한 것도 아니었다.

아이들은 곧바로 상자를 열어 보았다. 커다란 나무상자여서 망치와 부엌용 부지깽이까지 동원해야 했다. 긴 못이 삐걱거리며 뽑혀 나왔고, 판자는 빠지직거리며 뜯겨 나갔다. 상자 안에는 푸른색과 초록색, 빨간색과 보라색으로 아름다운 중국 문양이 그려진 보드라운 종이가 있었다. 또 어린아이가 상상할 수 있는 온갖 예쁜 것이 있었다. 모든 것이 크기도 적당했다. 자동차나 비행기, 혈통 좋은 말은 없었기 때문이다. 하지만 그런 것만 빼면 거의 다 있었다. 아이들이 늘 원하는 것, 예컨대 장난감과 놀이 도구와 책, 초콜릿과 설탕에 절인 버찌, 그림 도구와 카메라가 있었고, 돈만 있다면 아이들이 아버지와 어머니와 하나님의 어린 양에게 사 주고 싶어 하는 선물들도 있었다. 상자의 맨 밑바닥에는 작은 황금 깃털이 있었다. 로버트만이 그 깃털을 보고, 살짝 집어 가슴 호주머니에 감추었다. 그 호주머니는 황금새가 거의 언제나 보금자리로 삼던 곳이었다. 로버트가 잠을 자러 침실로 돌아갔을 때 그 깃털은 온데간데없었다. 그 후 로버트는 불사조의 어떤 부분도 보지 못했다.

엄마가 항상 원하던 예쁜 모피 외투에는 "양탄자 값입니다. 감사합니다. P"라고 쓰인 작은 종이쪽지가 붙어 있었다.

아빠와 엄마는 외투와 쪽지를 보고 어떤 말을 나누었을까? 이상하게도 아이들은 그를 제대로 설명해 주지 못했지만, 양탄자를 가져간 사람이 오래된 물건 수집하길 좋아하는 정신 나간 백만장자일 거라고 아빠 엄마는 결론 내렸다. 그러나 아이들은 그가 누구인지 잘 알고 있었다.

전능한 힘을 가진 요정 새미애드Psammead가 불사조의 마지막 소망을 들어 주었고, 상자에 가득 담긴 멋진 보물들로 불사조와 양탄자 이야기가 완전히 끝난다는 것을 아이들은 알았다.

반짝이는 평야

윌리엄 모리스

세상이 아름답다, 가을이 옷을 갈아입어
게으른 태양은 침대에 길게 누웠고
상쾌한 나날, 겨울이 다가오니
바람조차 잔잔하다, 죽은 것처럼.

게들이 봄의 꽃처럼
노랗게 매달린 울타리는 말이 없고
배들이 익어가는 담도 말이 없다.
겁 없는 울새만 노래하고 있을 뿐.

봄은 아름답지만 그 녹음 속에
감춰진 태양의 나날은 잿빛이었다.
여름은 아름답지만 지나친 교만에
달콤한 날들이 금세 끝나고 말았다.

사랑이여, 이제 오라. 평화가 우리에게 내렸으니
실패는 저 멀리, 두려움도 저 멀리에 있으니
마침내 평안이 우리를 찾아왔으니
행복의 물결을 타고서.

힘찬 달음박질

존 웨인

내가 루이스와 그의 친구들을 오로지 보수주의자라고 한다면, 즉 그들이 변화를 막는 데 온 힘을 한데 모았다고 한다면 그들을 상당히 잘못 평가하는 것이다. 결코 그렇지 않다. 그들은 당시를 지배하던 예술과 삶의 방식을 바꾸기 위해 힘을 결속하고자 모인 선동가였고, 거의 방화범에 가까웠다. 윌리엄스가 세상을 떠난 후, 우리 모임에서 가장 활동적인 회원은 루이스와 톨킨이었다. 루이스는 방송과 대중적인 신학 서적, 동화, 모험 소설 그리고 논쟁적인 문학 비평을 통해 전방위적으로 활동한 반면, 톨킨은 3부작 〈반지의 제왕〉을 집필하는 데 심혈을 기울였다. 톨킨의 소설은 한 권씩 발표될 때마다 독자들에게 뜨거운 찬사를 받았다. '모험'이 소설 전체 구조의 기둥이기 때문이었다. 문학계를 지켜 주는 수호신은 조지 맥도널드와 윌리엄 모리스(일부에게만), 그리고 거의 잊혀져 버린 작가 에디슨Eric Rucken Eddison이었다. 에디슨의 작품은 내게 환상적 사건의 무의미한 나열로만 여겨졌다. 여하튼 이 작가들에게는 한 가지 공통점이 있었다. '창조'를 해낸다는 점이었다.

루이스는 '재미있는 이야기 만들기'를 문학의 본질이라 생각한 까닭에 기회만 있으면 에드먼드 스펜서부터 라이더 해거드Henry Rider Haggard에 이르기까지 공상 문학가를 칭찬하고 나섰다. 언젠가, 내 눈에는 지독한 편견으로 비친 편향성에 침묵할 수 없어 그런 관점을 전반적으로 공격했다. 작가의 임무는 인간 내면을 드러내는 것이기 때문에, 그런 식으로 공상적인 그물을 짜는 것으로 피난처를 삼는다면 제대로 임무를 해내지 못하는 것이라고 주장했다. 그러자 루이스는, 창조주 하나님이 우주를 건설하고 끊임없이 움직이게 해야 마땅하다고 보셨기 때문에 인간의 의무는 하나님의 뜻에 따라 가능하면 많은 것을 창조하는 것이라는 이론으로 반박했다. 하기야 주변에 있는 것을 현미경처럼 분석하는 사실주의자보다, 하나의 세상을 창조해 내는 공상 소설가가 하나님을 더 실질적으로 경배하는 것이다. 지난 14년을 돌이켜볼 때, 나는 루이스가 그처럼 명백히 불합리한 말을 했다는 사실이 믿기지 않는다. 어쩌면 내가 그의 말을 잘못 이해한 것인지 모른다. 하지만 어쨌거나 그 말이 기억나서 이 일화를 소개하는 것이다.

17장 재능의 숨결로 태어나다
창조, 시, 작가

시선집 詩選集

윌리엄 쿠퍼

생각이 활발하고 공상이 강물처럼 흐를 때

무엇을 가정할 수 없으랴.

이성을 지녔지만 태어날 때부터 눈먼 이들이

어떤 섬의 주인이라 가정해 보자.

가정이라는 힘이 다시 은혜를 베풀어

진지한 검안사가 해안에 상륙했다고 해 보자.

그들이 우연히라도 볼 수 있기를 바라며

검안사는 시력이 마땅히 가져야 할 역할에 가까운 안경을 만든다.

그러나 안경이 시력을 도와줄 수는 있어도

시력을 줄 수 없다는 것, 어둠을 빛으로 만들 수 없다는 것을 깨닫는다.

그가 지혜로운 글을 읽어 주고, 궁금해하는 사람들에게

그들이 알지 못하는 감각에 대해 소리 내어 설명한다.

그는 빛에 대해, 무지개 색조에 대해 말해 준다.

넓고 깊은 학식이 있는 학자처럼.

그러나 그가 말하는 모든 것은—글쎄—

어지간한 여행자들이 얼마나 허황된 거짓을 말하려 하는가!

제인 오스틴

데이비드 세실 경

그런 지적인 집단이 제인 오스틴Jane Austen의 책을 읽는다는 사실은, 겉으로 드러난 현상에서 우리가 판단하는 것보다 그녀의 책에 대한 사람들의 관심이 훨씬 진지하다는 뜻이다. 우리에게 비친 모습에 따르면, 독신 여성들과 성직자들은 가치관에서 보편성을 띠며, 시골에서 영위하는 그들의 차분한 삶은 인간 행위에서 근본적인 문제를 제기한다. 모든 시대, 모든 지역에서 사람들은 감정으로든 이성으로든 삶의 방향을 결정해야 하고, 신중한 배려와 세속적 이익 중 어디에 더 중점을 두어야 하는지도 결정해야 한다. 모든 시대, 모든 지역에서 사람들은 첫인상에 현혹되고, 자신의 힘을 지나치게 과신하는 자만심에 실족한다. 《이성과 감성》[1]에서 엘리너와 마리앤 간의 쟁점은 장 자크 루소와 새뮤얼 존슨 간의 쟁점이다. 엠마의 몰락 원인이 된 실수는 많은 정치인과 사회 개혁가를 파멸의 늪에 빠뜨렸다. 무대와 의상에서 《맨스필드 파크》[2]는 엘리자베스 개스켈Elizabeth Gaskell의 《크랜포드Cranford》와 다를 바 없지만, 극적인 상황은 《마담 보바리》[3]만큼 삶의 현상을 포괄적으로 비판한다.

무대가 제한됐다고 이것이 비판적인 힘을 약화시키지 않는다. 반대로 비판적인 힘이 더 커지고 설득력까지 갖는다. 오스틴의 소설들이 갖는 거부할 수 없는 매력과 가슴까지 시원해지는 신랄한 분위기, 그리고 은빛처럼 반짝이는 상식은 그녀의 현실적인 도덕주의와 그 무대의 품위 있는 평온함이 절묘하게 결합된 결과에서 비롯된다. 게다가 오스틴

이 속속들이 아는 유일한 세계를 신중하게 다루었다는 사실은, 표면적인 특징에 한눈팔지 않고 겉모습 안에 감춰진 보편적 의미를 찾아내려 애썼다는 뜻이기도 하다. 《엠마》[4]가 보편적인 이유는 한정된 무대를 다루기 때문이고, 그녀의 심원한 눈에 비친 범위를 넘어서지 않았기 때문이다.

심원한 시각 덕분에 그녀의 작품에는 우리 삶을 더 높고 넓게 관찰한 견해가 들어 있다. 또한 개인적인 관계를 다루었기 때문에 삶에서 가장 중요한 면들은 간과하기도 했다. 그러나 제인 오스틴은 고유한 관점으로 문제의 핵심을 파고들었다. 소박하고 허세 부리지 않는 철학은 사실의 확고한 지각에서 출발하고 도덕적 품성의 정확한 지각을 바탕으로 하여, 위대한 소설가들의 철학만큼이나 감동적이다. 내 생각에는 그들의 철학보다 더 인상적이다. 만약 내 행동이 지혜로운 것인지 의심이 간다면 나는 플로베르나 도스토옙스키에게 도움을 청하지 않을 것이다. 발자크나 디킨스의 의견은 내게 아무런 설득력이 없을 것이다. 스탕달은 나를 질책하려 들겠지만, 오히려 내가 옳았다는 확신만 더해 줄 것이다. 톨스토이는 어떻게 판단할지 확신이 서지 않는다. 그러나 제인 오스틴이 내 행동에 고개를 젓는다면, 나는 몹시 당혹해서 몇 주일이고 내내 애태울 것이다.

1) 제인 오스틴 지음, 윤지관 옮김(민음사, 2006년).
2) 제인 오스틴 지음, 김지숙 옮김(현대문화, 2007년).
3) 귀스타브 플로베르 지음, 김화영 옮김(민음사, 2000년).
4) 제인 오스틴 지음, 최정선 옮김(현대문화, 2006년).

영국 시인과 시대정신에 대한 강론

윌리엄 해즐릿

시는 열정을 가장 웅변적으로 토해 내는 도구다. 즐거운 것과 고통스러운 것, 천한 것과 고귀한 것, 기쁨과 슬픔 등 모든 것에 대한 우리의 인식을 가장 생생한 형태로 표현해 내는 도구다. 시는 마음에 품은 느낌과 단어의 완벽한 일치를 지향한다. 시가 아니면 어떤 식으로도 기대할 수 없는 일치이고, 순간적 '만족감을 우리 생각에' 주는 일치이다. 이런 일치는 재치와 환상, 희극과 비극, 숭고와 비애의 근원이기도 하다. ……우리는 뭔가를 보고, 그것에 대한 느낌을 다른 사람에게 전한다. 그때 우리 자신도 모르게 그 느낌을 머릿속에 떠올리기 마련이다. 따라서 막연하지만 좀처럼 잊히지 않는 욕구를 상상은 구체화시켜 분명한 형태를 갖게 만든다. 우리는 뭔가가 그대로 존재하기를 바라지 않는다. 우리가 원하는 형태로 나타나기를 바란다. 지식은 의식의 힘이기 때문이다. 이 경우 마음은 더 이상 속아 넘어가기만 하는 양이 아니다. 비록 악습과 광기의 제물이 될 수도 있지만. 시는 어떤 형태를 띠든 상상과 열정, 환상과 의지를 표현하는 언어다.

시어詩語: 의미에 대한 연구

오언 바필드

감상의 즐거움, 곧 적잖은 사람을 평생 도서관에 가둬 놓고 지식을 쌓는 것조차 방해할 정도로 강렬하고 쉽게 사라지지 않는 전율감은 시와 밀접한 관계가 있다. 그 이유는 많은 평론가의 눈에 이런저런 식으로 눈에 띄는 '아름다움 속의 낯섦' 때문이다. 위대한 시, 적어도 읽는 기쁨을 주는 시에는 한결같이 그런 요소가 있다. 거꾸로, 그런 요소가 있는 곳에는 미학적 즐거움이 있다. 따라서 첫 번째 예에서 우리는 피진 영어 Pidgin English[1]로 하는 우스꽝스런 대화도 미학적 가치가 있다는 사실을 확인했다. 실제로 남반구에서 이보다 단순하고 낯선 현상은 발견하기 어렵다. 아리스토텔레스는 《시학》에서 '평범한' 수준을 넘어서는 어법을 구사할 때 '낯선 단어'가 갖는 미학적 가치를 언급하며 '낯선 단어'에 '외국의 표현'을 포함했다. 따라서 일정 수준의 미학적 성숙에 이른 연령을 지나 외국어를 배우는 데 어려움을 겪어 본 사람이라도, 외국어의 관용구를 섞어 상당히 일상적으로 표현한 묵상에서 미학적 즐거움을 그런대로 만끽한다. 결국 미학의 즐거움은 똑같은 것에 대한 다른 식의 표현을 비교하는 데 있지 않고, '미세하게 다르게 표현된 것'을 깨닫는 데 있다. 완전히 추상적인 개념과 기술적인 개념을 제외하면 어떤 언어도 똑같은 것을 말하지 않기 때문이다.

[1] 중국어, 포르투갈어, 말레이어 등이 뒤섞인 영어.

시인 초서

네빌 코그힐

　사랑에서 전투로, 다시 사랑으로 연결되는 이 짤막한 낭만적 서사시 '기사의 이야기The Knight's Tale[1]'에서, 초서는 실타래처럼 얽힌 사랑 이야기에서는 예외적으로 보카치오의 인간미를 더했다. 여주인공 에밀리아는 지극히 여성적이고 순결한 성품이어서 어떤 연인도 바라지 않는다. 지금보다 수녀원이 붐비던 시대에는 유난히 눈에 띄는 성품이었다. 이런 성품은 지금도 여전히 존재하지만, 연애 소설의 여주인공에게서는 좀처럼 찾아보기 어렵다. 초서가 배스의 여장부The Wife of Bath[2]도 이해했는데 하물며 '수녀 복장을 잘 견뎌 낼 수 있는 여자'를 이해하지 못했겠는가.

1) 초서의 《캔터베리 이야기》 중 첫 번째 이야기.
2) 기사, 여수도원장, 수도승, 상인 등 《캔터베리 이야기》에 나오는 인물 중 한 명.

새뮤얼 존슨 선집

새뮤얼 존슨

우리의 관심을 끄는 모든 것에서 그렇듯이, 옛것을 열렬히 좋아하는 사람들이 있다. 하지만 이성적 판단에 따라 좋아하는 것이 아니라 선입견 때문에 좋아하는 경우가 비일비재하다. 예컨대 오래된 것이면, 시간이 우연히 그렇게 된 것일 뿐인데도 무엇이든 무차별적으로 좋아하는 사람들이 적지 않다. 또 현재 뛰어난 것보다 옛것을 무작정 존중하려는 경향을 보인다. 우리 눈이 불투명한 인공 막을 통해 태양을 관찰하듯이, 우리 정신은 시대의 그늘을 통해 천재성을 가늠한다. 비평의 진정한 목적은 현재의 것에서 결함을 찾아내고 옛것에서 아름다움을 찾아내는 데 있다. 어떤 작가가 아직 살아 있다면 우리는 최악의 작품을 두고 그의 능력을 평가해야 하고, 죽은 사람이라면 최고의 작품을 두고 그를 평가해야 한다.

존슨 박사의 삶과 천재적 재능에 대하여

아서 머피

"제가 좋지 않은 때 런던에 온 것 같군요. 우리 스코틀랜드인들에게 반감이 팽배한 시기니 말입니다. 하지만 이렇게 말씀드리는 것은 선생님이 도량이 넓고 자유로운 정신을 가진 분이기 때문입니다. 선생님도 제가 스코틀랜드를 떠날 수밖에 없었다는 것을 아시잖습니까"라고 보즈웰이 말했다. 그때 존슨은 "그래도 자네 고향 사람들만큼 알겠나?"라고 대답했다.

스코틀랜드 사람들과 가깝게 지내지 않으려는 보즈웰을 존슨이 도운 또 다른 이유가 있었다. 존슨은 교회와 국가의 법제화를 진정으로 바라는 사람이었던 까닭에, 칼뱅과 존 녹스를 국교의 적절한 창시자로 생각지 않았다. 하지만 스코틀랜드의 국교회 반대자와 잉글랜드의 정경분리주의자를 엄격히 구분했다. 그는 스코틀랜드의 국교회 반대자들이 불평불만을 일삼고 충성심이 부족하다고는 생각하지 않았다. 스코틀랜드 출신의 장교들과 병사들도 대영제국을 위해 열심히 싸웠고 많은 피를 흘렸으며, 이제는 그들만의 고유한 예배 방식을 고수하는 데 힘쓰며 영국 국교회를 무너뜨리려 도전하지 않는다고 말하곤 했다. 존슨은 언제라도 이런 사실을 인정하는 입장이어서, 스코틀랜드 사람을 만날 때마다 그 스코틀랜드 사람이 그에게는 잉글랜드 사람과 다를 바가 없다고 말했다. 그가 스코틀랜드 사람에게 앙심이나 적의를 품지 않은 것은 확실하다.

그러나 종교적 관점에서 그에게 스코틀랜드의 국교회 반대자들은 전혀 달라 보였다. 존슨의 판단에 따르면, 그들의 종교는 지나치게 세속적이고 정치적이며, 불안하고 야심찼다. 얼마 전 그들의 설교단에서 터져 나온 주장들, 예컨대 왕을 면직시키며 무용지물이 된 법을 버리고 새로운 형태의 정부를 세우겠다는 교의도, 겉으로는 평화를 내세우고 있지만 결국 그들 마음속에 도사리고 있는 신념이었다. 존슨은 길들여지지 않은 민주주의가 왕과 영주와 의회를 전복시켰음을 알고 있었다. 또 광신적 공화주의자들이 이제는 예수의 이름 앞에서도 고개를 숙이지 않으며 왕국의 모든 교구민을 포섭했다는 것도 알고 있었다. 존슨은 이런 끔찍한 장면이 다시 반복되지 않기를 진정으로 원했다. 따라서 스코틀랜드가 어떤 위협을 가하지 않으리라는 것을 알았지만, 칼뱅주의에 대한 혐오감이 스코틀랜드 사람들에 대한 생각과 간혹 뒤범벅되고 말았다. 그런 연상을 쉽게 떨쳐 낼 수 없었다. 그러나 이 나라에서 사랑받고 존경받는 많은 신사가 그 섬 출신이란 것은 널리 알려진 사실이었다.

수사학 修辭學

아리스토텔레스

종종 똑같은 일을 하는 것은 즐겁다. 우리가 흔히 말하듯, 익숙한 일은 즐겁기 때문이다. 그런데 변화도 즐겁다. 변화는 자연의 질서이기 때문이고, 변하지 않고 항상 똑같으려면 정상적인 조건을 넘어서야 하기 때문이다. 그래서 "어떤 것에서나 변화는 달콤하다"라는 말이 생겼다. 이런 이유에서 우리는 사람이든 사물이든 이따금 봐야 즐겁다. 변화는 현재로부터의 변화이고, 또 무척 드물기 때문이다. 뭔가를 배우고 동경하는 것은 대체로 즐겁다. 뭔가를 동경한다는 것은 배우려는 욕망을 뜻하여, 동경을 낳는 것은 뭔가 미비한 것이며, 배운다는 것은 정상으로 돌아옴을 뜻하기 때문이다. 혜택을 나눠 주고 받는 것은 즐거운 일이다. 혜택을 받는다는 것은 우리가 원하는 것을 성취했다는 뜻이고, 혜택을 나눠 준다는 것은 충분하다 못해 넘치게 가졌다는 뜻이므로, 둘 다 우리가 원하는 것이다. 선행을 베푼다는 것은 즐거운 일이기 때문에, 주변에 이웃을 두고 그들에게 부족한 것을 채워 주는 것도 즐거운 일이다. 배우고 동경하는 것은 즐거운 일이기 때문에, 이런 행위와 관련된 모든 것도 즐겁기 마련이다. 예컨대 모방의 대상이 달갑지 않더라도 그림, 조각, 시 그리고 잘 모방되는 모든 것이 그러하다. 즐거움이나 불쾌함을 주는 것은 모방의 대상이 아니라, 모방하는 대상과 모방한 결과가 똑같을 거라는 기대감이다. 따라서 그 결과에서 우리는 뭔가를 배운다. 갑작스런 변화와, 위험에서 가까스로 모면한 경우에 대해서도 똑같이 말할 수 있다. 그 모든 것이 감탄을 자아내기 때문이다. 본성과 일치하는 것은 즐겁기 때문에, 또 비슷한 것은 본성에 따라 비슷하기 때문에, 비슷한 것은 대부분의 경우 서로에게 즐거움을 준다. 인간은 인간에게, 말은 말에게, 젊은이는 젊은이에게……. 여기서 다음과 같은 격언들이 나왔다.

노인은 노인을 좋아하고, 젊은이는 젊은이를 좋아한다.
유유상종.
짐승은 짐승을 알아본다.
깃털 달린 새들은 자기들끼리 어울린다 등등.

영국 시인과 시대정신에 대한 강론

윌리엄 해즐릿

그러나 여기서 나는 새뮤얼 테일러 콜리지가 천재라는 개념에 대답한 유일한 사람이라고 말할 수 있다. 적어도 내가 아는 한 그렇다. 또 콜리지는 내게 뭔가를 가르쳐 준 유일한 사람이다. ……그는 내가 만난 최초의 시인이었다. 당시 그의 천재적 재능은 천사의 날개를 가졌고, 만나를 양식으로 먹었다. 그는 끝없이 이야기를 이어 갔고, 우리는 그가 끝없이 이야기해 주기를 바랐다. 그는 조금도 어렵지 않게 생각을 술술 풀어내는 것 같았다. 천재적 발상으로 생각을 풀어내고, 상상력의 날개로 그의 몸을 하늘로 들어 올린 듯했다. 목소리는 감미로운 오르간 소리처럼 귓가에 맴돌았다. 그 소리는 생각으로 짜인 음률이었다. 정신에 날개가 달리자 그는 날개를 타고 올라가 철학을 하늘나라까지 들어 올렸다. 그의 글에서 우리는 인간의 행복과 자유가, 하나님의 음성이 위로부터 들리는 야곱의 사다리를 새털처럼 가볍게 끊임없이 오르내림을 보았다. 그때 그의 목소리를 들었던 내가 지금도 들을 수 있을까? 아닐 것이다. 마법이 깨졌다. 그 시간은 영원히 흘러가 버렸다. 그 목소리가 이제는 들리지 않는다. 하지만 기나긴 과거의 생각들과 더불어 많은 회상이 밀려오며, 결코 사라지지 않을 목소리가 내 귓가에 울린다.

아서왕의 죽음

토마스 맬러리 경

아서왕의 죽음에 대해 더 많은 자료를 발견할 수 없었다. 그러나 그 여인들이 아서왕을 무덤으로 옮겼고, 캔터베리의 주교로 여겨지는 은둔자가 지켜보는 가운데 아서왕의 시신은 매장됐다. 하지만 은둔자는 그 시신이 정말로 아서왕의 시신인지 확실히 알지 못했다. 원탁의 기사였던 베드웨어 경의 지시로 이 이야기가 쓰였기 때문이다.

그러나 영국의 많은 지역에서, 아서왕이 죽지 않고 우리 주 예수의 뜻에 따라 다른 땅에 갔으며 언젠가 다시 돌아와 성 십자가를 차지할 거라고 말하는 사람들이 적지 않다. 나는 그런 일이 실제로 일어날 거라고 말하지는 않겠지만, 아서왕이 이 땅에서 변용(變容)되었다고는 확실히 말할 수 있다. 많은 사람들도 그의 무덤에 이렇게 쓰여 있다고 말한다.

옛날의 왕이었고 미래의 왕인 아서가 여기 누워 있다.
HIC IACET ARTHURUS REX QUONDAM REXQUE FUTURUS.

황금가지

제임스 조지 프레이저

나무의 정령—유럽 아리아인의 종교사에서 나무 숭배는 중요한 역할을 했다. 그것은 당연한 현상일 수 있다. 역사의 여명기에 유럽은 거대한 원시림으로 뒤덮여 있었고, 곳곳의 빈터는 초록 바다에 드문드문 떠 있는 섬처럼 보였기 때문이다. 기원후 1세기쯤 헤르키니아 삼림은 라인 강에서 동쪽으로 끝을 알 수 없는 지역까지 방대하게 뻗어 있었다. 카이사르의 명령에 게르만족이 두 달 동안 숲을 돌아다녔지만 끝에 이르지 못했다. 그로부터 4세기가 지난 후 율리아누스 황제가 그 숲을 찾았다. 인적조차 없는 어둡고 적막한 숲은 감성적인 율리아누스에게 얼마나 깊은 인상을 심어 주었던지, 로마제국에서는 이와 같은 숲을 본 적이 없다고 말했다. 우리나라에서는 켄트, 서리, 서섹스의 삼림 지대가 한때 섬의 남동부 지역 전체를 뒤덮었던 안데리다 대삼림의 흔적이다. 안데리다 대삼림은 서쪽으로는 햄프셔에서 데번까지 뻗어 있던 다른 삼림지와 맞닿는 곳까지 이어졌던 것으로 여겨진다. 헨리 2세의 시대에도 런던 시민들은 햄스테드의 숲에서 야생 황소와 멧돼지를 사냥했고, 플랜태저넷 왕가의 시대에는 그 말기까지도 왕실 숲이 68곳에 이르렀다. 아든 숲에서는 근대까지도 워릭셔의 거의 전 지역에서 다람쥐가 나무를 넘나들었다고 전해진다.

금단지

제임스 스티븐스

"몸에 생기는 유일한 골칫거리는 질병이다. 다른 모든 불행은 머리에서 오는데, 이런 불행은 생각에서 비롯하므로 생각의 주인은 그것을 무례하고 달갑지 않은 부랑자처럼 내칠 수 있다. 정신적 문젯거리는 말로 다스리고 꾸짖어서 쫓아낼 수 있다. 세상에 웃음을 주고 세상을 고결하게 만들어 가는 데 자기 역할을 다하는 쾌활하고 성실한 시민에게만 우리 머리는 안식처를 제공한다. 이게 생각의 의무이기 때문이다."

철학자가 이렇게 말하는 동안 그를 물끄러미 쳐다보던 여자가 말했다.

"선생님, 우리는 젊은 사람들에게 우리 마음을 말하고, 늙은 사람들에게 우리 머리를 말합니다. 그리고 마음이 어리석으면 머리는 거짓말쟁이가 될 수밖에 없습니다. 제가 아는 것을 선생님께 말씀드릴 수 있지만, 제대로 이해하지 못하는 것을 어떻게 말씀드릴 수 있겠습니까? 만약 제가 선생님께 '저는 어떤 남자를 사랑합니다'라고 말한다면, 저는 아무것도 말하지 않은 것입니다. 제 마음이 몸속에서 소리 내지 않고 반복하는 말을 선생님은 듣지 못할 것이기 때문입니다. 젊은 사람들은 머리가 어리석고, 늙은 사람들은 마음이 어리석습니다. 따라서 그들은 서로 얼굴을 쳐다보고, 어리둥절해하면서 스쳐 지나갈 뿐입니다."

철학자가 말했다.

"네 생각은 틀렸다. 늙은 사람은 이렇게 네 손을 잡고, '내 딸인 네게 좋은 일만 있으면 좋겠구나'라고 말할 수 있지 않느냐. 모든 환난에는 동정이 있고, 사랑에는 기억이 있는 법이다. 머리와 마음이 조용히 우정을 주고받으며 이야기를 나눈다는 증거다. 마음이 오늘 알게 된 것을 머리는 내일이면 이해할 것이다. 머리는 마음의 학자이기 때문에 우리는 마음을 깨끗이 하고 모든 그릇된 것을 떨쳐 내야 한다. 그러지 않으면 우리는 혼자서는 회복할 수 없을 만큼 더러워지고 말 것이다.”

성 베르나르 드 클레르보

브루노 S. 제임스

왕은 자신이 살아 있는 한 피터가 주교가 되지 못할 거라고 공공연히 맹세했다. 피터는 샹파뉴의 시어볼드 백작과 함께 피신했고, 교황은 왕을 금지제재禁止制裁[1]에 처했다. 일촉즉발의 위험한 상황이었다. 베르나르는 이런 상황을 매우 불안하게 지켜보았다. 그는 금지제재는 실수이고 자칫하면 왕을 더 완강하게 만들 뿐이라 판단하고, 교황청의 친구들에게 영향력을 발휘해서 금지제재를 취소시켜 달라고 부탁했다. 그는 편지에 이렇게 썼다.

"두 가지 이유로 나는 왕을 용서할 수 없습니다. 왕은 불법적인 맹세를 했고, 그 맹세를 부당하게 지키고 있습니다. 자기 신념으로 그렇게 하는 것이 아닙니다. 맹세를 거두는 게 부끄러운 짓이라 생각하기 때문에 잘못된 맹세를 거두지 않고 있는 것입니다. 여러분도 알다시피, 프랑스에서는 잘못된 충고를 받아들여 맹세를 했더라도 그것을 깨는 것을 치욕이라 생각합니다. 현명한 사람이라면 잘못된 맹세를 지키지 않을 텐데 말입니다. 그렇다고 해서 왕이 용서받아야 한다고 내가 생각하는 것은 아니지만, 용서까지는 아니어도 왕을 사면해 달라고 부탁드리는 것입니다. 왕은 아직 젊어서 혈기가 넘칩니다. 부디 왕이라는 입장을 참작하여 여러분이 그를 용서할 수 있는지 고려해 주시기 바랍니다. 왕이 왕이기는 하지만 아직 젊다는 점을 감안하여 여러분이 정의보다 자비를 먼저 생각한다면, 또 왕이 앞으로는 그런 무모한 일을 벌이지 않을 것임을 전제로 너그러운 마음을 보여 준다면 그가 용서받지 못할 이유는 없을 것입니다. 교회에 주어진 자율권이나 교황의 손에 축복받은 대주교를 향한 경배에 왕이 아무런 편견도 없다면 그를 용서해 주지 못할 이유가 무엇입니까. 이런 결과는 왕이 겸손한 마음으로 바라는 것이며, 알프스 산맥 반대편의 상처 받은 교황청이 원하는 것이기도 합니다. 이런 화합을 이루지 못한다면 우리는 죽음과 손잡고 세상에 닥칠 일을 두려워하며 애태우다 말라죽고 말 것입니다."

1) 가톨릭교회의 형법에서 거룩한 일정 권리를 빼앗는 행위나, 그러한 권리를 빼앗긴 상태.

시어: 의미에 대한 연구

오언 바필드

따라서 내 경험을 신중히 분석해 볼 때마다, 시의 감상에는 '의식이 변하는 느낌'이 있다고 말할 수밖에 없다. 이 말의 뜻을 정확히 파악해야 한다. 감상은 변화의 순간에 일어난다. 시인을 통해 우리가 그의 눈으로 사물을 관찰하고 세상을 더 크고 완전하게 이해한다는 것은 단순한 문제가 아니다. 뒤에서 더 자세히 다루겠지만 실제로 시인은 우리가 그렇게 하도록 만들 수 있다. 하지만 감상의 즐거움을 실제로 느끼는 순간은 무척 드문 데다, 순식간에 닥치는 것 즉 변화에 의해 결정된다. 자석의 양극 사이로 전선을 통과시키면 전류가 발생한다. 하지만 이때 전선이 역선力線을 정확히 가로질러야 한다. 전선을 양극 사이에 안정되게 놓아두면, 바로 그 위치에서 자장이 전선에 스며든다. 하지만 이 경우 전류가 전선을 따라 흐르지는 않는다. 전선을 실제로 양극 사이에 넣고 다시 꺼낼 때만 전류가 흐른다. 따라서 흔히 비유되는 꿈과 마찬가지로, 시는 의식의 차원이 변할 때 시적 감흥이 일어난다. 이런 변화가 일어나는 동안 시적 감흥은 살아 있지만 곧 죽는다. 따라서 이런 감흥을 다시 경험하고 싶다면, 그때의 변화를 되살리는 어떤 수단을 찾아내야 한다.

시는 하나의 소유물도 아니고, 부요해진 우리 영혼도 아니다. 하지만 시가 영혼처럼 우리 존재에 깊숙이 스며들 때, 우리는 더 이상 시어에 연연하지 않는다. 이 단계에서 시어는 그 목적을 다한 것이므로 잊힐 수 있다. 어떤 시어의 본질이 오래 전에 우리의 일부가 되었고 그 시어에 담긴 정신이 우리가 깨어 있는 시간의 일부가 되었는데, 우리가 그런 시어의 빼어난 조각들을 기분 좋게 음미하고자 떠올린다면, 그리고 실제로 음미한다면, 이것은 우리가 그 보물 같은 시어를 처음 읽을 때 느끼던 짜릿한 감흥을 되살리고 싶어 하기 때문이 아닌가? 오랫동안 잊고 있던 단어일 수도 있는 친숙한 단어를 입안에서 웅얼거릴 때, 우리는 의식적으로나 무의식적으로 그 단어를 알기 전 상태로 돌아가려 한다. 왜 그럴까? 기쁨을 느끼려면 변화가 있어야 한다는 것을 본능적으로 알기 때문이다. 낮이나 밤만 계속되면 이슬로 지구를 촉촉이 적셔 줄 수 없는 법이다. 밤이 낮이 되고 다시 낮이 밤이 되는 변화가 있기 때문에 지구는 이슬로 시원하게 적셔지는 것이다.

워즈워스: 시와 산문

데이비드 니콜 스미스

자연은 워즈워스에게 살아 있는 영혼, 더 정확히 말하면 별들의 움직임, 마음의 열망, 잠든 대도시, 썩어 가는 꽃 등에서 한결같이 자신의 모습을 드러내는 살아 있는 영혼이었다.

존재하는 모든 형태에는 하나의 분명한 원리가
주어졌다. 감각과 관찰에서는
사라졌어도 그 원리는 모든 것에서
그대로 남아 있다. 모든 자연물에서,
푸른 하늘의 별에서, 변덕스런 구름에서,
꽃과 나무에서, 시냇물에 깔린
작은 자갈에서, 그 자리를 지키는 바위에서,
흘러가는 물길과 보이지 않는 공기에서도.
존재하는 모든 것에는 그 자체를 넘어서는
속성이 있다. 선과 교감하고
소박한 행복과도, 때로는 악과도 어울리는.
영혼은 고립을 모르고 균열을 모르며
고독을 모른다. 영혼은 연결고리를 따라
온 세상을 순회한다.
〈소요逍遙 9〉

워즈워스의 시는 인간과 인간이 살아가는 세계를 구분하지 않는다. 그는 인간은 물론이고 무생물까지, 이 땅의 모든 피조물을 거대한 전체의 부분으로 생각한다. 그 피조물들은 지정된 장소를 채우고, 정해진 질서에 따라 움직인다. 워즈워스를 위대한 자연 시인이라 칭하는 이유는 외적인 자연 너머까지 노래한 시인이기 때문이다. 그는 인간으로서 다다르기 힘든 경지까지 이른 시인이다. 눈에 보이는 것을 그려내는 데 그보다 충실하고 독창적인 시인은 없었다. 눈에 보이는 자연을 그보다 찬란하게 해석한 시인은 없었다. 그렇다고 워즈워스는 자연을 인간의 마음에서 떼어 내지도 않았다.

그의 시에서는 언제나 우리가 존재하는 목적을 읽을 수 있다. 그는 기나긴 삶에 마침표를 찍을 즈음에 쓴 편지에서 인간이 존재하는 목적을 지극히 간명하게 요약했다. 그 편지에서 워즈워스는 "내가 무슨 일을 하든 가장 중요하게 생각한 것은 물질적인 우주에 부여하고자 애썼던 영성과, 내가 드러내고 싶었던 우주의 가장 평범한 모습 이면의 도덕적 관계이다"라고 말했다.

힘찬 달음박질

존 웨인

　대학은 젊은 인재들에게 만남의 장소를 제공한다. 이 역할은 대학의 존재 이유를 정당화해주는 최소한의 근거다. 그러나 문명의 끈이 계속 이어지기를 보고픈 사람들의 마음 한구석에는, 언제나 그 젊은이들이 서로 만나는 데서 그치지 않고 그런 만남을 통해 뭔가를 실질적으로 배우길 바라는 소망이 있다. 내가 만난 진지한 작가들은 문학이 생명을 유지하려면 생산 문제만이 아니라 수용 문제까지 감안해야 한다고 한목소리로 말했다. 평가자의 부족이 생산자의 부족만큼이나 치명적일 수 있다는 뜻이다. 특히 시에서 이런 문제가 두드러진다. 지난 30년은 그야말로 돌팔이 시인들의 전성시대였다. 어떤 이유로든 문인이라는 명성을 얻고 싶은 젊은이는 '시'를 통해 그럴 수 있었다. 이 과정에서 어떤 엄격한 비판도 받지 않았다. 너무 쉬웠다. 큰 소리로 "나는 시인이다!"라고 외치고 곧바로 개인적인 생각을 마구 내놓기 시작했다. 그때부터는 시인이 아닌 평범한 사람처럼 제약의 굴레에 얽매여 살 필요가 없었다. 한동안은 이런 선언만으로 충분하겠지만, 당신에게 행동과 일치하는 시를 창작하라는 요구가 빗발치는 날이 올 것이다. 그러나 이런 요구도 걱정할 바는 아니다. 어느 날 저녁 카페 테이블에 앉아 머릿속에 떠오른 생각을 끼적이고 3년의 산고를 끝맺으라. 누구도 그 무가치함을 눈치 채지 못할 것이다. 요즘은 무엇이든 광고를 해야 팔리는 광고인의 시대이므로.

평론집

월터 스콧 경

존슨 박사는 로맨스를 원초적 의미에서 "중세시대의 전쟁 이야기, 사랑과 기사도가 있는 기상천외한 모험 이야기"로 정의했다. 이 정의는 로맨스라는 단어의 일반적인 개념을 정확히 말해 준다. 하지만 현재 우리의 목적을 충분히 답해 주기에는 부족하다. 어떤 작품은 정통 로맨스이면서도 사랑이나 기사도를 언급하지 않을 수 있다. 반대로 전쟁이나 중세시대를 언급하지 않을 수도 있다. '기상천외한 모험'만이 존슨의 정의에서 거의 절대적이자 본질적인 부분인 듯하다. 따라서 우리는 로맨스를 "산문이나 운문으로 쓴 허구의 이야기, 신기하고 보기 드문 사건에 대한 관심"이라고 재정의하고픈 경향이 있다. 존슨이 "일반적으로 사랑을 평온무사하게 다룬 이야기"로 정의한 소설과 구분 짓기 위해, 우리는 소설을 "인간사의 흐름과 다르지 않은 사건과 현대 사회를 다룬다는 점에서 로맨스와는 다른 허구의 이야기"로 정의하려 한다. 이런 정의를 받아들인다면 그 구별이 갖는 본질적 특성으로 인해, 어떤 글이 두 장르 중 어느 하나에 속한다고 단정적으로 말하기 힘든 경우가 분명 있을 수 있다. 실제로도 두 장르의 특성을 모두 지니는 글이 분명 존재한다. 그러나 모든 일반적이고 편의적인 목적을 충족시키기 충분할 정도로 그 구분은 가능할 것이다.

서간집 書簡集

윌리엄 쿠퍼

글을 쓰는 사람도 글을 읽어야 한다. 다른 사람의 경험적 지식을 인용할 수 있기 때문이 아니라, 글을 읽고 재충전해서 새로운 활력을 얻을 때 자기만의 글을 써 낼 수 있기 때문이다. 그러나 운문을 쓰는 시인의 입장에서, 지난 13년간 영국 시인을 전혀 읽지 않았고 20년 전까지 거슬러 올라가도 단 한 명을 읽었다는 점이 내게 큰 도움이 됐다고 생각한다. 나는 모방을 싫어한다. 최고의 본보기라도 모방하기 싫다. 모방은 독창성이라곤 없는 기계적인 짓이다. 게다가 독창성을 발휘한 작가를 모방하여 쓰지 않았다면 결코 글을 쓰지 못했을 사람들이 벌이는, 작가라는 이름을 더럽히는 수작이다. 귀와 취향이 다른 사람의 것에 길들여지면, 그 그늘에서 벗어나기란 거의 불가능하다. 우리는 자신도 모르게, 우리가 동경하는 만큼 모방한다.

새뮤얼 존슨 법학 박사와 함께한 헤브리디스 제도諸島 여행기

제임스 보즈웰

우리가 그날 아침에 찾은 잉글랜드식 예배당은 무척 초라했다. 제단은 닳아 빠진 전나무 탁자였고, 무릎을 꿇는 조악한 발판에는 방석 대신 두꺼운 돛천이 두 겹으로 접힌 채 놓여 있었다. 신자들도 적었다. 성직자인 테이트 씨는 기도문을 무척 잘 읽었지만 스코틀랜드 억양이 강했다. 그는 '원수를 사랑하라'는 주제로 설교했다. 그는 인간관계에 대해 말하면서, 어떤 사람은 뛰어난 재능을 지닌 사람과 관계를 맺는데, 자신이 그처럼 될 수 없다는 것을 알기 때문에 그를 친구로 삼아 친구의 장점으로 자신을 치장하려 애쓴다고 말했다. 이런 취지의 설교였다. 우연의 일치였는지 몰라도, 존슨 박사와 나의 관계를 말하는 듯했다.

예배가 끝난 후 우리는 부두로 내려갔다. 그곳에서 맥베스 성까지 걸었다. 존슨 박사가 그 성에 들어서는 모습을 보면서 나는 낭만적 만족감에 젖어들었다. 셰익스피어의 표현과 완벽하게 맞아 떨어졌기 때문이다. ……우리가 성에서 나오자, 까마귀 한 마리가 굴뚝 위에 앉아 까악까악 울었다. 그때 나는 되뇌였다.

까마귀조차 쉰 목소리로

내 흉벽으로 들어오는

던컨[1]의 운명을 알리고 있구나.

---

1) 셰익스피어의 4대 비극 중 《맥베스》에 나오는 국왕. 맥베스는 던컨을 살해하고 왕위에 오른다.

영국 시인과 시대정신에 대한 강론

윌리엄 해즐릿

초서의 작품에 등장하는 인물은 이야기꾼이고, 셰익스피어의 작품에 등장하는 인물은 연극적이며, 밀턴의 작품에 등장하는 인물은 서사적이다. 초서는 특정 목적에 따라 이야기하고 싶은 만큼만 이야기한다. 그리고 등장인물들을 직접 소개한다. 반면 셰익스피어의 작품에서는 등장인물들이 무대에 소개되고 온갖 질문을 받고 각자 힘으로 대답해야 한다. 또 초서의 작품에 등장하는 인물 성격은 기본적으로 변하지 않는다. 그러나 셰익스피어의 경우 등장인물과 관련한 원칙들을 선호하거나 반감을 가짐으로써 등장인물의 특징들이 끊임없이 결합되고 해체되며, 모든 단위 조각이 전체적 맥락에서 요동친다. 따라서 어떤 실험이 시도되기 전까지 결과를 알 수 없다. 요컨대 등장인물이 새로운 상황에 어떤 입장을 취할지 섣불리 짐작할 수 없다. 밀턴은 등장인물에서 몇 가지 원리만 취해 불순물들을 걸러내며, 그 원리들을 상상할 수 있는 궁극점까지 끌어올렸다. '하늘 가까이에서 형성된' 밀턴의 상상력은 그가 그 높이에서 보았던 것과 유사한 것을 주장했고, 스스로를 그 높이로 상승시킬 수 있었다. 밀턴은 뒤로 물러나 혼자 머물며 '지혜와 함께' 지낸 반면, 셰익스피어는 '사회를 바람직한 곳'으로 만들어 가기 위해 군중과 뒤섞이며 주최자 역할을 했다.

아서왕의 아발론[1]

조프리 애쉬

성 브리지트St. Bridget은 끝없는 활력과 자비심을 지닌 아일랜드 여인으로, 453년에 사생아로 태어났다. 16세에 수녀원에 들어갔으며, 다른 소녀들에게도 자신과 같은 길을 걷도록 설득했다. 그 후 정치 활동으로 기나긴 삶을 보냈고, 많은 수녀원을 세웠다. 킬데어 수녀원이 대표적인 예다. 브리지트의 성격과 재치는 주변 사람을 끌어들이는 마력이 있었던 듯하다. 나병 환자에게 특별한 관심을 가져 직접 그들을 씻겨 주기도 했으며, 이런 미덕 덕분에 대중에게 존경받아 성인의 반열에 올랐다. 브리지트가 아일랜드 땅을 떠난 적이 있다는 믿을 만한 증거는 없다. 그러나 브리지트를 숭배하는 열기가 영국 전역으로 확산되면서, 그녀가 서머셋에 갔고 거기서 죽었으며 글래스턴베리에 묻혔다는 소문이 나돌았다. 수도자들은 유물을 대담하게 전시하기도 했다. 그녀에게 매료된 아일랜드의 순례자들은 유물이 그들의 병을 치유하는지 효험을 시험했고 종종 만족스런 마음으로 돌아갔다.

---

1) Avalon, 아서왕이 마지막 전투 후 상처를 치료하기 위해 머물렀다고 전해지는 섬.

일기

새뮤얼 피프스

아침에 커턴스 대령과 함께 각하를 뵈러 갔다. 그러나 각하가 아직 잠에서 깨지 않아, 해리슨[1] 소장이 교수형당하고 교수대에서 끌려 내려와 능지처참되는 현장을 보러 채링 크로스로 갔다. 그는 그런 상황에 처한 여느 사람과 마찬가지로 평온해 보였다. 그는 곧 처형당했고, 머리와 심장이 군중들에게 내보여졌다. 군중들은 크게 환호성을 질렀다. 그가 그리스도의 오른편에서 자신을 심판했던 사람들을 심판하겠다고 말했다는 소문이 돌았다. 게다가 그의 부인은 남편이 다시 살아 돌아올 거라 믿는다는 소문도 있었다.

그래서 나는 왕이 화이트홀에서 참수되고, 왕의 피에 대한 보복으로 최초의 피가 채링 크로스에 흐르는 것을 보았다. 거기서 곧바로 각하의 관저로 갔고, 그 후 커턴스 대령과 셰플리 씨를 '해돋이'라는 식당에 데리고 가서 굴을 사 주었다. 템스 강을 따라 집에 돌아왔다. 나는 아내가 거짓말을 한 데 화를 냈고, 결국 아내를 위해 네덜란드에서 사 온 예쁜 바구니를 발로 차서 망가뜨리고 말았다. 괜한 짓을 했다는 후회가 밀려왔다.

그래서 오후 내내 서재에서 나오지 않고 책꽂이를 정리했다. 밤이 돼서야 잠자리에 들었다.

---

[1] 영국 스튜어트 왕조 시대, 그리스도의 재림이 임박했다고 믿고 그때까지 자신들이 통치하겠다고 나선 제5왕국파의 지도자.

새뮤얼 존슨 선집

새뮤얼 존슨

셰익스피어는 모든 작가, 적어도 모든 현대 작가보다 자연을 닮은 시인이다. 달리 말하면, 독자들에게 인간의 풍습과 삶을 충실히 보여 주려고 애쓴 시인이다. 그의 작품에 등장하는 인물들은 특정 장소의 관습, 즉 다른 지역에서는 행해지지 않는 관습 때문에 수정되지 않는다. 소수에 의해서만 행해지는 직업이나 연구, 또 일시적인 유행이나 한때의 의견에 의해서도 바뀌지 않는다. 그 인물들은 어떤 세상, 어떤 시기에도 공통적으로 확인되는 인간들의 전형이다. 그들은 누구도 벗어날 수 없는 일반적인 원칙과 감정에 영향을 받아 말하고 행동한다. 셰익스피어의 글에서는 삶이라는 전체적인 체계가 끊임없이 계속된다. 따라서 다른 시인들의 글에서 등장인물이 개체라면, 셰익스피어의 글에서는 종種이라 할 수 있다.

찌꺼기들

조지 맥도널드

어떤 예술가도 혼자 힘으로 어떤 형상을 만들어 내고 그 형상으로 새로운 결과물을 빚어냈다고 해서 '창조자'라는 고결한 지위를 요구할 권리를 갖지 못한다. 그가 예술의 세계에서 새로운 지형을 만들어 내기 위해 수정하고 결합시킨 인간과 자연물은 대초부터 본유적 생명과 의미를 갖기 때문이다. 인간과 자연물을 다채롭게 결합하는 동일한 법칙들은 자연의 법칙들로, 서로 조화를 이룬다. 따라서 예술가는 당면 목표를 위해 인간이나 자연물의 본유적인 면을 필요한 만큼 사용하지만, 이 과정에서 그것들의 생명력과 그것들에 예술가가 부여하는 동일한 생명력이라 할 수 있는 부분들을 없애지 않으며 없앨 수도 없다. 인간과 자연물은 예술가의 특별한 능력을 돋보이게 하는 배경을 이룰 뿐이다. 따라서 관찰자인 독자의 눈에 예술가가 제시한 작품은 조작과 결과의 다양하고 조화로운 결합이 된다. 작가가 의도적으로 그런 결합을 시도했든 그러지 않았든 그 작품에서 반드시 그런 결합이 나타난다. 이런 잠재적인 결합과 관계들은 표현의 범위와 진실성에 비례하여 그만큼 다양하고 진실될 것이다. 예술 작품이 조화를 통해 제시하는 의미가 많을수록 뛰어난 작품으로 여겨질 가능성도 커진다.

영국 시인과 시대정신에 대한 강론

윌리엄 해즐릿

로버트 번스Robert Burns[1]는 천재성에서 셰익스피어에 비길 바가 아니었다. 그러나 아량과 솔직함과 성실함에서는 셰익스피어에 못지않았다. 번스는 셰익스피어와 마찬가지로 병적인 감상주의자도 아니고 우유부단한 시인도 아니었다. 겉만 번지르르한 엉터리 시인은 더더욱 아니었다. 그도 '놋쇠 촛대가 공명되고, 바싹 마른 바퀴가 차축에서 삐걱대는 소리'를 들었다. 그는 인간적인 면에서 셰익스피어 못지않았지만, 시인으로서는 20분의 1에도 미치지 못했다. 그 얼마 안 되는 상상력과 창조력만으로도 정신적인 면에서 셰익스피어와 똑같은 삶을 살았다. 개인적 감성이나 가정사라는 좁은 굴레 안에서 그의 시적 맥박은 건강하고 힘차게 뛰었다. 그에게는 관찰하는 눈과 느끼는 마음이 있었다. 그것뿐이었다. 바람직한 우정, 사교의 기쁨, 색다른 기질에 대한 그의 묘사는 특별하지 않았다. 자연에 부합하지만, 자연을 넘어설 수 없었다. 기괴하고 우스꽝스런 풍속을 보면 그의 웃음 띤 눈가에는 장난기가 어리고, 곤경에 처한 사람을 보면 굵은 눈물이 뺨을 타고 흘러 내렸다. 그는 자신의 모습을 가능한 한 솔직하게 드러내 보였다. 천성적인 기질과, 가슴속에 맴도는 열정의 불규칙한 갈등을 가감 없이 보여 주었다. 그의 강점은 약점보다 크지 않았다. 그러나 부도덕함보다는 미덕이 훨씬 컸다. 그의 미덕은 그에게 주어진 천부적 재능이었고, 그의 악습은 그의 천부적 재능과 일치하지 않는 상황에서 빚어진 결과였다.

---

[1] 1759~1796년. 스코틀랜드 시인.

도상圖像: 존 밀턴과 현대 평론가들

로버트 마틴 애덤스

한 시대의 취향을 두고 왈가왈부하는 것은 무익한 일이다. 너무나 미묘해서 추적하기조차 어려운 이유로, 한 시대의 취향은 거의 언제나 영웅상을 초조하게 기대하는 듯하다. 기계적으로 틀에 틀을 맞추고 심상에 심상을 끼워 넣으며 긴장감을 더해 가는 수준을 뛰어넘을 때, 시는 물리적 실체의 기본적인 현상을 끌어안거나 신을 향한 신비로운 묵상과 실체적 경험을 환희로 통합시키는 경향을 띤다. 이런 식의 시적 사고와 감흥을 나쁘다고 말할 근거는 없다. 이것들이 절대적 경쟁 관계를 띠면서 인간의 경험을 표현하려는 시인의 능력을 근본적으로 제한한다는 점을 제외하면 말이다. 누군가 이런 한계를 기의 없이 받아들이면서 밀턴이 결코 주변적 인물이 아니라고 주장한다면 아무런 설득력을 갖지 못한다. 하지만 이해하기 힘든 주변적 인물에게도 배울 점이 있을 수 있다. 극히 드물게 예외가 있기는 하지만 현대 운문 작가들이 편협한 표현 양식과 관례에서 벗어나지 못한다고 생각한다면, 예컨대 그들이 중립적인 인간의 경험까지 극히 특별한 경험으로 배척하는 편협함을 드러낸다고 생각하는 사람이라면, 밀턴을 공감하며 존경하지 않을 수 없을 것이며 부러움 못지않게 친근한 감정까지 느낄 수 있을 것이다.

앤드류 마블

열병閱兵을 하듯 꽃들이 형형색색
뽐내며 어떻게 서 있는지 보라.
튤립, 패랭이, 장미가 각각
연대를 이루고 질서정연하게 자란다.
그러나 밤을 새는 별들의
순찰대가 장대 주변을 거닐 때
줄기를 휘감은 꽃잎들이
깃대에 말린 군기처럼 보인다.
꽃을 소중한 보금자리로 삼은
벌들이 보초병처럼 몸을 접고
잠들어 있다. 하지만 인기척이 들리면
한마디도 묻지 않고 우리에게 달려든다.

천국, 죽음, 영원한 생명

진정한 그리스도인의 삶을 위한 황금 책자

장 칼뱅

현세에 집착하지 않으려는 우리의 꾸준한 노력이 삶 자체를 혐오하거나 하나님의 은혜에 감사할 줄 모르는 지경으로 치달아서는 안 된다. 현재의 삶이 고난의 연속이라 하더라도 결코 경멸해서는 안 되는 하나님의 축복으로 여겨져야 마땅하기 때문이다. 따라서 우리가 현재의 삶에서 하나님의 은혜를 전혀 찾아내지 못한다면 하나님께 이만저만 배은망덕이 아닌 죄를 지은 셈이다. 특히 기독교인이라면 현재의 삶이 하나님의 자비로움을 온전히 보여 주는 증거라고 믿어야 한다. 세상의 모든 것이 이들의 구원을 위해 예정된 것이기 때문이다.

하나님은 영원한 영광의 유산을 우리에게 전부 보여 주시기 전에 사소한 것에서 하나님이 우리 아버지인 것을 보여 주고 싶어 하신다. 따라서 하나님이 일상에서 아낌없이 우리에게 주시는 모든 것이 축복이다. 현재의 삶 자체가 하나님의 자비를 우리에게 가르치기 위한 것인데, 좋은 거라곤 눈곱만큼도 없는 것처럼 이 삶을 무시할 수 있겠는가? 우리는 내팽겨쳐서는 안 되는 하나님의 드넓은 사랑에 현재의 삶이 속한다고 여기며 감사해야 한다. 성경에 많은 증거가 뚜렷이 있지만 이것으로도 부족하다면, 하나님께 감사해야 한다고 자연이 증명하지 않는가? 우리에게 생명의 빛을 주시고, 그 생명을 누릴 수 있는 방법과 보존하는 데 필요한 수단까지 하나님이 주셨으니 말이다.

현재의 삶이 우리가 하늘나라의 영광을 누리기 위한 준비 과정이라 생각한다면, 이밖에도 하나님께 감사해야 할 이유는 넘쳐흐른다. 하늘 나라에서 영광을 누릴 사람은 먼저 이 땅에서 훌륭히 싸워야 하고, 그 싸움의 어려움을 실제로 이겨 내지 못하면 승리를 축하하지 못할 거라고 하나님이 정하셨기 때문이다. 우리가 이 땅에서 하나님의 자비로움을 미리 맛보고 하나님의 사랑을 완전히 깨닫기 위한 희망과 열망의 불길을 태울 수 있다는 것이 또 하나의 이유다.

성도의 영원한 안식

리처드 백스터

악마가 늘상 하는 일이 무엇일까? 우리 영혼을 하나님에게서 떼어 놓는 것이 아닌가? 우리가 하나님에게서 떨어져 어떻게 행복할 수 있겠는가? 우리가 천국에서 멀어지기를 바란다면 절반쯤은 지옥을 바라는 것이 아니고 무엇이겠는가? 사탄이 바라는 바와 우리 그리스도인이 바라는 바가 똑같다면 사탄에게 웃음거리가 아니고 무엇이겠는가? 사탄은 우리를 지옥에 끌고 갈 수 없다고 생각되면, 우리를 천국에서 멀리 떼어 놓고 우리가 스스로 이것을 간절히 바라도록 만든다. 그런 모욕을 자초하며 악마를 즐겁게 해 줄 수는 없다.

죽음에 대한 두려움 때문에 고통스런 삶을 살고 있지는 않은가? 천국에서의 삶을 매일 묵상하며 즐거워하고 행복으로 가득해야 할 삶인데, 근거 없는 두려움에 시달리는 이유가 무엇인가? 우리는 순간의 안락에 취해 진정한 기쁨을 잊고 지낸다. 자리에서 일어나 하나님의 기쁨을 가슴 가득 안고 밖으로 나가지만 곤혹스런 두려움이 곧 우리 마음을 채워 버린다. 죽는 것을 두려워하는 사람은 이런저런 이유로 죽음의 가능성을 떠올리기 때문에 언제나 두려움에서 벗어나지 못한다. 영원한 평안을 잃어버릴지도 모른다고 끝없이 두려워하며 사는 사람이 어떻게 안락한 삶을 살 수 있겠는가? 하나님이 우리에게 충분한 고통을 주지 않아서 우리가 스스로에게 채찍질하듯 죽음을 두려워하며 고통을 자초하는 것인가? 죽음만으로는 육신이 충분히 괴롭지 않아 두 배, 세 배의 고통을 자초하는 것인가? 하나님이 우리에게 안겨 주는 고통은 언제나 행복으로 가는 과정이다. 시련에서 인내로, 인내에서 경험으로, 다시 소망으로 이어져 마침내 영광에 이르기 때문이다.

지적인 세계

새뮤얼 존슨

복음서의 가르침대로, 우리 눈에 보이는 세계는 보이지 않는 것의 상징이고 이성과 믿음으로 하나님을 보기 위한 수단이라고 생각해 보자. 사도행전 17장 24절[1]에 나타난 사도의 철학에 따르면, 하나님은 그 목적에서 세상과 세상에 존재하는 모든 것을 창조하셨다. 또, 한 사람의 피로, 이 땅에서 살아가는 온 인류를 만드셨다. 따라서 우리는 마땅히 하나님을 찾아야 한다. 하나님을 찾아 더듬거리다가 하나님을 찾아낼 수도 있다. 우리는 하나님의 자녀이며, 하나님 안에서 살고 움직이며 존재하기 때문이다.

바울은 로마서 1장 20절[2]에서, 세상이 창조된 때부터 하나님의 보이지 않는 본성이, 심지어 하나님의 영원한 능력과 신성까지도 온갖 피조물을 통해 명백히 눈에 보이고 이해된다고 말했다. 따라서 우리 눈에 보이는 것을 통해 만물의 아버지이며 주인이신 하나님의 보이지 않는 본성을 보도록 내가 여러분을 인도한다고 해 보자. 쉽게 말해서, 우리 눈에 보이는 것이 보이지 않는 하나님께 우리를 곧장 인도한다고 생각해 보자.

눈에 보이는 것은 우리 정신이 만들어 낸 결과물이며, 우리가 우리 정신을 마음대로 조절할 수 없다는 것을 우리는 안다. 하지만 원인 없이 결과가 존재할 수는 없다. 따라서 빛들의 아버지, 곧 하나님이 우리 정신에 들어온 모든 빛의 원인임에 틀림없다. 그러므로 하나님은 우리 눈에 보이는 모든 것의 원인일 수밖에 없다. 빛과 이처럼 눈에 보이는 모든 것이 우리와 관련한 모든 것에서 해로운 것을 피하고 이익이 되는 것을 주는 방향으로 우리를 인도하는 역할을 한다. 따라서 위대하고 선하신 하나님이 만물을 창조하면서 우리와 관련한 모든 것에서 만물이 우리를 올바른 방향으로 인도하도록 설계하셨다고 결론 내릴 수 있다. 이런 까닭에 하나님은 만물 중에서 우리와 언제나 함께하시고, 우리를 지켜보며 말씀하시고, 우리와 관련한 모든 것에서 우리를 올바른 방향으로 인도하신다. 우리 밖에서는 우리 눈을 밝히시고 우리 안에서는 우리 정신을 밝히신다.

1) 우주와 그 가운데 있는 만물을 지으신 하나님께서는 천지의 주재시니 손으로 지은 전에 계시지 아니하고.
2) 창세로부터 그의 보이지 아니하는 것들 곧 그의 영원하신 능력과 신성이 그가 만드신 만물에 분명히 보여 알려졌나니 그러므로 그들이 핑계하지 못할지니라.

식탁 좌담

새뮤얼 테일러 콜리지

나는 죽어가고 있지만 곧바로 죽음에서 해방되기를 바라지 않는다. 얼마 전에 있었던 일들의 기억과 옛날 장면들이 젊음과 희망이라는 향긋한 섬에서 불어오는 산들바람처럼 머릿속에 떠오른다고 이상할 것 없다. 젊음과 희망은 이 환영의 세계에 존재하는 두 현실이다! 여기에 사랑을 덧붙이고 싶지는 않다. 젊음과 희망이 없는 사랑이 무엇을 껴안고 하나로 보이겠는가? 그래서 나는 '현실'을 말하는 것이다. 현실은 일리아드에서 꿈에 이르기까지 정도의 문제이기 때문이다. ……그러나 엄밀한 의미에서 현실은 하늘 아래 있는 어떤 것으로도 단정할 수 없다. ……제임스 후커James Hooker[1]는 생전에 교회의 조직을 완성하길 바랐다. 따라서 나도 내 철학을 완성할 때까지 생명과 힘이 허락되길 바란다. 내 바람과 계획을 시작하고 계속 유지하면 하나님의 이름에 영광을 더할 것이기 때문이다. 똑같은 말이지만 달리 표현하면, 인류의 삶을 조금이라도 향상시킬 수 있을 것이기 때문이다. 하지만 하나님께는 다르게 보인다visum aliter Deo. 하나님 뜻대로 되길.

[1] 1586~1647년. 청교도 지도자.

신학대전

토마스 아퀴나스

시력이나 다른 감각 능력으로 하나님을 본다는 것은 불가능하다. 뒤에서 다시 다루겠지만, 시력을 비롯한 감각 능력은 신체기관의 활동이다. 이런 활동은 일반적인 활동과 다를 바 없어서 육신의 범위를 넘어설 수 없다. 하지만 앞에서 보았듯이 하나님은 육신의 존재가 아니다. 따라서 감각이나 상상으로는 보이지 않는다. 오로지 마음으로만 보인다.

그러므로 첫째, "내가 육체에서in my flesh 하나님을 보리라"[욥 19:26]는 말은 신체기관인 눈으로 하나님을 본다는 뜻이 아니다. 내가 산 몸이 되어서, 즉 부활해서 하나님을 보게 될 거라는 뜻이다. "내 눈으로 하나님을 보리니"[욥 19:27]라는 말에서는 마음의 눈을 가리킨다. 그래서 바울은 "영광의 아버지께서 지혜와 계시의 영을 너희에게 주사 하나님을 알게 하시고 너희 마음의 눈을 밝히사"[엡 1:17-18]라고 말한 것이다.

둘째, 아우구스티누스는 이에 대해 자신의 생각을 넌지시 비출 뿐, 명확한 입장은 밝히지 않는다. "그것(영광을 받은 몸의 눈)이 영적인 것까지 보게 된다면 완전히 다른 힘을 가져야 할 것이다"라고 그가 나중에 말한다는 점에서 분명히 그렇다. 더 뒤에 아우구스티누스는 자신만의 해결책을 찾아낸다. "그때 우리는, 새로운 땅과 새로운 하늘을 이루면서 그 모든 곳에 존재하고 모든 것 심지어 물질적인 것까지 지배하시는 하나님을 보는 몸을 경험할 가능성이 무척 크다. 지금처럼 '하나님의 보이지 않는 본질이 하나님이 창조하신 것을 통해 우리에게 알려질 때'만 하나님을 보는 것이 아니라, 우리가 만나는 살아 숨 쉬는 모든 생명체의 생명에서 하나님을 보게 될 것이다. 생명체가 살아 있다는 사실은 우리가 믿게 되는 것이 아니라 보고 확인하는 것이다." 따라서 영광을 받은 눈은 지금 다른 생명체의 생명을 보는 것처럼 하나님을 볼 것이 확실하다. 육신의 시력은 구체적인 대상을 자연스럽게 보는 것처럼 생명을 보지 못하기 때문이다. 생명은 간접적인 감각 대상이다. 즉 감각으로는 인지되지 않고, 다른 인지력이 감각에 알려 주는 것이다. 우리가 물리적인 것을 보는 즉시, 또 물리적인 것을 통해 생명이라는 신성한 존재를 인식하는 데는 두 가지 원인이 있다. 생명은 지극히 맑고 깨끗하며, 새롭게 태어난 우리 몸은 신성하게 빛나기 때문이다.

지옥으로의 추락

찰스 윌리엄스

거기서는 자그맣고 무의미한 소리가 끊임없이 파고들며 그를 찌르고 괴롭혔다. 그의 영혼에서 작게 타오르던 불길도 사그라졌다. 그는 절망 감에 사로잡혀 다시 눈을 떴다. 희망을 잃은 신음소리가 목에서 나지막 이 새어 나왔다. 뭐라고 말했지만 "아! 아!" 하는 탄식 소리일 뿐이었다. 눈에 보이는 모든 것이 한꺼번에 아득히 멀어지며 점으로 변했다. 그도 반대편에 있는 점이었다. 두 점은 서로 마주보고 질주했다. 이곳에서는 텅 비어 있는 것이 끔찍이도 싫어 두 점이 서로에게 끌렸기 때문이다. 하지만 너무 빨라서 서로 만나지 못했다. 뭔지 알 수 없는 형상들이 반 대편 점에서 끝없이 뻗어 나와서 그 점을 감추었다. 그는 그 점이 자기 에게 다가오기 전에 무한한 공간에서 사라지고 소멸된 거라 생각했다. 그 형상들은 검은색 판과 흰색 판으로 번갈아 가며 색을 바꾸었다. 그 형상들의 이름이 기억나지 않았지만, 언젠가 비슷한 형상을 보았고 이 름이 있었다는 생각이 들었다. 이것들은 이름이 없었다. 이것들이 무엇 인지, 뭐가 바람직하고 꺼림칙한 것인지도 알지 못했다. 그는 자신의 존 재조차 의식할 수 없었다. 고모라의 마법의 거울들은 깨지고, 그 도시조 차 파괴된 지 오래였기 때문이다. 고모라 밖에서 그는 깊은 망각에 빠져 망각의 형벌을 받고 있었다.

그 형상들이 그의 너머까지 뻗어 왔고, 그중 절반이 아무 소리도 없이 기계처럼 돌아갔다. 그는 공허의 길 끝에 앉아 그 길을 멍하니 바라보았다. 아주 작은 불길이 그의 영혼을 살짝 건드렸다. 밖에서 오는 불길이 아니었다. 그 불길은 힘이었다. 그의 죽은 과거가 그에게 남긴 유일한 힘이었다. 그의 영혼에 남겨진 생명, 유일한 생명이었다. 넓디넓은 공허의 길 반대편 끝에는 검은색과 흰색이 두 섞인 형상 하나가 위아래로 움직이며 공중에서 맴돌았다. 그 형상을 보자 그는 등골이 오싹해졌다. 뭔가 큰 일이 터질 것만 같았다. 적막감이 이어졌다. 아무 일도 일어나지 않았다. 그 사이에 기대감도 사라졌다. 바로 그때, 그 형상이 사라졌다. 그리고 그는 끝없이 소용돌이처럼 빙빙 도는 빈 공간 아래로 천천히, 하지만 끊임없이 끌려 들어갔다.

영원한 삶을 향한 기독교적 소망

A. E. 테일러

영웅적으로 죽음을 맞이하는 사람은 허망한 위스키소다를 마시고 하찮은 시가를 피우는 등 지적인 사람이 이 땅의 사소한 기호품쯤으로 생각하는 것에서 행복을 구한다고 우리는 믿고 싶어 한다. 마치 인품과 지성을 겸비한 사람들이 이 땅에서도 '재미있고 흥겨운 것'에서 만족을 찾으며 살아가기라도 하듯, 우리는 영원한 삶이 '재미있고 흥겨운 것'과 관계있다고 믿도록 요구받는다. 우리 주변에서 흔히 목격되는 이런 모습은 철없는 짓이라고 자위하기에도 문제가 많다. 마음이 상스럽고 세속에 물든 탓이다.

이런 삶에 대한 기독교적 비판은 "혈과 육은 하나님 나라를 이어받을 수 없다"[고전 15:50]는 사도의 가르침에서 이미 확인된다. 그리스도께서 사두개인들에게 "부활 때에는 장가도 아니 가고 시집도 아니 간다"[마 22:30]고 말씀하신 것은, 인간이 살아 있을 때 지니는 깊고 온유한 사랑이 죽음으로 끝난다는 뜻이 아니었다. 우리가 이 땅에서 경험하여 알고 있듯이 지극히 진실하고 고결한 사랑에, 땅에서 나서 흙에 속하여 일시적인 면이 있다는 뜻으로 말씀하신 것이다. 현재와 같은 상태로 유지되는 한 그런 사랑은 '영원의 세계'로 옮겨 갈 수 없다. 영원의 세계에 속하는 사랑은 '이 세상 것이 아닌' 특질을 지녀야 한다. 지나치게 들릴 수 있지만, 이 엄격한 기준은 내세에 대한 기독교의 교리이기도 하다. 여전히 육신으로 이 땅에서 그리스도인으로 살 때도 그렇듯이, 진정한 그리스도인의 삶에는 세속적 관점에서는 생소하고 설명하기 힘든 부분, 완전히 다른 부분이 있다. 우리에게 매우 익숙한 속세의 환경이 결국 소멸되는 상태로 삶이 계속된다는 말은 더더욱 이해하기 어렵다. '부활' 후의 삶이 이처럼 근본적으로 '다르다'는 사실을 망각하는 것은 지적인 타락이다. 우리 모두가 쉽게 망각하는 경향을 보이는 것은 또 하나의 타락이다. 우리가 영원한 삶을 하찮게 생각한다면 영원한 삶은 우리에게 아무런 경외감과 희망도 안겨 주지 않을 것이다.

새뮤얼 존슨의 편지

새뮤얼 존슨

스레일 부인에게

이 편지가 나보다 너무 앞서 당신에게 도착하지 않기를 바랄 뿐입니다. 어디서도 위안을 구하기 힘든 안타까운 상황이기에, 하루라도 빨리 가서 슬픔을 나누는 것 외에 친구를 위해 할 수 있는 일이 없을 것 같으니까요.

불쌍한 아이 같으니라고! 오늘 이 편지를 애스턴 부인에게 읽어 주자 "그런 죽음은 살아 있는 상태로 하늘에 오른 것이나 다를 바가 없어요"라고 말하더군요. 저도 그렇게 생각하지만 눈물이 앞을 가립니다. 하지만 부인이 그 아이를 사랑한 만큼 내가 사랑했을 수는 없겠죠. 부인과 부인의 남편이 그 아이를 기대한 만큼 내가 그 아이의 평탄한 미래를 바랄 수도 없었을 것입니다.

아이는 세상을 떠났습니다. 우리도 언젠가는 이 땅을 떠날 것입니다. 우리는 그 아이를 언제까지나 즐겁게 해 주지 못했습니다. 그 아이와 오랫동안 떨어져 있지도 않을 것입니다. 아마도 그 아이는 당신이 지금 느끼는 고통은 벗어났을 것입니다.

이제 아무것도 남지 않았지만, 작은 확신으로 우리 자신을 전능하신 하나님께 의탁하고 선과 악의 절대적 지배자 앞에 무릎을 꿇고 앉아, 밤에는 슬픔이 밀려오더라도 아침이면 기쁨이 다시 찾아오길 소망해 봅니다.

부인, 나는 오래 전부터 부인을 알아 온 까닭에, 우주의 주권자이신 하나님을 향한 순종에 부인이 의혹을 품으리라고는 생각하지 않습니다. 내 위안이 어떤 효과도 없겠지만, 위로의 말을 전하려는 마음은 보여 줄 수 있으리라 믿습니다. 부인 자신을 위해 할 수 있는 것부터 하십시오. 먼저 그 아이가 이제는 행복하다는 것을 기억하십시오. 이제는 이 세상의 온갖 질병에서, 또 온갖 해악을 끼치는 끔찍한 위험에서도 안전하다는 것을 기억하십시오. 부인은 예쁜 생명을 낳았고, 그 아이가 자신에게 허락된 짧은 일생 동안 행복하게 사는 것을 보았습니다. 이제는 그 아이가 영원히 행복하게 살 거라고 확신할 수 있을 것입니다.

자연이 허락한 대로 기도로 마음의 평온을 되찾으면, 부인에게 주어진 의무를 다하고 평소의 밝은 모습으로 돌아가는 데 집중하십시오. 그 귀여운 아이를 위해 더 이상 할 수 있는 일이 없지만, 아이가 떠나간 곳을 위해 우리가 더 많은 관심을 기울여야 할 사람에게 소홀해서는 안 됩니다.

당신을 사랑하는 겸손한 종
샘 존슨

요정 여왕

에드먼드 스펜서

하늘에도 근심이 있을까? 하늘의 정령에

악한 마음으로 꿈틀대는

이 하찮은 창조물을 향한 사랑이 있을까?

있다. 들짐승보다 인간이 얼마나

비열했던가. 하지만 넘치는 은혜로

높으신 하나님은 인간이라는 피조물을 사랑하고

자비로 모든 것을 껴안아 주신다.

사악한 인간을 도우려고, 사악한 적을 도우려고

신성한 천사들을 하나님은 여기저기 보내신다.

도움을 원하는 우리를 도우려고

천사들이 얼마나 자주 은빛 피난처를 남기는가?

우리가 사악한 악령과 싸우는 것을 도우려고

하늘을 나는 군사처럼 황금빛 날개를 펄럭이며

천사들이 얼마나 자주 하늘을 가르는가?

천사들은 우리를 대신해 싸우고, 감시하며 지킨다.

우리 주변에 번쩍이는 기병대를 심어 두고서.

모든 것이 사랑 때문이며 어떤 보상도 바라지 않는다.

아, 왜 하늘의 하나님은 이처럼 인간을 배려하시는 걸까?

성시 聖詩

헨리 본

평화

내 영혼아, 별들 너머 아득히

멀리 한 나라가 있구나.

그 나라엔 전쟁에 능수능란한

날개 달린 파수꾼이 서 있구나.

거기에 혼돈의 소리와 위험을 누르고

왕관 쓴 평화가 상냥한 미소를 짓고 앉아 있구나.

구유에서 태어난 이가

아름다운 군대를 지휘하는구나.

그분은 너의 너그러운 친구이니,

아, 내 영혼아 잠에서 깨어라!

그분은 순전한 사랑으로

너를 위해 여기 죽으러 오지 않았느냐.

네가 그곳에 이르기만 한다면

거기서 평화의 꽃을 피울 수 있으리라.

장미가 시들지 않듯이

너의 성채와 너의 평안도 시들지 않으리라.

그때 너의 어리석은 한계를 떨쳐 낼 수 있으리라.

누구도 너를 구원하지 못하리라,

한 분, 영원히 변치 않는 분 외에는.

너의 하나님, 너의 생명, 너의 치유자.

시작 詩作

크리스티나 로세티

삶과 이 세상 모든 것이 지겨워질 때—

당신이 없다면 모든 욕망조차 지겨울 것입니다!—

나는 눈을 저 언덕에 던지리라.

마음의 눈으로 보리라.

죽음과 질병 너머에서

마음과 눈을 환히 밝혀 주는

황금빛 거리와 진주로 장식된 입구,

그리고 낙원의 나무들을.

"모든 것에는 때가 있다"[전 3:17].

진리의 말씀, 말씀 자체이신 당신이 이렇게 말했습니다.

당신은 많은 것에 대해 설명해 주었습니다.

희망의 시간이 뒤로 미뤄졌습니다.

지금은 슬픔과 두려움의 시간,

생명의 시간이어야 하건만 지금은 죽음의 시간입니다.

아, 언제쯤이나 사랑의 시간이 돌아올까요,

언제쯤 당신은 우리 눈물을 닦아 주시렵니까?

그때, 정의가 있는 곳에

새로운 하늘과 땅이 있으리라.

황폐도 없고, 곤궁도 없으리라,

바다의 경계도 없으리라.

해와 달이 교차하지도 않으리라,

하나님은 빛 자체일 테니.

슬픔도 죽음도 아픔도 없으리라,

하나님은 만물을 주관하는 사랑이시니.

천국과 지상의 질서

D. E. 하딩

빼앗기만 하고 모든 자아를 자신에게 맡기라고 요구하는 신은 악마일 뿐이다. 하나님은 어떤 피조물에서도 찾아보기 힘든 규칙을 스스로 따르시기 때문이다. 즉, 모두가 자유롭고 억압받지 않아야 하며, 독립된 주체로서 자신의 권한을 지나치게 휘둘러서는 안 된다는 규칙을 철저하게 지키신다. 우리가 하나님과 다르고 우리끼리도 서로 다르다는 사실을 하나님은 보장해 주시는 분이다. 하늘과 땅의 질서에서 모든 계층의 구성원은 하나님께 반드시 필요한 존재이기 때문에, 우리는 처음부터 영원까지 유일한 존재이고 이런 위치는 누구도 침범할 수 없다. 죄악은 이런 자유의 대가이다. 죄를 짓지 않고 모든 면에서 완벽함을 유지하는 피조물은 하나님 자신의 투영일 뿐이다. 하나님의 사랑이 그런 피조물에 집중된다면 이것은 악의 본질이라 할 수 있는 자기애가 될 것이다. 사랑은 필연적으로 그 대상을 특별하게 만든다. 오히려 계급 구조에서 최상층에 있는 존재는 타인의 독립성을 위협하기는커녕, 그것을 가장 소중한 보물처럼 지킨다.

완전한 조화를 이룬 영원한 세계는 시간에 따른 분명한 구분이 없는 세계다. 이런 세계에서만 사랑의 조건이 완성된다. 사랑은 사랑받는 대상이 그 자체로 존재하며 자유롭기를 요구하는 동시에, 하나가 되는 화합을 요구한다. 시간의 세계에서 이 조건들은 공존할 수 없으므로 사랑은 언제나 제 무덤을 판다. 그러나 영원한 세계에서는 이 조건들이 실현

된다. 독립성과 일체감의 추구가 충돌을 일으키지 않고 서로를 보완해 준다. 지옥에서는 나에게서 나를 찾으려 애쓰지만 시간이 나를 파괴해 버린다. 그러나 천국에서는 타인을 위해 나를 버려도 영원함이 나를 지켜 준다.

볼록렌즈와 그 밖의 시

월터 드 라 메어

급류

내 가슴이 슬픔에 잠긴다. 시간이 급속히 흘러간다.

어떤 소망도 시간의 급류를 멈출 수 없구나.

옛날엔 태양이 동쪽 하늘에 떠올라

웅장한 산의 눈썹에서 멈추곤 했는데.

여전히 태양은 진귀한 꽃들을 피우지간

낮이 지나고 저녁이 가까워지면

아, 꽃들은 왜 그리 빨리 시드는지!

그 옛날 노래하던 새들은 당시

영원의 날처럼 노래했건만,

더 감미롭고 아름다워지긴 했지만

이제는 "안녕…… 안녕"이라 말하는구나.

하지만 가시나무가 그늘에서

보물처럼 맑은 이슬을 간직하듯

내가 사랑했던 모든 것을 새롭게 사랑하리라.

이제 이별이 가까워졌지만.

천국

단테

하지만 내가 볼 때마다 시력이 한층 좋아지며

한 존재가 내게만은 점점 변해 가는 게 보였고

나도 변했다.

짙고 강렬하게 빛에서

세 개의 환環이 내게 나타났다.

세 겹의 색이지만 하나의 차원이었다.

이리스Iris[1]가 이리스를 비추듯 두 번째 환은

첫 번째 환이 비춰진 듯했고, 세 번째 환은

앞의 두 환에서 똑같이 번져 나오는 불처럼 보였다.

아, 언어가 내 생각을 담아내기에 너무나 미약하고

부족하구나! 내가 본 것은 너무나 원대해서

뭐라 말해도 부족할 듯하구나!

아, 당신 안에 스스로 계시고,

당신 자신을 아시며, 당신에게만 알려지고

또 당신에 대한 사랑과 미소를 아시는 영원의 빛이여!

이렇게 생각되며

하나의 반사된 빛으로 셋에서 나타나는 순환,

그 안에서, 그 색을

눈으로 직접 보았을 때

내게는 내 우상이 채색된 듯 보였다.

내 시력은 온통 그 안으로 빨려 들어갔다.

원을 사각형으로 만들려 애쓰는

기하학자들이 생각을 거듭해도

원하는 원칙을 찾아내지 못하듯이

그 새로운 형상을 봤을 때 나도 그랬다.

나는 그 환에 맞는 형상을 마음속에

그려보며 찾아내고 싶었다.

그러나 내 날개는 그 답을 찾아내기에 부족했다.

그때 섬광이 어떤 소망을 안고서

내 정신을 때리지 않았더라면.

강한 육신도 고원한 환상을 채워 주지 못했다.

그러나 영원히 똑같이 움직이는 바퀴처럼

태양과 다른 별들을 움직이게 하는 사랑이

내 열망과 의욕을 북돋워 주었다.

1) 그리스 신화에 나오는 무지개의 여신.

복락원

존 밀턴

아버지의 참다운 모습이며, 축복의 품에 자리 잡고

빛의 빛을 품거나, 멀리 하늘을 떠나

세속의 감실龕室에서 인간의 탈을 쓰고

광야를 헤매시니, 어떤 곳에서 어떤 옷을 입고, 어떤 모습으로

어떤 행동을 하더라도 항상 신의 아들임을 나타내고

신의 힘을 넉넉히 갖추어, 아버지의 옥좌를

노리는 자, 저 낙원의 도적에 대항하시도다.

그를 먼 옛날에 당신은 무찌르셨도다.

그의 전 군병과 더불어 하늘에서

내려 쫓으셨도다. 이제야 당신은 패배한

아담의 원수를 갚고 유혹을 무찌르며 잃어버린

낙원을 회복하고 그릇된 승리를 분쇄하셨도다.

그 후 그는 다시는 감히 낙원에 발을 들여놓아

유혹을 꾀하지 못하니 그의 함정은 무너졌도다.

지상에서 축복의 자리는 사라졌을지라도

더욱 아름다운 낙원이 이제 세워졌도다.

아담과 그 선택된 자손들을 위하여, 그들을 다시

일으켜 세우고자 당신은 구주로 강림하셨도다.

때가 오면 그들을 그곳에 평안히 살게 하리라.

유혹자도, 유혹의 두려움도 없이.

그러나 너 지옥의 뱀이여, 구름 속에서 너는 오랫동안

지배할 수 없으리라. 혜성과도 같이 또 전광과도 같이

하늘에서 쫓겨 내려가 그의 발 아래 짓밟히리라.

그 증거로 이 패배로 받은 상처가

아직 네게 최후의 치명적 상처는 아닐지라도

그렇게 느끼기 전에, 또 지옥에서 개선을 거두기 전에

지옥은 온 문마다 너의 포악한 거동을 슬퍼하리로다.

그 후로 신의 아들을 두려워하기를

두려움으로 배우게 되리라.

그이는 몸에 바늘 하나 갖춘 것 없되 그 소리의 위력으로

너를 악마의 우리에서, 추악한 소유에서 쫓아내리라.

너와 너의 도당을! 그들은

울며불며 달아나 돼지 무리 속에 숨기를 애걸하리라.

그가 그들을 묶어 심연으로 내던져 때가 오기 전에

고문을 당하게 명령할까 두려워하리라. 만세,

지존의 아들이시여, 두 세계의 세자시여,

사탄의 정복자시여, 그 영광의 위업에 이제

오르옵소서. 그리하여 인류의 구원을 시작하옵소서.

이렇게 선택받은 자손들은 신의 아들, 온유한 우리 구세주를

승리자로 찬미하고 하늘의 성찬으로

새롭게 하며, 기쁨으로 그의 길을 예비하였도다.

그는 남모르게 어머니의 집으로 조용히 돌아가셨도다.

루이스가 즐겨 거닐던 애디슨 산책로Addison's Walk.
점심식사 후 늦어도 오후 2시에는 대개 혼자 산책을 나섰다.

믿음의 길을 밝혀 주는 횃불

이른바 출판 번역을 전문적으로 한 지 13년째가 되는 듯합니다. 시작할 때 이런저런 이유로, 기독교 관련 서적을 1년에 적어도 한 권은 번역하겠다고 결심했습니다. 지금까지는 다행히 그 결심을 충실히 지켜 왔습니다. 번역할 때마다 늘 새로운 것을 깨닫고 믿음을 다잡는 기회가 됩니다. 물론 내 믿음의 행태를 옆에서 지켜보는 사람들 중에는 내게 진정한 그리스도인이 아니라고, 심지어 사이비 그리스도인이라고 말할 사람도 있을 것입니다. 어떤 목사는 "강 집사는 나와 믿음의 근본이 다르군요"라고 말하기도 했습니다. 하지만 저는 이런 말들에 거의 신경 쓰지 않습니다. 그리스도가 저를 모든 죄에서 자유롭게 해 주기 위해 인간의 몸으로 이 땅에 와서 죽고 다시 부활하셨다고 믿으니까요.

우리 아이들이 어렸을 때 간혹 물었습니다. 우리 집 가훈이 뭐냐고요. 그래서 "어제보다 나은 오늘"이라고 대답해 주었습니다. 아이들은 "아니, 오늘보다 나은 내일이 멋지지 않아요? 그래야 희망이 있잖아요"라고 말했습니다. 그때 저는 아이들에게 오늘에 충실하지 못한 사람에게 어떻게 내일이 있겠냐면서 만나의 교훈을 이야기해 주었습니다. 만나 이야기는 성경에 담긴 가장 소중한 교훈의 하나라고 생각합니다. 이집트에서 탈출해 고생하는 이스라엘 사람들에게 하나님이 만나를 떨어뜨려 주셨습니다. 전능하신 하나님이 만나를 아예 그들 각자의 품에 안겨 줄 수도 있었을 텐데, 널찍한 광야에 떨어뜨려 놓고 단 하루치만 주우라고 명령하신 이유가 무엇일까?

　여러 책을 읽고 내린 결론은 이렇습니다. 첫째, 일하지 않으면 먹을 자격이 없다고 우리에게 가르쳐 주신 거라고 생각합니다. 만나를 줍는 노동을 해야만 합니다. 오늘 이 순간에 최선을 다하라는 뜻입니다. 움직일 힘이 있으면 뭔가를 하라는 뜻입니다. 둘째, 욕심내지 말라는 뜻이라고 생각합니다. 우리는 흔히 내일을 생각합니다. 하지만 오늘을 열심히 살면 내일은 자연스레 다시 열심히 일해야 할 오늘이 된다는 사실을 모릅니다. 그래서 걱정이 생기고 욕심이 생깁니다. 그래서 부정과 부패로 치닫습니다. 그러면서 우리는 찬송가 〈공중 나는 새를 보라〉를 목청껏 부릅니다. 하나님 앞에서 그 찬송가를 부르는 게 부끄럽지 않은지 모르겠습니다.

　그 후로 아이들은 ‘어제보다 나은 오늘’을 가훈으로 흔쾌히 인정해 주었습니다. 이 책을 번역하면서 느낀 점도 마찬가지입니다. 순서에 상관없이 아무 쪽이나 펼쳐서 읽어 보십시오. 특히 5장 ‘공동체와 이웃 사랑’과 14장 ‘겸손’에서는 우리 믿음, 아니 우리 삶의 행태를 돌이켜보게 될 것입니다. 아무쪼록 이 책이 오늘 여러분의 믿음을 올바른 방향으로 인도하는 빛이 되기를 기도합니다.

충주에서

강주헌

Adams, Robert Martin, *Ikon: John Milton and the Modern Critics*. New York: Cornell University Press, 1955.

Addison, Joseph. *The spectator: Volume 2*. London: J. M. Dent, 1907.

Aquinas, Thomas. *Summa Theologiae*. Garden City, NY: Image Books, 1969. 《신학대전》, 김율 역, 바오로딸, 2008.

Aristotle. *The Art of Rhetoric*. Translated by John Henry Freese. London: William Heinemann, 1926. 《수사학》, 이종오 역, 리젬, 2009.

Ashe, Geoffrey. *King Arthur's Avalon*. London: Collins, 1957.

Athanasius. *On the Incarnation of the Word of God*. www.ccel.org/a/athanasius/incarnation.

Augustine. *City of God*. www.ccel.org/fathers/NPNF1-02/. 《신국론》, 성염 역, 분도출판사, 2004.

______. *Confessions*. www.ccel.org/ccel/augustine/confess.all.html. 《고백록》, 선한용 역, 대한기독교서회, 2007.

Bacon, Francis. *The Moral and Historical Works of Francis Bacon*. London: G. Bell and Sons, 1913.

Balfour, Arthur James. *The Foundations of Belief*. London: Longmans, Green, 1895.

Barfield, Owen. *Poetic Diction: A Study in Meaning*. New York: McGraw-Hill, 1946.

Baxter, Richard. *The Saint's Everlasting Rest*. www.ccel.org/b/baxter/saints_rest.

______. *The Truth of Christianity*. N.p.: n.p., n.d. 《기독교 진리》, 김기찬 역, 크리스챤다이제스트, 1996.

Belloc, Hilaire. *The Green Overcoat*. Harmondsworth, England: Penguin, 1947.

______. *On the Place of Gilbert Chesterton in English Letters*. Shepherdstown, WV: Patmos Press, 1977.

Bernard of Clairvaux. *On Loving God*. www.ccel.org/b/bernard/ loving_god. 《사랑의 하나님》, 엄성옥 역, 은성, 1998.

Boehme, Jakob. *The Supersensual Life*. www.passtheword.org/ DIALOGS-FROM-THE-PAST/sɔrsense.htm.

Boethius, Anicius. *The Consolation of Philosophy*. Translated by Victor Watts. New York: Penguin Books. 1999. 《철학의 위안》, 정의채 역, 열린, 2003.

Boswell, James. *The Journal of a Tour to the Hebrides, with Samuel Johnson, L.L.D*. London: T. Nelson & Sons, n.d.

Bradley, F. H. *The Principles of Logic*. London: Oxford University Press, 1922.

Browne, Thomas. *The Religio Medici and Other Writings*. London: J. M. Dent, 1909.

Browning, Robert. *The Poems and Plays of Robert Browning*. London: J.M. Dent, 1932.

Buber, Martin. *I and Thou*. Edinburgh: T.&T. Clark, 1958.

Bunyan, John. *Grace Abounding to the Chief of Sinners*. www.ccel.org/ b/bunyan. 《죄인 괴수에게 넘치는 은혜》, 이길상 역, 규장, 2009.

______. *The Pilgrim's Progress*. Edited by Cheryl V. Ford. Wheaton, IL: Tyndale, 1991. 《천로역정》, 김미정 역, 홍성사, 2007.

Butler, Joseph. *The Analogy of Religion*. London: George Bell & Sons, 1893.

Calvin, John. *Golden Booklet of the True Christian Life: A Modern Translation from the French and Latin*. Edited by Henry J. van Andel. Grand Rapids: Baker, 1952.

______. *Institutes of the Christian Religion*. www.ccel.org/c/calvin/

institutes. 《기독교 강요》, 원광연 역, 크리스챤다이제스트, 2003.

Cecil, Lord David. *Jane Austen*. Cambridge: Cambridge University Press, 1936.

Chaucer, Geoffrey. *Canterbury Tales*. www.litrix.com/canterby/cante044.htm. 《캔터베리 이야기》, 송병선 역, 서해문집, 2007.

Chesterton, G. K. *The Everlasting Man*. Garden City, NY: Image Books, 1955.

______. *Heretics*. London: Bodley Head, 1928.

______. *Orthodoxy*. Wheaton, IL: Harold Shaw, 1994. 《오소독시》, 윤미연 역, 이끌리오, 2003.

______. *St. Francis of Assisi*. London: Hodder and Stoughton, 1923.

______. *St. Thomas Aquinas*. Garden City, NY: Image Books, 1956. 《성 토마스 아퀴나스》, 박갑성 역, 홍성사, 1984.

______. *Thomas Aquinas*. London: Hodder and Stoughton, 1933.

______. *Tremendous Trifles*. London: Methuen, 1920.

Coghill, Nevill. *The Poet Chaucer*. London: Oxford University Press, 1949.

Coleridge, Samuel Taylor. *The Portable Coleridge*. New York: Viking, 1961.

______. *Table Talk*. London: George Routledge and Sons, 1884.

Cowper, William. *The Poetical Works of William Cowper*. Edinburgh: James Nichol, 1854.

______. *Selected Letters*. London: J. M. Dent, 1925.

Crashaw, Richard. *Sacred Poems*. Edinburgh: James Nichol, 1852.

Dante. *Paradise*. www.ccel.org/d/dante/paradiso/para33.htm.

Davidman, Joy. *Smoke on the Mountain: An Interpretation of the Ten Commandments*. Philadelphia: Westminster Press, 1953.

Dawson, Christopher. *Religion and Culture*. London: Sheed and Ward, 1948.

de la Mare, Walter. *The Burning Glass and Other Poems*. London: Faber

& Faber, n.d.

de Sales, Francis. *Introduction to the Devout Life*. New York: Doubleday, 1972. 《신심 생활 입문》, 서울가르멜여자수도원 역, 가톨릭출판사, 1991.

Dodd, C. H. *The Authority of the Bible*. London: Fontana Books, 1929.

Donne, John. *Devotions*. www.ccel.org/ccel/donne/devotions.html.

______. *Donne's Sermons*. Oxford: Clarendon Press, 1920.

______. *Poetry and Prose*. Oxford: Clarendon Press, 1946.

______. *Words of Consolation from John Donne*. Edited by John Pollock. Cincinnati: Forward Movement, n.d.

Dryden, John. *The Miscellaneous Works of John Dryden*. London: J. and R. Tonson, 1767.

Eckhart, Meister Johannes. *Miscellaneous Writings*. No bibliographic information.

Eliot, Thomas Stearns. *The Idea of a Christian Society*. New York: Harcourt, Brace, 1940. 《기독교 사회의 이념》, 이경식 역, 현대사상사, 1982.

Farrer, Austin. *The Glass of Vision*. London: Dacre Press, 1948.

______. *Lord, I Believe*. London: Faith Press, 1958.

______. *Saving Belief: A Discussion of Essentials*. London: Hodder & Stoughton, 1964.

Formby, C. W. *The Unveiling of the Fall*. London: Williams and Norgate, 1923.

Fox, George. *Journal of George Fox*. No bibliographic information. 《조지 폭스의 일기》, 문효미 역, 크리스챤다이제스트, 1994.

Francis of Assisi. *Little Flowers of St. Francis*. www.ccel.org/u/ugolino/flowers.

______. *The Writings of St. Francis*. www.franciscan-archive.org/patriarcha/opera/admonit.html.

Frazer, James George. *The Golden Bough*. London: Macmillan, 1922. 《황금가지》, 이용대 역, 한겨레신문사, 2003.

Gore, Charles. *The Sermon on the Mount: A Practical Exposition.* London: John Murray, 1901.

Hall, John R. Clark, trans. *Beowulf.* London: George Allen & Unwin, 1940.

Harding, D. E. *The Hierarchy of Heaven and Earth: A New Diagram of Man in the Universe.* New York: Harper, 1957.

Harwood, A. C. *The Recovery of Man in Childhood: A Study in the Educational Work of Rudolph Steiner.* London: Hodder & Stoughton, 1958.

Hazlitt, William. *Lectures on English Poets & the Spirit of the Age.* London: J. M. Dent, 1914.

Herbert, George. *The Country Parson, The Temple.* Edited by John Wall. New York: Paulist Press, 1981.

______. *Selected Poems.* http://eir.library.utoronto.ca/rpo/display/poet159.html.

Hilton, Walter. *The Ladder of Perfection.* N.p.: n.p., n.d. 《완전의 계단》, 방성규 역, 크리스챤다이제스트, 2005.

______. *The Scale of Perfection.* Translated by Gerard Sitwell. London: Burns Oates, 1953.

Hooker, Richard. *The Certainty and Perpetuity of Faith in the Elect.* N.p.: n.p., n.d.

______. *Ecclesiastical Polity and Other Works.* London: Holdsworth and Ball, 1830.

Inge, William Ralph. *More Lay Thoughts of a Dean.* London: Putnam, 1931.

James, Bruno S. *Saint Bernard of Clairvaux: An Essay in Biography.* London: Hodder & Stoughton, 1957.

Joad, C. E. M. *Philosophy.* London: Hodder & Stoughton, 1945.

Johnson, Samuel. *Dr. Johnson's Prayers.* Edited by Elton Trueblood. New York: Harper, 1947.

______. *The Intellectual World*. N.p.: n.p., n.d.

______. *Selected Letters*. London: Oxford University Press, 1925.

______. *The Works of Samuel Johnson*. London: Luke Hansard & Sons, 1810.

Julian of Norwich. *Revelations of Divine Love*. www.ccel.org/j/julian/revelations.

Jung, C. G. *Answer to Job*. Translated by R. F. C. Hull. London: Routledge & Paul. 1954.

á Kempis, Thomas. *The Imitation of Christ*. www.ccel.org/k/kempis/. 《그리스도를 본받아》, 조항례 역, 예찬사, 2003.

Kingsley, Charles. *Discipline, and Other Sermons*. London: Macmillan, 1890.

Langdon-Davies, John. *Sex, Sin and Sanctity*. London: Victor Gollancz, 1954.

Langland, William. *Piers the Ploughman*. Translated by J. F. Goodridge. Harmondsworth, England: Penguin Books, 1959.

Law, William. *A Serious Call to a Devout and Holy Life*. Wheaton, IL: Tyndale, 1985. 《경건한 삶을 위한 부르심》, 서문강 역, 크리스챤다이제스트, 2002.

Lawrence, Brother. *The Practice of the Presence of God*. London: H. R. Allenson, 1906. 《하나님 임재 연습》, 배응준 역, 규장, 2008.

Lindsay, David. *A Voyage to Arcturus*. New York: Ballantine, 1963.

Luther, Martin. *The Bondage of the Will*. London: James Clarke. 1957.

______. "Ninety-five Theses" from *The Harvard Classics*, vol. 36. New York: Collier & Son, 1910.

______. *The Table Talk of Martin Luther*. Edited by Thomas Kepler. Grand Rapids: Baker, 1952.

MacDonald, George. *Annals of a Quiet Neighborhood*. London: Kegan, Paul, Trench, Trübner, n.d.

______. *Creation in Christ*. Wheaton, IL: Harold Shaw, 1976.

______. *A Dish of Orts*. London: Edwin Dalton, 1908.

______. *Donal Grant*. London: Kegan, Paul, Trench, Trübner, n.d.

______. *Miracles of our Lord*. London: Longmans, Green, 1896.

______. *Proving the Unseen*. New York: Ballantine, 1989.

______. *Sir Gibbie*. London: J. M. Dent, 1924.

______. *Unspoken Sermons*. www.ccel.org/m/macdonald/unspoken/htm/ i.htm.

Malory, Thomas. *The Death of King Arthur*. Edited by Eugène Vinaver. Oxford: Clarendon Press, 1955.

Marvell, Andrew. *Poems of Andrew Marvell*. London: George Routledge, n.d.

Milton, John. *Paradise Regained*. www.ccel.org/m/milton/regained/ paradise_regained.txt. 《복락원》, 이창배 역, 중앙미디어, 1995.

Moffatt, James. *The Theology of the Gospels*. London: Duckworth, 1928.

More, Thomas. *Selections from His English Works*. Oxford: Clarendon Press, 1924.

Morris, William. *The Glittering Plain: Which Has Been Also Called the Land of Living Men or the Acre of the Undying*. London: Longmans, Green, 1924.

______. *Golden Wings and Other Stories*. Van Nuys, CA: Newcastle Publishing, 1976.

Moule, C. F. D. *The Sacrifice of Christ*. Philadelphia: Fortress Press, 1964.

Murphy, Arthur. *An Essay on the Life and Genius of Dr. Johnson*. From *The Works of Samuel Johnson*. London: Luke Hansard & Sons, 1810.

Murray, Andrew. *Abide in Christ*. London: James Nisbet, n.d. 《그리스도 안에 거하는 삶》, 방영주 역, 순전한나드, 2008.

Nesbit, Edith. *The Phoenix and the Carpet*. Harmondsworth, England: Puffin, 1971.

Newman, John Henry. *Parochial and Plain Sermons*. London: Longmans, Green, 1991.

Niebuhr, H. Richard. *The Responsible Self: An Essay in Christian Moral Philosophy*. New York: Harper & Row, 1963. 《책임적 자아》, 정진홍 역, 이화여자대학교출판부, 1983.

Nygren, Anders. *Agape and Eros*. Translated by Philip S. Watson. London: SPCK, 1953. 《아가페와 에로스》, 고구경 역, 크리스챤다이제스트, 1998.

Otto, Rudolph. *Religious Essays*. Translated by Brian Lunn. London: Oxford University Press, 1931.

Pascal, Blaise, "Pensées" from *Great Books of the Western World*. Edited by Robert Hutchins. Chicago: W. Benton, 1952. 《팡세》, 이환 역, 민음사, 2003.

Patmore, Coventry. *The Rod, the Root, and the Flower*. London: G. Bell and Sons, 1923.

Pepys. Samuel. *The Diary of Samuel Pepys*. Berkeley and Los Angeles: University of California Press, 1970.

Phillips, John Bertram. *Ring of Truth: A Translator's Testimony*. London: Hodder & Stoughton, 1967.

______. *Your God Is Too Small*. New York: Macmillan, 1963.

Plotinus. *Selected Works of Plotinus*. Translated by Thomas Taylor. London: G. Bell and Sons, 1914. 《플로티노스의 중심개념》, 조규홍 역, 나남, 2008.

Quarles, Francis. *Emblems*. From *The Anchor Anthology of Seventeenth -Century Verse*. Edited by Louis Martz. Garden City, NY: Anchor Books, 1969.

______. *Emblems, Divine and Moral*. Edinburgh: James Nichol, 1852.

Rolle, Richard. *Selected Works of Richard Rolle, Hermit*. London: Longmans, Green, 1930.

Rossetti, Christina. *The Poetical Works*. London: Macmillan, 1924.

Sayers, Dorothy L. *Introductory Papers on Dante*. London: Methuen, 1954.

______. *The Mind of the Maker*. New York: Meridian Books, 1956. 《창조자의 정신》, 강주헌 역, IVP, 2007.

Scott, Walter. *Essays*. London: Frederick Warne, 1887.

Silverstein, Theodore, trans. *Sir Gawain and the Green Knight*. Chicago: University of Chicago Press, 1974.

Smith, David Nichol, ed. *Wordsworth: Poetry and Prose*. Oxford: Clarendon Press, 1921.

Spenser, Edmund. *The Faerie Queene*. http://darkwing.uoregon.edu/~rbear/fqintro.html. 《선녀 여왕》, 임성균 역, 나남, 2007.

Stephens, James. *The Crock of Gold*. New York: Macmillan, 1935.

Sullivan, K. E., comp. *Wordsworth: The Eternal Romantic*. New York: Gramercy Books, 1999.

Taylor, A. E. *The Christian Hope of Immortality*. London: Geoffrey Bles, 1938.

Taylor, Jeremy. *Holy Living*. www.ccel.org/t/taylor/holy_living/Holy_Living-orig.RTF.

Theologia Germanica. www.ccel.org/th/teo_ger/theologia01.htm.

Tolkien, J. R. R. *The Letters of J. R. R. Tolkien*. Edited by Humphrey Carpenter. Boston: Houghton Mifflin, 1981.

Traherne, Thomas. *Centuries*. London: Faith Press, 1960.

Underhill, Evelyn. *Collected Papers of Evelyn Underhill*. Edited by Lucy Menzies. London: Longmans, Green, 1946.

______. *The Mystery of Sacrifice*. London: Longmans, Green, 1934.

______. *The School of Charity*. London: Longmans, Green, 1934.

Vaughan, Henry. *Sacred Poems*. London: G. Bell and Sons, 1914.

von Hugel, Baron Friedrich. *Letters from Baron Friedrich von Hugel to a Niece*. Edited by Gwendolen Green. London: Dent, 1929.

______. *Man of God*. London: Geoffrey Bles, 1946.

Wain, John. *Sprightly Running: Part of an Autobiography*. London: Macmillan, 1962.

Walton, Izaak. *The Complete Angler and The Lives of Donne, Wotton, Hooker, Herbert and Sanderson*. London: Macmillan, 1906.

Weil, Simone. *Waiting on God*. Glasgow: Collians, 1950.

Williams, Charles. *Descent into Hell*. Grand Rapids: Eerdmans, 1965.

Wolters, Clifton, trans. *The Cloud of Unknowing and Other Works*. New York: Penguin, 1978.

Woolman, John. *The Journal and Major Essays of John Woolman*. Edited by Philips P. Moulton. New York: Oxford University Press, 1971.

Wordsworth, William. *The Prelude*. Everypoet.com. www.everypoet.com/archive/poetry/William_Wordsworth/william_wordsworth_286.htm.

Young, Edward. *Night Thoughts*. Edinburgh: James Nichol, 1853.

찾아보기

《가웨인 경과 초록 기사》(*Sir Gawain and the Green Knight*) 14세기 영국의 민중
시. 아서 왕의 전설을 바탕으로 쓰였다. 정체불명의 초록 기사와 맺은 약속
을 지키려는 가웨인 경의 모험을 다루었으며, J. R. R. 톨킨이 이 시의 한 판
본을 번역해 편집하기도 했다. 206

고어, 찰스 (Gore, Charles, 1853~1932) 성공회 신학자, 작가, 옥스퍼드 대학교 트리
니티 칼리지의 특별 연구원. 우스터, 버밍엄, 옥스퍼드의 주교를 차례로 지냈
다. 사회적 정의의 구현을 위해 힘썼고, 기독교 사회당에 가입한 바 있다.
《산상수훈 *The Sermon on the Mount*》 302, 328

네스빗, 에디스 (Nesbit, Edith, 1858~1924) 시인, 동화 작가. 네스빗의 가장 유명
한 작품은 《철길가의 아이들 *The Railway Children*》일 것이다. C. S. 루이스
는 그의 동화를 무척 좋아했다.
《불사조와 양탄자*The Phoenix and the Carpet*》 393

노리치의 줄리안 (Julian of Norwich, 1342~1416?) 영국 베네딕토회의 수녀. 1373
년 5월 8~9일, 줄리안은 몹시 앓았고, 하나님의 사랑의 환영을 열여섯 번이
나 경험했다. 그 후 은둔한 채 그 환영을 묵상하며 20년을 보냈고, 《하나님
사랑의 현현》을 썼다.
《하나님 사랑의 현현*Revelations of Divine Love*》 21, 73, 171, 219

뉴먼, 존 헨리 (Newman, John Henry, 1801~1890) 옥스퍼드 대학교 오리엘 칼리
지의 특별 연구원을 지냈고, 영국 성공회에서 사제 서품을 받았다. 훗날 옥
스퍼드 운동Oxford Movement으로 알려진 트랙터리어니즘Tractarianism
의 지도자였던 뉴먼은 1845년 가톨릭으로 개종했고, 1879년에 추기경이

되었다. 수필집, 설교집, 강연록, 영적 자서전을 출간했다.

《교구민을 위한 평이한 설교집 *Parochial and Plain Sermons*》 306, 310, 314

니그렌, 안데르스 (Nygren, Anders, 1890~1978) 스웨덴의 루터파 목사, 교육자.
많은 책을 썼고, 적잖은 책이 10개의 언어로 번역됐다. 1948년부터 1954년
까지 세계 교회협의회의 중앙위원회에서 활동했고, 그 후 룬드의 주교를 지
냈다.

《아가페와 에로스 *Agape and Eros*》 26, 154

니버, H. 리처드 (Niebuhr, H. Richard, 1894~1962) 미국의 개신교 신학자, 예일
대학교 신학교수, 작가. 기독교 교리와 사회과학을 접목시켰다. 신학자 라인
홀드 니버의 동생이다.

《책임 있는 자아 *The Responsible Self*》 147

단테 (Dante, 1263~1321) 이탈리아의 시인, 정치인. 단테가 쓴 《신곡》(열린책들,
2007년)은 중세의 가장 중요한 시이며, 대중의 언어로 쓴 최초의 걸작으로
여겨진다. C. S. 루이스는 단테를 가장 위대한 시인이라 평가했고, 단테의
《신생 *Vita Nuova*》과 《신곡》을 읽으면서 '소망'과 '기쁨'의 개념을 발견했다
고 《순례자의 귀향 *Pilgrim's Regress*》 등에서 말했다.

《천국 *Paradise*》 460

던, 존 (Donne, John, 1572~1631) 형이상학파 시인. 로마 가톨릭 신자였지만 성공
회로 개종했다. 1615년 성공회 사제로 서품을 받았고, 런던 세인트폴 성당
의 수석 사제를 지냈다.

《던의 설교 *Donne's Sermons*》 83, 222   《시와 산문 *Poetry and Prose*》 116
《위안의 말씀 *Words of Consolation*》 227   《헌신 *Devotions*》 212

데이비드먼, 조이 (Davidman, Joy, 1915~1960) 시인이며 작가. C. S. 루이스의 부
인. 첫 남편인 윌리엄 린제이 그레셤과의 사이에서 데이비드와 더글러스 그
레셤을 낳았다. 루이스는 《우리가 얼굴을 찾을 때까지》(홍성사, 2007년)를 조
이에게 헌정했고, 그녀의 죽음을 안타까워하며 《헤아려 본 슬픔》(홍성사,

2004년)을 썼다.

《산 위의 연기 *Smoke on the Mountain*》 24, 117, 370

도드, 찰스 해럴드 (Dodd, Charles Harold, 1884~1973) 케임브리지 대학교 교수, 옥스퍼드 대학교 강사, 조합교회파 목사, 성경학자. 《새영어성경 *New English Bible*》의 번역을 총감독했다.

《성경의 권위 *The Authority of the Bible*》 275, 304

도슨, 크리스토퍼 (Dawson, Christopher, 1889~1970) 옥스퍼드 대학교 트리니티 칼리지에서 수학했다. 로마 가톨릭 신자, 작가, 사회학자, 역사학자. 특히 종교와 문화의 연구에 몰두했다.

《종교와 문화*Religion and Culture*》 105

《독일 신학》(*Theologia Germanica*) 저자가 분명하지 않으며, 1516년 마르틴 루터에 의해 발견됐다. 루터는 "성경과 성 아우구스티누스를 제외하면, 하나님과 그리스도에 대해, 세상에 존재하는 만물과 인간에 대해 내게 이 책만큼 많은 것을 가르쳐 준 책은 없다"고 말했다. 51, 224

드라이든, 존 (Dryden, John, 1631~1700) 영국의 시인, 문학 평론가. 드라이든은 C. S. 루이스의 《갱생*Rehabilitations*》과 《평론선집*Selected Literary Essays*》에 실린 평론 〈셸리와 드라이든과 엘리엇〉에서 언급된다.

《선집*Miscellaneous Works*》 382

랭던 데이비스, 존 (Langdon-Davies, John, 1897~1971) 옥스퍼드의 세인트 존스 칼리지를 다녔다. 1차 세계대전에 참전했고, 에스파냐 내전에서는 종군기자로 활약했다. 러시아의 원자폭탄부터 유럽의 전쟁 고아를 보살피는 문제까지 광범위한 분야에 관심을 가졌고, 이에 대한 책을 썼다.

《섹스, 죄, 그리고 고결함 *Sex, Sin and Sanctity*》 47

랭런드, 윌리엄 (Langland, William, 1332?~1400?) 저작의 정확한 제목은 '농부 피어스에 대한 윌리엄의 환상*The Vision of William Concerning Piers the*

Ploughman'이다. 사회적 풍자와 기독교적 삶을 표현한 우화시. 랭런드는 교회에서 노래하고 자료를 옮겨 쓰는 작은 일을 하며 생계를 꾸렸다. 《농부 피어스》는 초서Geoffrey Chaucer 이전에 중기 영어로 쓴 가장 뛰어난 시로 여겨지며, C. S. 루이스가 무척 사랑한 시였다.

《농부 피어스*Piers Ploughman*》 106

로, 윌리엄 (Law, William, 1686~1761) 케임브리지 대학에서 공부했고, 훗날 같은 대학의 특별 연구원이 되었다. 영국 성공회 사제로 서품 받았고, 그의 이름을 널리 알려 준 대표작 《경건한 삶을 위한 엄숙한 부르심》은 새뮤얼 존슨, 웨슬리 형제, C. S. 루이스에게 깊은 영향을 주었다.

《경건한 삶을 위한 엄숙한 부르심*A Serious Call to a Devout and Holy Life*》 290, 296, 330

로렌스 형제 (Brother Lawrence, 1611~1691) 로렌의 니콜라 에르망Nicolas Herman 이라고도 부른다. 프랑스의 비천한 집안에서 태어났다. 카르멜회 수도자로 성자 같은 삶을 살았고, 이런 삶의 방식은 그의 글에서도 잘 나타난다.

《하나님의 임재를 경험하는 연습*The Practice of the Presence of God*》 37, 150, 241, 248, 273

로세티, 크리스티나 (Rossetti, Christina, 1830~1894) 라파엘 전파前派 회원이던 단테 가브리엘 로세티Dante Gabriel Rossetti의 누이동생. 크리스티나는 빅토리아 여왕 시대의 저명한 시인이었다. 그녀의 시는 우울하고 성애적 분위기를 풍기면서도 영성으로 가득하다.

《시작*The Poetical Works*》 283, 455

롤, 리처드 (Rolle, Richard, 1295?~1349년) 요크셔에서 태어나 옥스퍼드에서 공부했다. 당대의 학자들과 관계를 끊고 은둔과 명상하는 삶을 살았다. 복음을 정식으로 교육받지 못한 사람들을 위해 일상어로 글을 써서 발표했다.

《선집*Selected Works*》 186, 250, 337

루터, 마르틴 (Luther, Martin, 1483~1546) 아우구스티누스 수도회의 수도자로 종교개혁의 아버지가 되었다. 루터는 '오직 믿음'을 통해서만 하나님과 올바른 관계가 맺어진다는 교리를 주장했으며, 이 교리에서 한 치도 양보하지 않은 신학자이자 성직자였다.

《노예 의지에 관하여*The Bondage of the Will*》 195　　《탁상담화*Table Talk*》 52
《95개 조항*Ninety-five Theses*》 119

린지, 데이비드(Lindsay, David, 1876~1945) 스코틀랜드의 소설가. 조지 맥도널드에게 많은 영향을 받았다. 그의 《아르크투루스로의 여행》은 C. S. 루이스에게 깊은 감동을 주었고, 루이스의 공상 과학 소설과 판타지 문학에도 많은 영향을 미쳤다.

《아르크투루스로의 여행*A Voyage to Arcturus*》 378

마블, 앤드류(Marvell, Andrew, 1621~1678) 케임브리지 대학교 졸업. 애국적인 정치가이자 시인, 풍자가. 20세기에 들어 T. S. 엘리엇이 그의 시에 관심을 갖고 평론을 발표하면서 시인으로 인정받았다.

《시집*Poems*》 434

맥도널드, 조지(MacDonald, George, 1824~1905) 스코틀랜드의 조합교회 목사, 소설가, 신화 작가, 시인. C. S. 루이스에게 큰 영향을 주었다. 루이스는 "맥도널드의 《판타스테스*Pantastes*》가 내 상상력에 세례를 주었다"고 말했다.

《그리스도 안에서의 창조*Creation in Christ*》 254　　《기비 경*Sir Gibbie*》 194
《도날 그랜트*Donal Grant*》 133, 303　　《보이지 않는 것을 입증하기 위하여*Proving the Unseen*》 94, 318　　《우리 주님의 기적*Miracles of Our Lord*》 65
《전하지 않은 설교*Unspoken Sermons*》 23, 29, 61, 103, 145, 301, 311, 315
《조용한 이웃의 기록*Annals of a Quiet Neighborhood*》 121　　《찌꺼기들*A Dish of Orts*》 431

맬러리, 토마스(Malory, Sir Thomas, 1405?~1471) 초기 프랑스어 판을 번역하여 《아서왕의 죽음》을 출판한 것으로 여겨진다. 하지만 아서왕에 관한 자료 대부분은 맬러리의 손에서 완성된 것이 분명하다.

《아서왕의 죽음*The Death of King Arthur*》 413

머레이, 앤드류(Murray, Andrew, 1828~1917) 복음주의자로 남아프리카 네덜란드 개혁교회에서 활동한 머레이는 스코틀랜드와 네덜란드에서 교육을 받았다. 여러 곳에서 목사직을 맡았고, 개혁교회의 조정자 역할을 여섯 번이나 했다.

《그리스도 안에 거하는 삶*Abide in Christ*》 64, 138, 294

머피, 아서(Murphy, Arthur, 1727~1805) 배우, 번역가, 법정 변호사, 극작가. 19편의 희곡을 썼고, 조지 3세 시대에 파산위원회 위원장을 지냈다.

《존슨 박사의 삶과 천재적 재능에 대하여*An Essay on the Life and Genius of Dr. Johnson*》 408

모리스, 윌리엄(Morris, William, 1834~1896) 공예가, 시인. 옥스퍼드 엑시터 칼리지에서 공부한 모리스는 라파엘 전파 회원이었다. C. S. 루이스는 《문학평론선*Selected Literary Essays*》에서 모리스의 글, 특히 그의 판타지를 높이 평가했다.

《반짝이는 평야*The Glittering Plain*》 212　《움푹한 땅*The Hollow Land*》 199

모어, 토마스(More, Sir Thomas, 1478~1535) 옥스퍼드 대학의 학자, 인문주의자, 법률가, 작가, 정치인. 모어는 헨리 8세가 로마 가톨릭 교회와 결별한 것에 항의하며 대법관직을 사임했다. 헨리 8세를 영국 성공회의 수장으로 인정하는 것을 거부한 죄로 참수당했지만, 1935년 로마 가톨릭 교회는 모어를 시성했다.

《영어로 쓰인 작품선*Selections from His English Works*》 128, 357

모펏, 제임스(Moffatt, James, 1870~1944) 스코틀랜드 출신의 학자이자 신학자. 옥스퍼드 대학교 맨스필드 칼리지 교수와 뉴욕 유니언 신학교 교수를 지냈다. 성경을 영어로 번역한 학자로 널리 알려져 있다.

《복음 신학*The Theology of the Gospels*》 126, 193

《무지의 구름》(*The Cloud of Unknowing*) 14세기 말에 쓰인 기독교 명상 서적으로 신비주의적 성향을 풍긴다. 저자는 도미니크회 수도자로 추정된다. 179, 334

물, 찰스 프랜시스 디그비(Moule, Charles Francis Digby, 1908~2007) 케임브리지 대학교 신학대학 교수. 영국 성공회 성직자이자 성경학자로 많은 책을 썼다.

《그리스도의 희생*The Sacrifice of Christ*》 53, 77, 211

밀턴, 존 (Milton, John, 1608~1674) 영국의 시인, 청교도. 《실낙원》(서해문집, 2006년)의 작가로 널리 알려져 있다. C. S. 루이스는 〈실락원 서문*A Preface to Paradise*〉이라는 평론을 발표했고, 밀턴을 가장 좋아하는 작가 중 하나로 꼽았다.

《복락원*Paradise Regained*》 462

바필드, 오언(Barfield, Owen, 1898~1997). 작가, 인류학자, C. S. 루이스의 소송 대리인. 옥스퍼드 재학 시절 루이스와 친구가 되었다. 루이스는 《사랑의 알레고리*The Allegory of Love*》를 바필드에게 헌정했고, 그를 비공식 스승으로 삼았다. 바필드는 루이스와 톨킨이 참여한 문학토론 모임 '잉클링즈 Inklings'의 회원이기도 했다.

《시어: 의미에 대한 연구*Poetic Diction: A Study in Meaning*》 405, 419

백스터, 리처드 (Baxter, Richard, 1615~1691) 청교도 혁명 때는 성공회 신부였고 왕정복고 이후에는 왕의 고문 신부를 지냈지만, 예배 통일법Act of Uniformity이 시행되면서 성공회를 떠나 비국교도의 지도자가 되었다. 자신의 종교관을 책으로 펴내고 많은 사람에게 설교한 죄목으로 두 번이나 투옥되어 감옥에서 18년을 보냈다. C. S. 루이스는 백스터의 《성도의 영원한 안식》에서 '순전한 기독교'의 개념을 빌려 왔다.

《기독교 진리*The Truth of Christianity*》 364　《성도의 영원한 안식*The Saints' Everlasting Rest*》 240, 256, 439

밸푸어, 아서 제임스 (Balfour, Arthur James, 1848~1930) 스코틀랜드 철학자, 정치가. 1915년에 가진 기퍼드 강의Gifford Lectures를 정리한 《유신론과 인본주의*Theism and Humanism*》는 C. S. 루이스에게 큰 영향을 주었다. 밸푸어는 시온주의자들에게 팔레스타인을 모국으로 약속한 밸푸어 선언의 주역이었다.

《믿음의 반석*The Foundations of Belief*》 262

버니언, 존(Bunyan, John, 1628~1675) 떠돌이 땜장이의 아들로 태어난 버니언은 침례교 설교자가 되었지만, 허락받지 않고 설교한 죄로 잉글랜드 베드퍼드에서 12년 동안 감옥 생활을 했다. 감옥에 있는 동안 《천로역정》을 썼다. 1960년 출간된 C. S. 루이스의 《문학평론선》에 존 버니언을 다룬 논문이 실려 있다.

《죄인에게 넘치는 은혜*Grace Abounding to the Chief of Sinners*》 27   《천로역정*The Pilgrim's Progress*》 191

버틀러, 조지프(Butler, Joseph, 1692~1752) 옥스퍼드에서 공부한 영국 성공회 성직자. 브리스톨의 주교, 세인트폴 성당의 사제장, 더럼의 주교를 지냈다. 《종교의 비교》는 도덕 철학에 큰 영향을 미친 버틀러의 대표작이다.

《종교의 비교*The Analogy of Religion*》 124

베르나르 드 클레르보(Bernard de Clairvaux, 1090~1153) 신비주의자, 수도원의 개혁가로 12세기 교회에 큰 영향을 미쳤다. 클레르보에 시토 수도회를 창설했다.

《사랑의 하나님에 대하여*On Loving God*》 33, 41, 45, 238

《베오울프》(*Beowulf*) 고대 영어로 쓰인 가장 중요한 시. 한 전사를 주인공으로 한 중세 전설이다. 그 전사는 그렌델이란 용과 싸워 죽였고, 수년 후에는 아들을 위해 복수하려는 그렌델의 어미까지 죽였다. 이 시는 10세기 필사본으로 전하지만 그 이전에 쓴 것으로 추정된다. 96

베유, 시몬(Weil, Simone, 1909~1943) 유대인 지식인 집안에서 태어나 철학자, 수필가, 사상가, 명상가, 신비주의자가 되었다. 제도적 종교의 악습을 반대하며, 억압받는 사람들의 입장을 이해하려 애썼다.

《하나님을 섬기며*Waiting on God*》 267

베이컨, 프랜시스(Bacon, Francis, 1561~1626) 케임브리지에서 공부한 작가, 정치가, 철학자. 1603년에 기사 작위를 받았다. 그가 제시한 귀납적 실험 방법은 과학적 방법론에 큰 영향을 미쳤다.

《도덕과 역사 연구*The Moral and Historical Works*》 247

벨록, 일레르 (Belloc, Hilaire, 1870~1953) 파리에서 태어나 옥스퍼드 베일리얼 칼리지에서 공부했고, 1906년에 영국 시민이 되었다. 하원의원을 지냈고, 그 후 언론계에 종사하며 글을 썼다. 여러 권의 책을 편집했고, 100여 권이 넘는 책을 발표했다. 대부분 가톨릭 사상을 다룬 글이다. G .K. 체스터턴의 절친한 친구이기도 했다.

《영문학에서 길버트 체스터턴의 위치에 대하여*On the Place of Gilbert Chesterton in English Letters*》 358　《초록 외투*The Green Overcoat*》 175

보에티우스, 아니키우스 (Boethius, Anicius, 480?~524) 철학자, 정치가. 동고트 왕국의 테오도리쿠스 왕이 로마를 강탈한 후, 그리스도인인 보에티우스는 왕의 고문이 되었다. 《철학의 위안》은 성경 다음으로 중세의 사상과 문학에 많은 영향을 미쳤다.

《철학의 위안*The Consolation of Philosophy*》 97, 185

보즈웰, 제임스 (Boswell, James, 1740~1795) 스코틀랜드 출신의 문인으로 새뮤얼 존슨의 친구. 보즈웰은 《새뮤얼 존슨의 생애*The Life of Samuel Johnson*》로 전기 문학의 수준을 한 단계 높였다. 이 전기를 마태복음, 마가복음, 누가복음, 요한복음 다음으로 잘 쓴 최고의 전기로 평가하는 학자가 적지 않다.

《새뮤얼 존슨 법학 박사와 함께한 헤브리디스 제도 여행기*The Journal of a Tour to the Hebrides, with Samuel Johnson, L. L. D.*》 426

본, 헨리 (Vaughan, Henry, 1622~1695) 군인, 의사, 시인. 연금술사인 토마스 본의 동생. 17세기 형이상학파 시인으로 여겨진다.

《성시*Sacred Poems*》 453

뵈메, 야콥 (Boehme, Jakob, 1575~1624) 독일의 루터교도, 신비주의자. 정식 교육을 받지 못했고 평생 구두 수선공으로 일하며 살았다. 많은 글을 폭넓게 읽었고, 그의 글은 경건주의자, 낭만주의자, 관념론자, 케임브리지 플라톤 학파에 많은 영향을 주었다.

《대화*Dialogues*》 183

브라우닝, 로버트 (Browning, Robert, 1812~1889) 빅토리아 여왕 시대의 시인. 엘리자베스 배럿 브라우닝의 남편. 장편시 《반지와 책*The Ring and the Book*》은 C. S. 루이스에게 많은 사랑을 받았다.

《시와 희곡*Poems and Plays*》 111

브라운, 토마스 (Browne, Sir Thomas, 1605~1682) 옥스퍼드에서 공부했다. 의사였던 브라운은 청교도혁명 때 왕당파였고, 충성의 대가로 기사 작위를 받았다. 《종교의학》은 기독교 교리의 신비성을 깊은 통찰력으로 해석한 믿음의 고백록이다.

《종교의학*The Religio Medici*》 114

브래들리, 프랜시스 허버트 (Bradley, Francis Herbert, 1846~1924) 옥스퍼드 머튼 칼리지의 특별 연구원, 철학자. 칸트와 헤겔에게 영향을 받은 브래들리는 영국의 관념론 철학에서 중요한 위치를 차지한다. 대표작 《현상과 실재*Appearance and Reality*》는 철학계에 큰 영향을 미쳤다.

《논리학 원리*The Principles of Logic*》 140

세실, 데이비드 (Cecil, Lord David, 1902~1986) 옥스퍼드 대학교 워덤 칼리지의 특별 연구원. C. S. 루이스와 더불어 옥스퍼드에서 가장 인기 있는 교수였다. 잉클링즈 모임의 회원이었다.

《제인 오스틴*Jane Austen*》 402

세이어즈, 도로시 L. (Sayers, Dorothy L., 1893~1957) 문학 평론가, 극작가, 추리소설가. 단테의 《신곡》을 영어로 번역했다. C. S. 루이스의 친구였고 자주 편지를 주고받았다.

《단테에 대한 연구*Introductory Papers on Dante*》 91　　《창조자의 정신*The Mind of the Maker*》 320

스미스, 데이비드 니콜 (Smith, David Nichol, 1875~1962) 에든버러와 소르본에서 공부했고, 옥스퍼드 대학교 영문학 교수를 지냈다. 영문학과 불문학, 특히 18세기 영·불문학과 셰익스피어에 대한 글을 많이 남겼다.

《워즈워스: 시와 산문*Wordsworth: Poetry and Prose*》 421

스콧, 월터 (Scott, Sir Walter, 1771~1832) 에든버러 대학교에서 공부했고, 웨이벌리 소설로 명성을 얻었다. C. S. 루이스는 스콧을 무척 높이 평가했다. 그의 《문학평론선》에 실린, 스콧의 이름을 제목으로 삼은 평론에서 그 사실을 확인할 수 있다.

《평론집*Essays*》 424

스티븐스, 제임스 (Stephens, James, 1882~1950) 아일랜드 태생의 시인, 소설가. 아일랜드 문학의 부흥 운동을 이끈 스티븐스는 아일랜드의 민담과 전설을 환상적인 산문으로 녹여 냈다. 뛰어난 웅변가이기도 해서 자신의 작품을 낭송하며 라디오 강연자로 인기를 끌었다.

《금단지*The Crock of Gold*》 415

스펜서, 에드먼드 (Spencer, Edmund, 1552~1599) 《요정 여왕》의 저자로 많이 알려진 스펜서는 16세기 가장 위대한 영국 시인의 하나로 여겨진다. C. S. 루이스는 《희곡을 제외한 16세기 영국 문학*English Literature of the Sixteenth Century Excluding Drama*》에서 스펜서를 '황금시대'의 핵심적 시인이라 표현했다.

《요정 여왕*The Faerie Queene*》 452

아리스토텔레스 (Aristotle, BC 384~322) 그리스 아테네 학당에서 20년 동안 플라톤의 제자로 지낸 후 리케이온에 자신의 학당을 세웠다. 알렉산더 대왕이 그의 제자였다. 아리스토텔레스의 사상은 훗날 토마스 아퀴나스의 글을 통해 기독교 교리로 발전했다.

《수사학*The Art of Rhetoric*》 410

아시시의 프란체스코 (Francis of Assisi, 1181~1226) 로마 가톨릭 성자, 프란체스코 수도회 설립자. 유럽 전역에서 활동했고 예루살렘까지 다녀왔다. 프란체스코회 수도자들에게는 빈곤과 순결과 순종으로 살겠다는 서약이 요구되었다.

아우구스티누스 (Augustine, 354~430) 북아프리카의 로마령 누미디아에서 이교도 아버지와 그리스도인 어머니 사이에서 태어났다. 히포의 주교를 지냈고, 《고백록》을 비롯하여 기독교 신앙에 관련된 많은 글을 썼다.

아타나시우스 (Athanasius, 296?~373) 325년 니케아 신경을 입안했고, 삼위일체 정통 교리를 옹호했다. 알렉산드리아의 주교를 지냈다. 신앙의 옹호자로 많은 글을 남겼으며, 교회의 아버지로 여겨진다.

애덤스, 로버트 마틴 (Adams, Robert Martin, 1915~1996) 작가, 교육자, 번역가. 《노튼 영문학 초록*Northon Anthology of English Literature*》의 초기 편집자로 활약했고, 코넬 대학교에서 영문학을 가르쳤다.

애디슨, 조지프 (Addison, Joseph, 1672~1719) 영국의 문필가. 휘그당 집권기에 아일랜드 국무장관을 지냈다. 애디슨은 옥스퍼드 맥덜린 칼리지에서 공부했다. 맥덜린 칼리지를 둘러싼 산책로에는 애디슨의 이름이 붙여졌다. 훗날 맥덜린 칼리지에서 공부하고 가르친 C. S. 루이스는 이 길을 산책하며 기도했다.

애쉬, 조프리 (Ashe, Geoffrey, 1923~) 케임브리지 대학교 트리니티 칼리지에서 공부했다. 대학 강사이며 역사학자다. 영국 신화를 전공했고 20여 권의 책을 썼다. 아서왕의 궁전 카멜롯으로 여겨지는 캐드베리 성을 발굴한 카멜롯 연구위원회의 창립자이기도 하다.

언더힐, 이블린 (Underhill, Evelyn, 1875~1941) 영국 성공회 신비주의자, 종교 철학자. 옥스퍼드 대학교에서 공식적으로 강의한 최초의 여성이며, 런던 킹스 칼리지의 특별 연구원이기도 했다. 교회의 역사와 기독교 신비주의에 대해 39권의 책을 썼다.

《자선 학교*The School of Charity*》 281　　《평론집*Collected Papers*》 356　　《희생의 신비*The Mystery of Sacrifice*》 69

에크하르트, 마이스터 요하네스 (Eckehart, Meister Johannes, 1260?~1327) 독일 신학자, 신비주의자, 도미니크회 설교자, 파리 대학교 신학 교수였다. 말년에 이단으로 소환당했고, 그의 글들은 사후 가톨릭 교회에 의해 금서로 지정되었다.

《선집*Miscellaneous Writings*》 279

엘리엇, 토마스 스턴스 (Eliot, Thomas Stearns, 1888~1965) 노벨상을 수상한 시인, 문학 평론가. 대표작 《황무지》(민음사, 1974년)는 시의 전통에 도전해 시의 형식을 바꿔 놓은 작품으로 평가받지만, C. S. 루이스는 이를 신랄하게 비판했다. 그러나 루이스와 엘리엇은 서로 존경하는 마음을 키워 갔고, 나중에는 《개역 시편*Revised Psalter*》을 함께 작업했다.

《기독교 사회의 사상*The Idea of a Christian Society*》 368

영, 에드워드 (Young, Edward, 1683~1765) 영국 정치가, 성직자, 풍자 작가, 극작가, 시인. 왕실 사제와 웰윈의 교구 사제를 지냈다. 기독교를 변증한 《탄식*The Complaint*》이 가장 널리 알려진 대표작. '야상'이라는 제목으로도 알려진 장편 교훈시이며, 아내와 의붓딸이 죽은 후 쓴 작품이다.

《야상*Night Thoughts*》 89

오토, 루돌프 (Otto, Rudolph, 1869~1937) 독일 개신교 신학자, 철학자, 교육자. 기독교 이외의 종교를 연구했고, 특히 종교적 체험을 집중적으로 다루었다.

《종교론*Religious Essays*》 173, 288

울먼, 존 (Woolman, John, 1720~1772) 미국 퀘이커교 설교자, 개혁가. 미국 동부의

13개 주와 영국 전역을 돌아다니며 노예제도 철폐를 호소했다. 사후 출간된 《일기》로 그의 이름이 세상에 널리 알려졌다.

《수상록Essays》 181　　《일기Journal》 108

워즈워스, 윌리엄 (Wordsworth, William, 1770~1850) 영국의 낭만파 시인. 대표작은 《서곡》이다. C. S. 루이스는 워즈워스의 시를 좋아했고, 그의 시 제목을 자서전 《예기치 못한 기쁨》(홍성사, 2003년)의 제목으로 삼았다.

〈나는 구름처럼 외로이 헤맸네I Wandered Lonely as a Cloud〉 376　　《서곡 The Prelude》 391

월터 드 라 메어 (Walter de la Mare, 1873~1956) 런던의 세인트폴 성당 성가학교를 졸업했다. 앵글로 아메리칸 스탠더드 석유회사의 통계부 직원으로 일하면서 단편소설과 시를 발표했다. 작품이 성공을 거두고 정부에서 연금을 받아 1908년부터는 창작에만 전념할 수 있었다.

《볼록렌즈와 그 밖의 시The Burning Glass and Other Poems》 78, 459

월튼, 아이작 (Walton, Izaak, 1593~1683) 영국 작가. 존 던, 리처드 후커, 조지 허버트의 전기를 썼다. 월튼의 이름은 낚시와 도덕적 성찰을 다룬 책, 《조어대전The Compleat Angler》(강마을, 2000년)으로 많이 알려졌다.

《조지 허버트의 생애Life of Herbert》 215

웨인, 존 (Wain, John, 1925~1994) C. S. 루이스의 제자, 루이스가 창립한 옥스퍼드 소크라테스 클럽Oxford Socratic Club 회원, 잉클링즈 모임의 회원이었다.

《힘찬 달음박질Sprightly Running》 397, 423

윌리엄스, 찰스 (Williams, Charles, 1886~1945) 작가, 시인, 옥스퍼드 대학교 출판사의 편집자. 루이스는 아서왕을 주제로 한 윌리엄스의 시를 평론한 〈아서의 토르소The Arthurian Torso〉를 썼고, 〈실락원 서문〉을 윌리엄스에게 헌정했다. 잉클링즈 모임의 회원이었다.

《지옥으로의 추락Descent into Hell》 446

융, 칼 구스타프(Jung, Carl Gustav, 1875~1961) 스위스의 정신분석학자. 한때 프로이트와 공동 연구를 한 융은 분석심리학을 창시했다. 원형에 관심을 가진 그의 심리학은 문학 해석에도 많은 영향을 미쳤다. C. S. 루이스는 융의 생각에 부분적으로 반론을 제기했다.

《욥에게 대답하다*Answer to Job*》 59, 162

잉, 윌리엄 랠프(Inge, William Ralph, 1860~1954) 케임브리지 대학교의 킹스 칼리지와 옥스퍼드 대학교 하트퍼드 칼리지의 특별 연구원. 런던 세인트폴 성당의 수석 사제를 지냈다. 신학자였던 잉은 설교와 글에서 염세주의를 띤 것으로 유명했다.

《수석 사제의 세속적 생각*More Lay Thoughts of a Dean*》 386

제임스, 브루노 스콧(James, Bruno Scott, 1906~1984) 로마 가톨릭 사제, 교육자, 작가, 번역가. 로마와 그리스 고전문학 및 신비주의 전문가이다.

《성 베르나르 드 클레르보*Saint Bernard de Clairvaux*》 417

조드, 시럴 에드윈 밋친슨(Joad, Cyril Edwin Mitchinson, 1891~1953) 옥스퍼드에서 공부했고 런던 버크벡 칼리지의 교수를 지냈다. 대중 철학자이자 뛰어난 논객이었던 조드는 BBC 라디오 프로그램 '브레인 트러스트Brains Trust'에 출연하여 유명해졌다. 나중에 그리스도인이 되었다.

《철학 입문*Philosophy*》 110

존슨, 새뮤얼(Johnson, Samuel, 1709~1784) 사전 편찬자, 문학 평론가. 말콤 머거릿지Malcolm Muggeridge를 비롯한 몇몇 학자는 존슨을 영어로 글을 쓴 문필가 중 가장 위대한 한 명으로 평가한다. 문학 평론가인 네빌 코그힐Neville Coghill은 외모와 학식과 위트에서 C. S. 루이스를 새뮤얼 존슨에 비교했다.

《새뮤얼 존슨 선집*The Works of Samuel Johnson*》 317, 407, 430   《새뮤얼 존슨의 편지*Selected Letters*》 350, 450   《존슨 박사의 기도*Dr. Johnson's Prayers*》 235, 243   《지적인 세계*The Intellectual World*》 441

체스터턴, 길버트 키스(Chesterton, Gilbert Keith, 1874~1936) 로마 가톨릭 신

자, 예술가. 시인, 언론인, 수필가, 작가로 활동하며 100여 편의 책을 썼다.
C. S. 루이스는 《예기치 못한 기쁨》에서 체스터턴의 기독교 변증론이 자신
에게 큰 영향을 주었다고 밝혔다. 따라서 기독교 변증에 관한 루이스의 책들
은 체스터턴에게 많은 빚을 졌다고 할 수 있다.

《무시무시하게 사소한 일Tremendous Trifles》 384　　《성 토마스 아퀴나스
Saint Thomas Aquinas》 343, 355　　《아시시의 성 프란체스코St. Francis of
Assisi》 332　　《영원한 사람The Everlasting Man》 57, 348, 366　　《오소독시
Orthodoxy》 345, 352, 362　　《이단자들Heretics》 127

초서, 조프리 (Chaucer, Geoffrey, 1343?~1400) C. S. 루이스가 가장 좋아한 작가
중 한 명. 루이스는 《사랑의 알레고리》와 《문학평론선》에 실린 평론 〈초서는
'일 필로스트라토Il Filostrato'를 어떻게 바꿔 놓았는가〉에서 초서의 작품을
극찬했다.

《캔터베리 이야기Canterbury Tales》 380

칼뱅, 장 (Calvin, Jean, 1509~1564) 프랑스의 종교개혁가, 스위스 제네바의 정치
지도자. 27세에 《기독교 강요》를 발표했다. 루터와 더불어 대표적인 개신교
개혁가로 손꼽힌다.

《기독교 강요Institutes of the Christian Religion》 158　　《진정한 그리스도
인의 삶을 위한 황금 책자Golden Booklet Of the True Christian Life》 437

코그힐, 네빌 (Coghill, Neville, 1899~1980) 옥스퍼드 대학교 엑시터 칼리지의 특
별 연구원. 영문학 교수였던 코그힐은 초서 전문가로 옥스퍼드 대학교에서
연극학을 가르쳤고, 유명한 배우 리처드 버튼이 그의 제자였다. 잉클링즈 모
임의 회원이기도 했다.

《시인 초서The Poet Chaucer》 406

콜리지, 새뮤얼 테일러 (Coleridge, Samuel Taylor, 1772~1834) 시인, 문학 평론
가, 철학자. 그의 이름을 널리 알린 대표작은 《노老수부의 노래The Rime of
the Ancient Mariner》와 《문학평전Biographia Literaria》이다. 루이스는 《인
간 폐지》(홍성사, 2006년)에서 스코틀랜드의 클라이드 폭포에 얽힌 콜리지의

이야기를 자세히 다루었다.

쿠퍼, 윌리엄 (Cowper, William, 1731~1800) 영국의 계관시인, 영국 낭만주의 운동의 선구자. 복음주의자인 쿠퍼는 찬송가 〈나 같은 죄인 살리신Amazing Grace〉을 쓴 전직 노예 무역상 존 뉴턴John Newton에게 큰 영향을 받았다. 심한 우울증을 겪었고, 이 때문인지 그의 글에서는 정직과 겸손이 무척 강조된다.

퀼스, 프랜시스 (Quarles, Francis, 1592~1644) 케임브리지 대학교 크리스트 칼리지에서 공부했다. 시인이자 문학 평론가인 퀼스는 청교도혁명 때 왕을 지지한 왕당파였고, 팸플릿 형식의 소논문을 주로 발표했다. 형이상학파 전통에 충실한 시를 썼고, 《상징 표기》라는 시집을 발표하여 이름을 널리 알렸다.

크래쇼, 리처드 (Crashaw, Richard, 1613?~1649) 케임브리지 피터하우스 칼리지에서 특별 연구원을 지냈다. 케임브리지 대학교에서 공부했고, 가톨릭으로 개종했으며 말년의 대부분을 이탈리아에서 보냈다. 형이상학파 시인으로 활동했다.

킹즐리, 찰스 (Kingsley, Charles, 1819~1875) 반反옥스퍼드 운동가, 햄프셔 에버슬리 교구 교회의 사제, 소설가, 문학 평론가. 케임브리지 대학교 맥덜린 칼리지에서 공부했고, 훗날 맥덜린 칼리지에서 중세 문학과 르네상스 문학을 가르쳤다. 아동소설 《물의 아이들》(시공주니어, 2006년)로 널리 알려졌는데, C. S. 루이스는 이 소설을 무척 좋아했다.

테일러, 알프레드 에드워드 (Taylor, Alfred Edward, 1869~1945) 옥스퍼드 대학교 머튼 칼리지의 특별 연구원, 철학자, 번역가, 작가. 세인트 앤드류스 대학교와 에든버러 대학교의 교수를 지냈다. 형이상학과 철학에 관한 19권의 책을 남겼다.

《영원한 삶을 향한 기독교적 소망The Christian Hope of Immortality》 448

테일러, 제레미 (Taylor, Jeremy, 1613~1667) 케임브리지 대학교에서 공부한 후 성
공회 주교가 되었다. 혼란스런 청교도 혁명기에 목회 활동을 하면서도 많은
글을 발표했다. 윌리엄 메이슨William Mason은 그를 '영국 산문계의 셰익
스피어'라 불렀고, 새뮤얼 테일러 콜리지는 '산문계의 에드먼드 스펜서'라
칭했다.

《거룩한 삶Holy Living》 295

토마스 아 켐피스 (Thomas á Kempis, 1380?~1471) 독일 쾰른 근처의 켐펜에서
태어났다. 본명은 토마스 헤메르켄Thomas Hemerken. 성 아그네스 산에 있
던 아우구스티누스회 수도원에 들어가 필경사와 영적 지도자로 일했다. 그
는 신비주의 사상가이기도 했다. 《그리스도를 본받아》는 성경 다음으로 많
은 사람에게 영적인 영향을 준 책으로 여겨진다. C. S. 루이스도 이 책을 높
이 평가했다.

《그리스도를 본받아The Imitation of Christ》 213, 231, 321, 327

토마스 아퀴나스 (Thomas Aquinas, 1225~1274) 로마 가톨릭의 성자, 신학자, 신
비주의자, 학자. 몬테 카시노 수도원과 나폴리 대학에서 베네딕토회 수도자
들에게 가르침을 받았다. 17세에 도니미크회 수사가 되었다. 대표작 《신학
대전》으로 이름을 널리 알렸다.

《신학대전Summa Theologiae》 81, 360, 444

톨킨, 존 로널드 루엘 (Tolkien, John Ronald Reuel, 1892~1973) 옥스퍼드 대학교
교수, 어원학자, 번역가. C. S. 루이스의 절친한 친구였던 톨킨은 《호빗》과
《반지의 제왕》(이상 씨앗을뿌리는사람, 2007년)의 저자로 널리 알려져 있다.
남아프리카공화국에서 태어났지만 영국에서 대부분의 삶을 살았다. 옥스퍼
드의 머튼 칼리지 교수로 앵글로 색슨어를 가르쳤다.

《편지Letters》 129

트러헌, 토머스 (Traherne, Thomas, 1637~1674) 가난한 구두 수선공의 아들로 태어나 옥스퍼드에서 공부했다. 형이상학파 시인이며, 영국 성공회, 헤리포드셔 크리덴힐 교구의 사제가 되었다.
《세기들*Centuries*》 43, 99, 308

파스칼, 블레즈 (Pascal, Blaise, 1623~1662) 17세기 프랑스 최고의 지성인, 철학자, 물리학자, 수학자, 발명가. 수력학과 확률론을 발전시키며 현대 컴퓨터의 아버지 역할을 했다. 《시골 친구에게 보내는 편지*Provincial Letters*》는 프랑스어로 쓴 최고의 산문으로 여겨지고, 《명상록》은 기독교 신앙의 변증을 시작한 책이다. C. S. 루이스는 자신이 소장한 파스칼 책들 여백에 많은 해석을 덧붙여 놓았다.
《명상록*Pensées*》 156, 177

패러, 오스틴 (Farrer, Austin, 1904~1968) 신학박사. 옥스퍼드 트리니티 칼리지의 특별 연구원, 옥스퍼드 킬비 칼리지의 학장을 지냈다. 잉클링즈 모임의 회원이었고, 루이스와 조이 데이비드먼의 법적 결혼 절차를 지켜본 증인 중 하나였다. 패러는 조이의 장례식에서 설교를 맡기도 했다.
《믿음의 구원*Saving Belief*》 137   《비전의 거울*The Glass of Vision*》 163
《주여, 내가 주님을 믿나이다*Lord, I believe*》 169, 347

팻모어, 코번트리 (Patmore, Coventry, 1823~1896) 《가정의 천사*The Angel in the House*》와 《미지의 에로스*The Unknown Eros*》로 널리 알려진 빅토리아 시대의 시인. 팻모어의 작품에는 가정의 편안함, 관능적 신비주의, 영성이 치밀하게 짜여 있다.
《가지, 뿌리, 꽃*The Rod, the Root, and the Flower*》 104, 245

폭스, 조지 (Fox, George, 1624~1691) 종교적 신비주의자, 개혁가, 퀘이커교의 창시자. 폭스가 쓴 《일기》는 윌리엄 펜*William Penn*을 위원장으로 한 위원회에서 편집해 출간됐다. 폭스는 생명 자체가 성찬이라 믿으며 형식적인 성찬식을 배격했다.
《조지 폭스의 일기*Journal of George Fox*》 131

폼비, 찰스 위컴 (Formby, Charles Wykeham, 1865~?) 20세기 초의 작가. 폼비 목사는 《교육과 현대 세속주의*Education and Mordern*》, 《재탄생*Re-creation*》, 《잉글랜드의 영혼*The Soul of England*》 등을 썼다.

《인류 타락의 비밀을 밝히다*The Unveiling of the Fall*》 344

프랑수아 드 살 (Francis de Sales, 1567~1622) 로마 가톨릭 성자, 주교, 설교자, 작가. 프랑스의 살에서 태어났고, 1602년 제네바의 주교가 되었다.

《경건생활 입문서*Introduction to the Devout Life*》 292

프레이저, 제임스 조지 (Frazer, James George, 1854~1941) 스코틀랜드 출신의 작가. 글래스고와 케임브리지에서 공부했고, 케임브리지 대학교 트리니티 칼리지의 특별 연구원을 지냈다. 사회 인류학을 가르친 교수였고, 대표작은 《황금가지》이다. C. S. 루이스는 자신이 소장한 《황금가지》, 본서에서 인용한 단락 옆에 "어둠숲"(《호빗》에 등장하는 숲)이라 써 두었다.

《황금가지*The Golden Bough*》 414

프리드리히 폰 휘겔 (Baron Friedrich von Hugel, 1853~1925) 로마 가톨릭 신자이자 종교 철학자였던 폰 휘겔은 일부 가톨릭 신자에게는 개신교에 치우친 사람으로, 일부 개신교도에게는 가톨릭에 치우친 사람으로 평가받았다. 그러나 양쪽 모두에서 많은 사람에게 사랑받은 그는 현명하고 폭넓은 지적 능력을 지닌 신비주의자였다.

《조카딸에게 보내는 편지*Letters to a Niece*》 152, 164　《하나님을 섬기는 사람*Man of God*》 122, 252

플로티누스 (Plotinus, 203?~262) 그리스 철학자. 신플라톤주의의 창시자로 초기 기독교 사상에 많은 영향을 미쳤다.

《선집*Selected Works*》 354

피프스, 새뮤얼 (Pepys, Samuel, 1633~1703) 옥스퍼드 대학교 맥덜린 칼리지에서 공부했고, 해군본부 위원장을 지냈다. 1660년부터 1669년까지 쓴 《일기》로 널리 알려졌다. 런던 생활의 기록, 특히 1666년 런던 대화재의 기록은 역사학자들에게 소중한 자료이다. C. S. 루이스가 연구하고 가르친 맥덜린 칼리지에는 그의 이름을 붙인 도서관이 있다.

《일기*The Diary*》 429

필립스, 존 버트럼 (Phillips, John Bertram, 1906~1982) 성경 번역가, 작가, 방송인. C. S. 루이스의 지인으로, 루이스가 세상을 떠난 후 그의 혼령이 자신을 찾아왔다고 주장했다. 루이스는 필립스의 《젊은 교회에 보내는 편지*Letters To Young Churches*》에 서문을 써 주었다.

《당신의 하나님은 너무 작습니다*Your God Is Too Small*》 286   《진실의 종*Ring of Truth*》 269

하딩, 더글러스 에디슨 (Harding, Douglas Edison, 1909~2007) 영국의 철학자. 자기 성찰과 자기 각성의 향상을 위해 혼신의 힘을 다했다. C. S. 루이스는 하딩의 《천국과 지상의 질서》에 서문을 써 주었다.

《천국과 지상의 질서*The Hierarchy of Heaven and Earth*》 457

하우드, 알프레드 세실 (Harwood, Alfred Cecil, 1898~1975) 인지학자, 오언 바필드의 친구. C. S. 루이스의 친구인 바필드의 소개로 하우드는 루이스의 유산 관리인이 되었다. 루이스는 하우드와 그의 아내 대프니에게 《기적》(홍성사, 2008년)을 헌정했고, 《예기치 못한 기쁨》에서도 하우드를 언급했다.

《어린 시절의 회복*The Recovery of Man in Childhood*》 313, 375

해즐릿, 윌리엄 (Hazlitt, William, 1778~1830) 대학 강사, 문학 평론가, 전기 작가. 영국 작가로 프랑스 혁명과 나폴레옹 정부를 옹호했다.

《영국 시인과 시대정신에 대한 강론*Lectures on English Poets & The Spirit of the Age*》 404, 412, 427, 432

허버트, 조지 (Herbert, George, 1593~1633) 영국 성공회 솔즈베리 근처 브레머턴 교구 교회의 사제이자, 17세기 형이상학파 시인.

〈도르래*The Pulley*〉 229   〈사랑의 주님 나를 반기시네*Love Bade Me Welcome*〉 30   《시골 목사*The Country Parson*》 87, 192, 277   《조지 허버트의 생애

Life of Herbert》 215

후커, 리처드 (Hooker, Richard, 1554?~1600) 엘리자베스 여왕 시대에 영국 성공
회를 옹호한 신학자로 《교회정치론》을 썼다. C. S. 루이스는 이 책을 번뜩이
는 지혜와 양식으로 훌륭하게 쓴 책이라 평가했다.
《교회정치론*Ecclesiastical Polity*》 85　　《선택된 자들의 믿음, 그 확실성과 영
속성*The Certainty and Perpetuity of Faith in the Elect*》 202, 265

힐턴, 월터 (Hilton, Walter, ?~1396) 영국의 신비주의 사상가이며 은둔자였고, 노
팅엄셔의 서가튼이라는 마을에 있던 아우구스티누스 수도원의 참사회원을
지냈다.
《완전의 계단*The Ladder of Perfection*》　244　　《완전의 척도*The Scale of
Perfection*》 197, 336

연대순 작가 목록

아리스토텔레스 BC 384~322

플로티누스 203?~262

성 아타나시우스 296?~373

성 아우구스티누스 354~430

아니키우스 보에티우스 480?~524

《베오울프》 10세기 이전

베르나르 드 클레르보 1090~1153

아시시의 성 프란체스코 1181~1226

토마스 아퀴나스 1225~1274

마이스터 요하네스
에크하르트 1260?~1327

단테 알리기에리 1263~1321

리처드 롤 1295?~1349

윌리엄 랭런드 1332?~1400?

노리치의 줄리안 1342~1416?

조프리 초서 1343?~1400

토마스 아 켐피스 1380?~1471

월터 힐턴 ?~1396

《가웨인 경과 초록 기사》 14세기경

《무지의 구름》 14세기 말

토머스 맬러리 경 1405?~1471

토마스 모어 1478~1535

마르틴 루터 1483~1546

장 칼뱅 1509~1564

《독일 신학》 1516년 발견

에드먼드 스펜서 1552~1599

리처드 후커 1554?~1600

프랜시스 베이컨 1561~1626

성 프랑수아 드 살 1567~1622

존 던 1572~1631

야콥 뵈메 1575~1624

프랜시스 퀼스 1592~1644

조지 허버트 1593~1633

아이작 월튼 1593~1683

토마스 브라운 경 1605~1682

존 밀턴 1608~1674

로렌스 형제 1611~1691

제레미 테일러 1613~1667

리처드 크래쇼 1613?~1649

리처드 백스터 1615~1691

앤드류 마블 1621~1678

헨리 본 1622~1695

블레즈 파스칼 1623~1662

조지 폭스 1624~1691

존 버니언 1628~1675

존 드라이든 1631~1700

새뮤얼 피프스 1633~1703

토머스 트러헌 1637~1674

조지프 애디슨 1672~1719

에드워드 영 1683~1765

윌리엄 로 1686~1761

조지프 버틀러 1692~1752

새뮤얼 존슨 1709~1784

존 울먼 1720~1772

아서 머피 1727~1805

윌리엄 쿠퍼 1731~1800

제임스 보즈웰 1740~1795

윌리엄 워즈워스 1770~1850

월터 스콧 경 1771~1832

새뮤얼 테일러 콜리지 1772~1834

윌리엄 해즐릿 1778~1830

존 헨리 뉴먼 1801~1890

로버트 브라우닝 1812~1889

찰스 킹즐리 1819~1875

코번트리 팻모어 1823~1896

조지 맥도널드 1824~1905

앤드류 머레이 1828~1917

크리스티나 로세티 1830~1894

윌리엄 모리스 1834~1896

프랜시스 허버트 브래들리 1846~1924

아서 제임스 밸푸어 1848~1930

프리드리히 폰 휘겔 남작 1853~1925

찰스 고어 1853~1932

제임스 조지 프레이저 1854~1941

에디스 네스빗 1858~1924

윌리엄 랠프 잉 1860~1954

찰스 위컴 폼비 1865~?

루돌프 오토 1869~1937

알프레드 에드워드 테일러 1869~1945

제임스 모펏 1870~1944

일레르 벨록 1870~1953

월터 드 라 메어 1873~1956

길버트 키스 체스터턴 1874~1936

이블린 언더힐 1875~1941

칼 구스타프 융 1875~1961

데이비드 니콜 스미스 1875~1962

데이비드 린지 1876~1945

제임스 스티븐스 1882~1950

찰스 해럴드 도드 1884~1973

찰스 윌리엄스 1886~1945

토머스 스턴스 엘리엇 1888~1965

크리스토퍼 도슨 1889~1970

안데르스 니그렌 1890~1978

시릴 에드윈 밋친슨 조드 1891~1953

존 로널드 루엘 톨킨 1892~1973

도로시 세이어즈 1893~1957

리처드 니버 1894~1962

존 랭던 데이비스 1897~1971

알프레드 세실 하우드 1898~1975

오언 바필드 1898~1997

네빌 코그힐 1899~1980

데이비드 세실 경 1902~1986

오스틴 패러 1904~1968

브루노 스콧 제임스 1906~1984

존 버트럼 필립스 1906~1982

찰스 프랜시스 디그비 뮬 1908~2007

시몬 베유 1909~1943

더글러스 에디슨 하딩 1909~2007

조이 데이비드먼 1915~1960

로버트 마틴 애덤스 1915~1996

조프리 애쉬 1923~

존 웨인 1925~1994

옮긴이 **강주헌**

1957년 서울 출생. 한국외국어대학교 불어과를 졸업하고, 같은 학교 대학원에서 석사 및 박사 학위를 받은 뒤, 프랑스 브장송 대학에서 수학했다. 한국외국어대학교와 건국대학교 등에서 강의했고, 2003년 '올해의 출판인 특별상'을 수상했다. 현재는 전문번역가로 활동하며 '펍헙 번역그룹'을 설립, 후진 양성에도 힘쓰고 있다. 저서로는 《현대 불어학 개론》, 《현대 프랑스 언어학》 등이 있고, 옮긴 책으로 《문명의 붕괴》, 《내 인생을 바꾼 스무 살 여행》, 《촘스키, 누가 무엇으로 세상을 지배하는가》, 《당신 안의 기적을 깨워라》, 《가스통 갈리마르》, 《지식인의 책무》, 《행복의 패러독스》, 《마음의 회복》, 《우체부 프레드》, 《선물》 등이 있다.

루이스의 서재

엮은이 제임스 스튜어트 벨·앤서니 파머 도슨 옮긴이 강주헌

From the Library of C.S. Lewis
Copyright © 2004 by James S. Bell Jr.
Originally published in English under the title *From the Library of C. S. Lewis*
by WaterBrook Multnomah Publishing Group, a division of Random House, Inc.
12265 Oracle Boulevard, Suite200, Colorado Springs, CO 80921, USA
All rights reserved.
Korean Edition Copyright © 2009 by Hong Sung Sa Ltd, Seoul, Republic of Korea.
This translation published by arrangement with WaterBrook Multnomah Publishing Group,
a division of Random House, Inc. through rMaeng2, Seoul, Republic of Korea.

본 저작물의 한국어판 저작권은 알맹2 에이전시를 통하여
Random House, Inc.와 독점 계약한 (주)홍성사에 있습니다.
신저작권법에 의하여 한국 내에서 보호받는 저작물이므로 무단 전재와 무단 복제를 금합니다.

2009. 10. 6. 초판 1쇄 인쇄
2009. 10. 15. 초판 1쇄 발행

펴낸이 정애주
편집 송승호 이현주 한미영 김기민 김준표 오은숙 신지은
미술 김진성 문정인 송하현
제작 홍순홍 윤태웅
영업 오민택 이경훈 차길환 국효숙 이진영 오형탁
관리 이남진 안기현
총무 정희자 마명진 김은오

펴낸곳 주식회사 홍성사
1977. 8. 1. 등록 / 제 1-499호
121-883 서울시 마포구 합정동 196-1
TEL. 333-5161 FAX. 333-5165
http://www.hsbooks.com
E-mail: hsbooks@hsbooks.com

© 홍성사, 2009

ISBN 978-89-365-0271-3
값 22,000원 ※잘못된 책은 바꿔 드립니다.
Printed in Korea

홍성사. HONG SUNG SA, LTD.